民衆社
SOCIAL
STUDIES

1時間ごとの授業展開
応答例・板書を一体化

楽しい教室授業のしかけ

社会科の授業 小学5年 改訂版

加藤 好一　著

社会科の授業　小学5年　もくじ

■はじめに―本書をどう使えば日々の授業が楽しくなるか………7
■81の授業プラン―子どもが育つ授業を学習課題にそって紹介………17

日本の国土と人びとのくらし

No.1　年度はじめに全員参加の授業をつくる
　　　地球儀で学ぼう………18

No.2　地図と地球儀の謎
　　　東京の東はどこの国？………20

No.3　五輪の旗から略地図へ
　　　6大陸と3海洋………22

No.4　国々の名前と位置
　　　国旗から探る世界の国々………24

No.5　世界の中の日本の位置
　　　日本を世界と比べよう………26

No.6　国土と国境
　　　日本はどこからどこまでか………28

No.7　日本の地形
　　　川から山を考える………30

No.8　四季のある日本の気候
　　　南と北を比べると？………32

No.9　各地の気候の特色
　　　雨温図を比べよう………34

No.10　あたたかい地方のくらし①
　　　知ってるつもり？　沖縄県………36

No.11　あたたかい地方のくらし②
　　　気候に応じた生活と農業………38

No.12　あたたかい地方のくらし③
　　　ネコから考える沖縄観光………40

No.13　寒い地方のくらし①
　　　北海道の気候と生活………42

No.14　寒い地方のくらし②
　　　十勝平野の農業のくふう………44

No.15　寒い地方のくらし③
　　　北海道の観光を「読む」………46

No.16　雪と共に生きる
　　　信号機からつくる授業とは？………48

No.17　高原のくらし①
　　　山のふもとの農業とは？………50

No.18　高原のくらし②
　　　今のようになるまでに………52

No.19　山地のくらし
　　　森を育てる山の村………54

No.20　低地のくらし（広げる）
　　　水に負けない工夫………56

食料生産とわたしたちのくらし

No.21　私たちの生活と食料の生産①
　　　　どこからどんな食料が？………58

No.22　私たちの生活と食料の生産②
　　　　りんご県・みかん県・ぶどう県………60

No.23　私たちの生活と食料の生産③
　　　　うし県・ぶた県・にわとり県………62

No.24　日本に根づく米づくり
　　　　私たちとのつながりは？………64

No.25　地形と気候から読み解こう
　　　　なぜ庄内で米づくり？………66

No.26　小黒板でどう学びあうか
　　　　米づくりの工夫………68

No.27　機械化の光とかげ
　　　　昔と今を比べると？………70

No.28　実物教材から出発する
　　　　16万tはどこへ？………72

No.29　米の取れ高はなぜ減った？
　　　　1ぱいのごはんから………74

No.30　水田の働きにも着目して
　　　　「いのちの産業」米づくり………76

No.31　農家の人の工夫とつながり
　　　　未来につなぐ米づくり………78

No.32　水産物と4つの海流
　　　　漁港はどこに多いか………80

No.33　遠洋漁業と200海里
　　　　マグロはどうやってつかまえるか………82

No.34　近海漁業の「？」を探る
　　　　サンマ漁のひみつ兵器………84

No.35　大地図に全員が集中
　　　　サンマが届くまで………86

No.36　魚を育てる努力
　　　　養殖とさいばいはどのように？………88

No.37　森と魚の関係は？
　　　　漁師　山へ登る………90

No.38　作業で学ぶ日本の食料輸入
　　　　何をどこからどれくらい？………92

No.39　日本の食料自給率を考える
　　　　外国と比べると？………94

No.40　地域の農業と世界
　　　　地産地消をどう思う？………96

工業生産とわたしたちのくらし

No.41　工業の特色と役割
　　　　工業ってなあに？………98

No.42　さまざまな工業を「仲間わけ」
　　　　工業製品を探せ………100

No.43 工業の「ベルト」
　　　 生産額ベスト10を白地図に記して………102

No.44 関連の様々なかたちに目を向ける
　　　 つながる工場………104

No.45 大量生産のしくみ
　　　 ロボットと人間・仕事比べ………106

No.46 作業を通してペア学習
　　　 自動車ができるまで………108

No.47 資料をもとにイメージ化
　　　 働く人の苦労と工夫………110

No.48 つながる工場
　　　 がんばる関連工場………112

No.49 自動車はどこへ？
　　　 買った人まで届けるしくみ………114

No.50 グラフと事実をつなげよう
　　　 広がる海外生産………116

No.51 新しい自動車の工夫
　　　 安全でやさしい自動車を………118

No.52 走り終わると？
　　　 廃車とリサイクルの「？」………120

No.53 がんばる「中小」
　　　 町の工場を探れ！………122

No.54 鉄は何からどうやって？
　　　 高炉のヒミツを探れ………124

No.55 日本の輸入の特色
　　　 石油・はるかな旅………126

No.56 日本の貿易の特色
　　　 輸出と輸入の今………128

情報とわたしたちのくらし

No.57 未来とつながる情報
　　　 様々なメディアの特色を知ろう………130

No.58 ニュース番組をつくる
　　　 テレビの果たす役割は？………132

No.59 新聞をつくる
　　　 新聞の果たす役割は？………134

No.60 メディアの責任
　　　 メディアにたずさわる人と報道被害………136

No.61 情報の光とかげ
　　　 テレビはいつも正しいか………138

No.62 メディア活用の変化
　　　 テレビはもう時代遅れか………140

No.63 情報通信技術が生かされた生活
　　　 ＩＣＴの広がりと生活の変化………142

No.64 大量の情報を生かすコンビニ
　　　 ほしいものがそろっているのはなぜ？………144

No.65 情報を生かす観光産業
　　　 思い出に残る旅行を提供………146

No.66 情報ネットワークの進展
　　　 情報ネットワークは内から外へ………148

No.67 情報一元化の光とかげ
マイナンバーカードでくらしは向上？ ………150

No.68 くらしと産業を変える情報通信技術
ＩＣＴが世界を救う？！ ………152

環境とわたしたちのくらし

No.69 森林のはたらき
グリーンマークはなぜ必要か ………154

No.70 森林を守る
林業とはどんな仕事か ………156

No.71 森林資源を生かす
昔の知恵・今の工夫 ………158

No.72 豊かな森を未来へ渡す
がんばれ 林業○○ ………160

No.73 四日市の公害はなぜ起きた？
マスクをつけろ ………162

No.74 四日市にどう青空を取り戻すか
マスクをはずせ ………164

No.75 水銀はどのように体に入ったか
ネコがおどる？ ………166

No.76 生活公害と私たち
びわ湖を救え ………168

No.77 私たちと環境の関係は？
自然はまわる ………170

No.78 地震と震災
つながって何が起きるか ………172

No.79 遠く、高く、はやく
進んで逃げろ ………174

No.80 様々な自然災害
日本の各地に目を向ける ………176

No.81 災害にそなえる
命を守るために ………178

■巻末付録
地域の工場を子ども自らが探し、学年ぐるみで見学
「近所の工場、見〜つけた！」………180

小４から小５へつなげる都道府県の学習………185

チャレンジ！ 地図ぬり絵①北海道・東北地方………186
チャレンジ！ 地図ぬり絵②関東地方………188
チャレンジ！ 地図ぬり絵③中部地方………190
チャレンジ！ 地図ぬり絵④近畿地方………192
チャレンジ！ 地図ぬり絵⑤中国・四国地方………194
チャレンジ！ 地図ぬり絵⑥九州・沖縄地方………196
チャレンジ！ 日本の都道府県！①、②、③………198
地図ぬり絵の解答………201

はじめに

本書をどう使えば
日々の授業が楽しくなるか

1　受動を能動に変える「しかけ」

①教室授業でどの子も引き込む技法例

　『○○に××があるのが日本の地形。ノートに書いて覚えよう』…５年になって張り切る子どもにこんな教室授業を行えば、「ああ、４年の社会科はあちこち出かけいろいろ調べて楽しかったなあ…」と、一気に社会科嫌いが増えていく。

　では、注入と暗記の授業をどうやって対話と深化の授業に変えるか。逆転・作業・イメージ化・対比・対立などで引きこむ「学びのしかけ」を応答例や板書と一体化し、１時間ごとの授業例として示したところに本書の第１の特色がある。まずはその導入部分４つを例示しよう。

学習課題№1
地球儀で学ぼう〈逆転〉

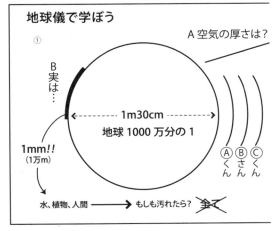

大気の薄さに驚き。その中で人間の活動は？

学習課題№2
東京の東はどこの国？〈逆転〉

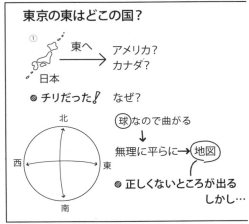

地球儀にテープをあて生じた疑問を探究…。

学習課題No.33

マグロはどうやってつかまえるか〈イメージ化⇒対話〉

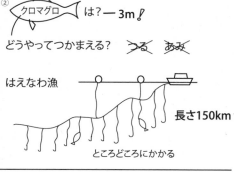

遠洋漁業と200海里
① サンマ、アジ―30cm
② クロマグロ は？―3m
どうやってつかまえる？ つる あみ
はえなわ漁　長さ150km
ところどころにかかる

　３mのマグロを黒板一面に線描するとみな集中。
　実物大の魚体がイメージできると、それだけ大きい魚をどうやって捕まえるかワイワイガヤガヤ盛り上がる。

学習課題No.70

森林を守る〈対比⇒対立〉―どうやって高い木に登るか

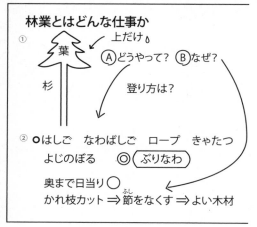

林業とはどんな仕事か
① 葉　杉　上だけ
　Aどうやって？ Bなぜ？
　登り方は？
② ○はしご　なわばしご　ロープ　きゃたつ
　よじのぼる　◎ぶりなわ
　奥まで日当り○
　かれ枝カット ⇒ 節をなくす ⇒ よい木材

　まず人工林と自然林の杉の写真を対比
⇒「下の方に枝がないのは人が切ったからだ」
⇒「では、どうやって登るか」
⇒脚立から縄梯子までアイディア続出
⇒ぶり縄作業の様子にみな驚き
⇒「こうやって森林を世話するのか」（深い理解）

②教えたい内容の羅列を学びたい流れに変える

　では、しかけて起動した後は、どう応答を組織して１時間の流れをつくるのか。
　実際の授業では次のような応答技術や演出が各所で必要となるのであった。

学習課題7　「日本の地形」を例に説明してみたい。

先生：日本で１番長い川は？　　児童：信濃川!!
先生：２番目に長い川は？　　　児童：利根川？　石狩川？　はて？

【しかけ】
　正答（2番目は利根川）が出てもすぐに肯定しない。『本当にそれでいいね～』と全体に戻すと「え～？？？」と自信がなくなって、さらに多様な予想が出てくる。

先生：長さが5番目までの川を言えるかな？
　　──児童は思いつきでつぶやく
先生：では、隣りの人とじゃんけんポン！　負けた人の地図帳を2人で見て探そう。
児童：あったー、○○ページ。ぼくが1番!!

【しかけ】
　地図帳はいつも一人1冊とは限らない。ここは2人に1冊でペア学習。一方が話せば必ず他方が聞き「お客さん」が生まれない。調べる力の乏しい子も、友達から教えてもらう中で力が伸びる。
　よく友達をフォローしている子がいれば称揚。日ごろ発言しない子が友達の話に頷いていれば『後でそれを発表してね』と声かけ。発表できたら称揚するとみなの見る目が変わる。授業をプラスの意味での生徒指導の場に変えていく。

先生：次は「地形のようす」のページを探すよ。　1〜5位の川をそこにマーキングしよう。
児童：あったー、○○ページ。あれ？　みんな日本の上の方だ。
先生：日本の上は空。（笑）東日本と言おう。
児童：なんで長い川は全部東日本なの？
先生：すばらしい疑問だ。なぜだろう？
　　──児童からの疑問を児童に戻す。相談⇒発表。

【しかけ】
　作業すると日本の東西の川の長さの違いに気づき、「なぜか？」との問いが子どもの側から出る。教師はそれを全体に戻して、児問児答の対話につなげる。

児童：東日本はけわしい山脈が多いからだ。　　長い川は高い山から流れてくる。
　　　　西は低い山地ばかりだから川も短い。　　山脈と山地はどう違うの？

【しかけ】
　児童の疑問が「山脈と山地の違い」に到達したところで用語説明。
山脈─けわしい（濃い茶色）　∧∧∧∧∧　　　山地─なだらか（薄い茶色）⌒⌒⌒
　山がちな土地を「山地」と総称する時がある。『日本は4分の3地』と覚えよう。
　山脈に対して山地と言う場合との違いを押さえて混同を防止。

先生：東日本の山脈をマークして言おう。　　児童：奥羽山脈　越後山脈　日高山脈…。
先生：西日本の山地は他の色でマークして言おう。　　児童：紀伊山地　中国山地…。
先生：違いが一目で分かるね。では、日本一広い関東平野はどこにある？
児童：利根川が海に出るところ。
先生：2番目の石狩平野は何川の下流？　　児童：石狩川だ。みんな大きな川の下流だ。
先生：長い川は多くの土砂を運んで溜める。　　児童：だから平野は川の下流にできるのか。
先生：ワークシートに主な川、山脈山地、平野の名を書き入れよう。　　児童：やったー！
　　──楽しく共同作業。答え合わせの際は多くの子を指名。

【しかけ】

このように授業を進めると、2つの「発見」と一つの「理解」が生まれる。

・山脈・山地名を教師が注入するのではなく、子ども自身が進んで地図から「発見」する。
・西日本＝山地・東日本＝山脈という違いを子ども自身が視覚的に「理解」する。
・高い山＝長い川＝広い平野という関連を子ども自身が驚きをもって「発見」する。

それにより、「日本の地形」の授業は受動から能動へ転換する。

　本書の第2の特色は、こうした応答過程を見開き2ページに凝縮して収め、導入で引きこみ、どう1時間の授業を展開するかを資料や板書と併せて解説したことにある。ならば、この授業ではどこでどう地図帳を活用すればよいか。シートに記すと次のようになる。

学習課題　**日本の川と山脈**　　　　　　《参考》

1　日本で一番長い川の名前を言おう。① 〈　　　　　　　　　〉川

地図帳の検証的活用

②では、長さが2位から5位までの川の名は？予想の後に調べよう。

　　2位　　　　　3位　　　　　4位　　　　　5位

③5つの川を地図帳「地形のようす」にマーキングしよう。気づくことや疑問は？

地図帳の作業的活用⇒資料的活用（1）

④地図帳の山脈名は赤、山地は膏などに色分けしよう。分かることは何か。

地図帳の作業的活用⇒資料的活用（2）

2　日本の平野の面積は右の通りである。（計測方法により異同あり）1と同じ地図にマーキングして分かることは？

1	関東平野（1700平方km）
2	石狩平野（4000平方km）
3	十勝平野（3600平方km）
4	越後平野（2070平方km）
5	濃尾平野（1800平方km）

地図帳の作業的活用⇒資料的活用（3）

3　右の地図の①〜⑬・Ⓐ〜Ⓗの地名を下の表に記入しよう。

①		②		③	
④		⑤		⑥	
⑦		⑧		⑨	
⑩		⑪		⑫	
⑬		Ⓐ			
Ⓑ		Ⓒ			
Ⓓ					
Ⓔ					
Ⓕ					
Ⓖ					
Ⓗ					

〈気づくこと〉

地図帳の資料的活用

これをみれば、場に応じていかに多彩に地図帳を活用できるかが分かる。私はそれらを検証的活用・資料的活用・対比的活用・作業的活用・まとめ定着的活用の５つに分け、教科書の使い方も同様に示して本書の第３の特色とした。その解説をしてみよう。

【検証的活用】

『あれ、答えはこれでいいのかな？』そう思ったら、それを教科書・地図帳の記述で確かめる。例えば学習課題№１１「気候に応じた生活と農業」では、沖縄の昔の家は屋根瓦が漆喰で固めてあることを知り、昔の家には他にどんな工夫があるかを予想する。それが果たして正しいかどうかを教科書の記述や図版をみて確かめるのである。

こうした姿勢で地図帳や教科書を使えば気づきの質は格段に高まる。私はそれを教科書・地図帳の検証的活用とよぶ。

【資料的活用】

意欲が低いのに『教科書で調べよう』と投げかけても動く子は少ない。時間が来るまで「ふり」をする子、何をするか分からずぼうっとする子をつくるだけだ。では、どうするか。

例えば学習課題№３１「未来につなぐ米づくり」では、まず消費者と生産者の田植え交流の写真を見せ、米袋を示して銘柄米の名を競って挙げさせる。十分活性化したら、次に『では、農家の人はどんな努力をしているか』（間）『教科書で調べよう』と投げかける。

こうすれば、やる気になった子たちは該当箇所に線を引き、施設や農機具・農薬ヘリの共同利用、水田耕請負耕作など多くの答えを自ら見つけていく。かたちだけの活動からの脱却。それこそが真の意味での教科書の資料的活用である。

【対比的活用】

学習課題№１３「北海道の気候と生活」では、沖縄と北海道の家のつくりを比べて違いを発見させたい。だが、困ったことにそれぞれの家のイラストは教科書の違うページにある。

そこで私は隣どうしでペアをつくらせ、右の子には北海道、左の子には沖縄のページを開かせ双方の家を対比させる。一人が話せば他の一人が必ず聞くので、教室の至るところでペア学習が成立する。これが、教科書の対比的活用のすばらしさであった。

資料は班に１枚か。ペアに一枚か。個人に一枚か。ケースバイケースで考えたい。

【作業的活用】

学習課題№１０『沖縄県はどこからどこまでか。①〜⑤の島を線で結んで写し紙に写そう』
学習課題№１２『沖縄地図にあるアメリカ軍用地を着色しよう』等々、

本書では地図帳の作業的活用の事例を多く紹介した。作業学習を自己目的化せず、ねらいに即して本時の展開の中に位置づけたい。

例えば№１０の沖縄県域の写し取りはただ楽しいから行うのではない。写し取った県域を日本列島に重ねると東京から北海道にまで達することに驚き、広い海に１６０余りの島が点在する島嶼県という沖縄の地理的特色が「発見」できる。だから行うのである。

続いて面積や人口を東京都と比べ、県についての知識を出させれば、遠く離れた沖縄が身近になる。写し紙を使った作業は、その起点なのだ。

何を使って何のためにどんな作業をいつ行うか。常に意識していこうではないか。

【まとめ定着的活用】

学習課題№２５「なぜ庄内で米づくり？」では、地図や画像で庄内平野の特色をつかみ、年平均１２,７℃にすぎない庄内地方でなぜ熱帯性のイネがよく育つのかを考えあう。すると、その理由が夏の高温にあることが分かってくる。

そのままで終わらせず、最後に教科書の該当箇所を読ませると、各社の教科書には次のような一節があった。

●イネは、夏の気温が高く、日照時間が長いとよく成長する。
●南東季節風が、太平洋から山地をこえ、高温でかわいた風となって・・・ぬれたイネの葉
　をかわかし、病気を防ぐ。

得た知識は、こうした記述を生かして一般化すれば、ふりかえりと定着につながる。これが教科書のまとめ定着的活用であった。活発で楽しい授業を落ち着いた雰囲気の中でふりかえりとまとめを行い、「楽しかったけど何も残っていない」という状況をなくしたい。

何をねらいどこでどう教科書や地図帳を活用するか。本書の事例をぜひ参照してほしい。

3　なぜ雨温図が読めないか―読む力を育てるステップとは？

さて、注入と暗記の他に社会科嫌いをつくる原因がもう一つある。それは雨温図だ。１学期早々、日本の気候を学ぶ際にその読み取りにつまずくと、これまた「５年の社会科はややこしい。大嫌い」となってしまう。

なぜつまずくか。雨温図の棒グラフは左の目盛りで読む・折れ線グラフは右の目盛りで読むという区分にとまどうからだ。そこをどう突破するか。

私は、学習課題№８「南と北を比べると」の中で２つのグラフの分離⇒合体という方法を紹介した。

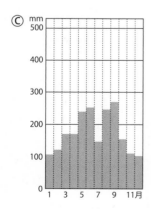
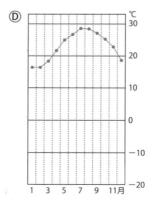
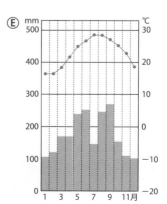

まず、最初は©のように棒グラフだけを示す。左の目盛りでその数値を読ませたい。次は①のように折れ線グラフだけを示し、右の目盛りで読ませる。できたところで©①を合体させた⑥を示すと、多くの子が「そうか。そういうことか」と納得する。

　つまずけば©や⑧に戻り、できたらまた①を読む。これが分離から合体に進む第一ステップであった。

　だが、次に那覇と札幌２つの雨温図を並べて双方の気温や降水量の違いを問うと、再び「わけ分からな～い」となってしまう。それはなぜか。

　子どもは最初に那覇の雨温図の降水量と気温を読む。だが、続いて札幌の降水量や気温を読むと、その時は那覇の数値を忘れている。次は再び那覇を見るが、その時は札幌の数値の記憶があいまいだ。ただ目線を行ったり来たりさせるだけで、双方の違いをうまく対比できないのであった。では、どうすればよいか。

　私は学習課題№9「雨温図から探る気候」において、次のようにⒶⒷ©①４つの資料を用意する。ここでは先ほどとは逆に合体⇒分離という方法を使いたい。

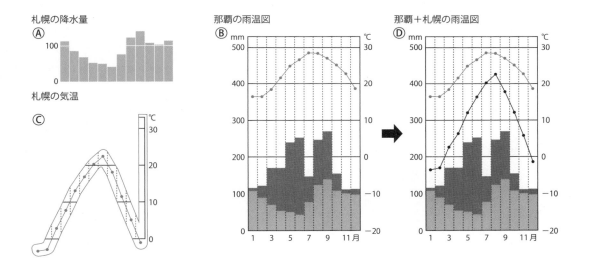

　まず、Ⓐ札幌の降水量をⒷ那覇の雨温図に重ねて違いを問う。直接比較なので誰もが答えられる。そこに©を貼り重ねて合体雨温図①をつくり気温の違いを問うとこれも直接比較なので軽くクリア―。

　その残像効果が消えないうちに、いよいよ第３ステップへ。

　『今度は札幌と那覇を別々の雨温図に分ける。降水量➡気温の順で違いを読みとろう』

　すると子どもは、頭の中で先ほどのような合体雨温図をつくって読みとる。じつは私たちは２つの雨温図を比べる際、そうした合体作業を無意識にやっている。初心者の子どもにはその作業をはじめに外化して行わせることが必要であった。

　それができたら第４ステップ。

　教科書にある２地域（上越市と千代田区など）の雨温図を２人一組で対比する。

　今度は外化作業なしに最初から別々の雨温図を読みとるのであった。

だが、こうして４つのステップを設定しても、まだグラフの読み取りが苦手な子がいる。

そうした子は具体的な思考以外は苦手で、小３・小４でのグラフ学習を十分理解できずに５年生になったのであろう。

彼らにとってグラフとは抽象的な静止画像だ。極論を言えば、ただの「模様」として目に映っている。その「静止画像」の中にどう「動き」を読みとる力を育てるか。

学習課題No.７２「豊かな森を未来へ残す」を例に説明したい。

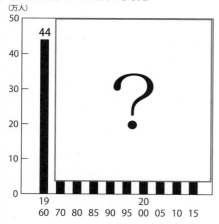

Ⓐ 林業で働く人の数の変化

発問①

　先生：林業で働く人の数はこの後どうなるか
　　　──はじめの棒グラフ以外は隠す。

　予想を発表させると、「だんだん減っていく」という意見が多い。

　子どもたちはこの時、左端の棒グラフ（１９６０年・４４万人）が「？」の中でどう変化していくかを自分なりにイメージしたのである。

　では、正解は？・・・知りたい気持ちが高まったところで教師は②の発問を行う。

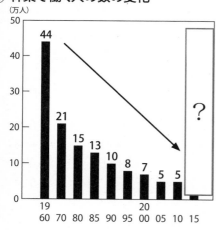

Ⓐ 林業で働く人の数の変化

発問②

　先生：林業で働く人の数の変化を続いてたどろう
　　　──最後の棒グラフ以外を明らかにする。

　発問後、覆った紙を左から右へと動かして棒グラフを順次明らかにしていく。すると、静止した棒の羅列の中に⇒のような変化が感じとれる。

　「すごく減る」「どこまで減るの？」などとつぶやきが発生。事象の「動き」が誰の目にも明らかになる。これを棒グラフの動的理解とよびたい。

　こうした体験を重ねると、やがて羅列してある棒グラフを見ただけでそこに「動き」を読み取れるようになるのであった。

　では、このグラフの最後・２０１０年になると林業で働く人の数はどうなるか。増える⇔減るとの対立の後に、覆った紙をはずすとみなが驚く。働く人は減っていなかった！！（逆転）

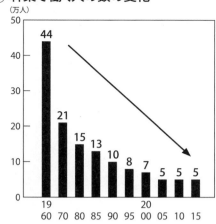

Ⓐ 林業で働く人の数の変化

（万人）

グラフの値（年）：
1960年 44
1970年 21
1980年 15
1985年 13
1990年 10
1995年 8
2000年 7
2005年 5
2010年 5
2015年 5

発問③

　　先生：林業で働く人はなぜ減らなくなったか
　　　　――変化の意味を考える。

　　逆転の驚きは子どもの中に新たな疑問を生む。
　　『林業で働く人はなぜ減らなくなったか』
　　関心が低いのに課題を押しつければ学習は沈滞。
　　だが、こうして子どもから出た疑問を全員で追究
しあえば学習は楽しい謎解きとなる。
　　その５年生の授業自体の中で、グラフ読み取りの
技能を全員参加で育てたい。

　本書の第四の特色は、雨温図・グラフ読み取りの技法を子どものつまずきに即して段階的に明示したことにあった。なお、３つの折れ線グラフを比べて読みとる技法については、学習課題№.５０「広がる海外生産」を参照してほしい。

　社会科の目標と本書の特色

　さて、戦後、１９４７（昭和２２）年に発足した社会科の指導要領（試案）の冒頭には次のような一文があった。

　『今度新しく設けられた社会科の任務は、青少年に社会生活を理解させ、その進展に力をいたす態度や能力を養成することである』

　ここに社会科の原点がある。その立場に立って全ての子を未来の主権者＝「平和で民主的な国家・社会の形成者」に育てることが社会科のねらいであろう。その達成は適切なねらいの下に楽しく分かって学びあい深めあう授業を日々どう展開していくかにかかっている。

　私は本書において、そうした視点から次の５項目を念頭に授業プランを作成し、実際の応答例・板書・学習ルールの形成についても一体的に示したつもりである。

❶子どもを引きこむしかけを満載
❷地図帳を作業・検証・調査に活用
❸雨温図・グラフ読み取りのＡＢＣを提示
❹教師の声調や間の取り方を明示
❺産業と情報の新授業を沖縄から発信

　こうした特色を持つ本書を一つの跳躍台として、多くの教師が毎時間の授業づくりにさらに精進されることを期待したい。

　なお、産業と情報に関わる授業については、米須清貴氏の熱意とご尽力により、沖縄県・島尻地区小学校社会科研究会有志のみなさんをはじめ８名の教員の玉稿をいただくことができた。数々の清新な実践案にふれ、２０１５年・全小社研沖縄大会を機に培った財産のいっそうの発展を私は強く実感できた。深く感謝して奥付にご尊名を掲載させていただく。

　これら南からの実践が多くの読者に広がることを願ってやまない。

81の授業プラン

子どもが育つ授業を
学習課題にそって紹介

地球儀で学ぼう

▶授業のねらい

①地球から世界の国々、日本へと学習の焦点を絞って自国のおよその位置関係をつかむ。

②授業進行と発言のルールを場に即して示し、班での協力性や個人学習の姿勢を育てる。

▶板書例—赤道、日本は赤チョークで記す等、色分けを工夫したい。

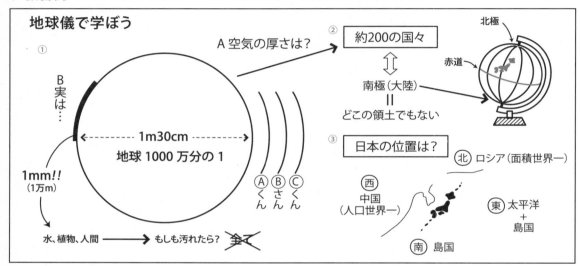

▶授業の展開：たった1㎜！という逆転の驚きから挙手を活性化。班で作業して個別学習へ。

1　黒板に直径1m30cmほどの円をサッと描く

先生：この○は何か。自由に言おう。

　　——耳に手を当てるしぐさをする。元気のいい数人が思いつきを発言。

> ◐ **発言のルールを徹底**
>
> Ⓐの合図では挙手で発言し、Ⓑの場合は自由につぶやく。こうしたルールは最初の授業で体得させる。何事もはじめがかんじんだ。

先生：これは地球です。（笑）ただし1000万分の1だ。空気の厚さはどれくらいか？

　　——近くの人と30秒ほど相談させる。

先生：はい、やめ！予想が書ける人は手を挙げて！　　——きっぱりと挙手のしぐさ。

　　——挙手した数人を指名して板書例のように線を引かせる。他の子も自分に近い意見に挙手させ、全員参画を図りたい。

　　大気圏（空気の厚さ）は1万m＝1000万㎜である。縮尺は1000万分の1だから、正解はわずか1㎜！　リンゴでいえば皮ほどの薄さで、チョモランマも0.8mmにすぎない。

先生：思ったことは？

　——挙手のしぐさ。**加点式に数えて活性化**。

児童：地球の空気はすごく薄い。そこに人間がいる。

　　　他の生き物も…等。

先生：**空気をさらに汚したら？**　　児童：死んじゃう。

　——教師が主導し、子どもが意見を出すかたちで授業

　　を進め、安心感を与えたい。

2　地図帳や地球儀を使って全員作業

先生：人々はこの地球で200以上の国に分かれて生活している。世界には日本以外にどんな国があるか？班で相談して、知っている国名を付せんに記入しよう。

　——班長を集めて付せんを配布、その間に席を班ごとにさせる。すばやい班を評価。

　　記入はサインペンで時間は2分程度。**10カ国も出れば十分である**。

先生：はい、やめ！

　——きっぱりと言い、全員がぱっと筆記用具を置くことを徹底させたい。

先生：1度だけ言います。①これらの国名を地図帳で探して○で囲もう。

　　②全員できた班は地球儀を取りに来る。

　　③書いた付せんをその国に貼ろう。

　——**机間指導はしない**。教壇から全体を見回し、「A班は交代で付せんを貼って全員で作業。立派だ」、「B班は地球儀のプロがいて速い」等、よい表れを響く声で評価する。つまずく班にはヒントを与えに行き、自分たちが挙げた10カ国がどこにあるかをつかませる。できたところで北極、南極、赤道にも付せんを貼らせたい。

3　日本国の位置関係を世界大地図で確認

　——①机を元に戻し地球儀と引きかえに©を渡す。

地図帳を見て個々に答えを記入。

分からないところはペアで相談。両面刷りにして、練習や宿題として活用したい。

②世界大地図を教室前面に掲示。方位を押さえながら⑤～⑧の答えをあわせる中でアジアにおける**日本の位置を確認**したい。

©

◆□から語句を選んで記入しよう。

①これは〈　　　　　〉という。②は〈　　　　　〉③は〈　　　　　〉④は〈　　　　　〉とよぶ。④にある大陸はどこの国の領土でもない。

南極・赤道・地球儀・北極

◆日本から見て⑤～⑧は東西南北のどこか。

⑤人口世界一の中国—日本から見て〈　　　〉

⑥面積世界一のロシア—日本から見て〈　　　〉

⑦フィリピンなどの島国—日本から見て〈　　　〉

⑧広くて自由に行き来できる太平洋—日本から見て〈　　　〉

回答〈①地球儀　②北極　③赤道　④南極　⑤西　⑥北　⑦南　⑧東〉

東京の東はどこの国？

▶授業のねらい

　①平面の地図は立体の地球儀より不正確な部分があることを逆転の驚きを通してつかむ。

　②地図には様々な長所があることを学びあい、緯線と経線の区分と役割を理解する。

▶板書例

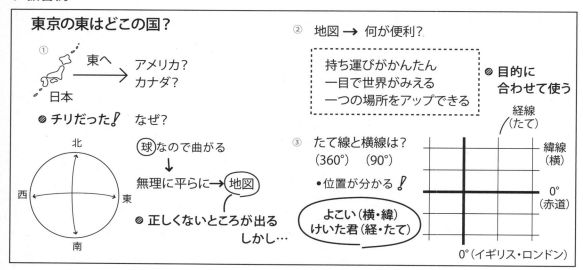

▶授業の展開：「大地図と地球儀と方位十字しゅりけん」3点セットで逆転と作業の学習を。

1　世界大地図を「見せ球」にして"だまし討ち"

　　——教室前面に世界大地図を掲示。教科書は全員閉じさせ
　　　ておく。

　　　東京から北・南・西の方位を指示棒でさし、それぞれ
　　　にある国の名を一斉に言わせる。

先生：では、東京からずっと東に行くと何という国に着くか？

児童：かんたんだ！　アメリカです。

先生：自信ある人は？　　——何人も挙手。

先生：本当に間違いないね…？　　——疑い気味に。

児童：カナダかも。

先生：間違いないね？　班で確かめよう。

　　——あらかじめ、学習係にⒶのような「方位十字しゅりけ
　　　ん」をつくらせる。その縦棒を地球儀の北極と南極に
　　　あわせると、横棒は自動的に東西をさすと説明する。

先生：**机を班ごとにしたら、地球儀としゅりけんを受け取ってやってみよう。**

Ⓐ

班学習の始め方

　私の経験では、説明⇒机直
し⇒作業という順序がベター。
机直し⇒説明の順にすると散
漫になって徹底しにくい。

児童：あー、アメリカに着かない。もっと下（南）だ。チリの方へ行く。

先生：次は3つの国を自分たちで自由に選び、交代で方位を測ってみよう。

——球体での方位の特色をつかんだところで、地球儀等を返させ席を元に戻したい。

2　地図と地球儀では、どちらが便利？

先生：**地図と地球儀、どちらが正しいの？**

児童：地球儀です。地図より本当の地球に近いから。

先生：正しい地球儀を地図に直すと、なぜ正しくないところが生まれるか。

児童：丸いものを平らにしたから。無理やり平らにしたから狂った。

先生：それなら、正しくないところがある地図はいらないね。明日からは代わりに地球儀を
　　　持って登校しよう。

児童：えー、いやだ。大変。

先生：坂だと転がるよね。（笑）ならば、**地図が地球儀より便利なところは？**

児童：回さなくても全体が見られる。世界が一目で分かる。

——ユーモアを混ぜながら、地図には地球儀にはない長所があることを確認させる。

先生：世界地図にもいろいろな種類があるよ。　　　——ⒷⒸを順次投影。

Ⓑ 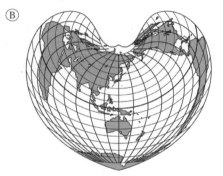　Ⓒ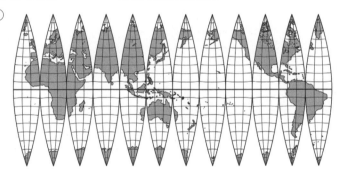

——**立体を平面に直すので、面積・距離・方位のどこかに無理が出る。**「世界全体を知る」
　　「1つの地域を詳しく知る」等、**目的にあわせて使えばよい**とまとめたい。

3　経線と緯線の混同はだじゃれで防ぐ

先生：**地球儀や地図には本当の地球にないものがある。それは何か？**

児童：縦線と横線です。

——経線と緯線を「世界大地図」を見ながら確認。

先生：地図帳の「世界大地図」でもそうなっているね。線を見て気づくことは？

児童：数字がある。縦線の0度はロンドンを通る。横に180度まである。

先生：東にも西にも180度あるから合計360度だね。

児童：横線の0度は赤道と同じ。　　　先生：北極と南極までそれぞれ90度あるね。

——縦横の数字を組み合わせると、その地点を正確に表せることを理解させたい。世界大
　　地図で日本のいくつかの市を表示しよう。例：札幌（北緯43度　東経141度）
　　縦の線は経線、横の線は緯線。経線と緯線を「**よこい・けいた君（横緯・経縦て）**」
　　というだじゃれで覚えさせる。授業の終わりは笑いで閉じよう。

6大陸と3海洋

▶授業のねらい

①五輪の旗は5大陸の人々のつながりを表すことを知り、各大陸の名と位置を調べる。

②6大陸と3海洋を略地図に書けるようになり、日本がそのどこに位置するかを知る。

▶板書例——③に記した→は略地図を書く順序例であり、板書する必要はない。

6大陸と3海洋

① 　オリンピックの旗
　　　　　　　　　｜
　　　　　　　5大陸の人々の結びつき
　　　　　　　　　　＼
　　　　　　　　　どこ？

③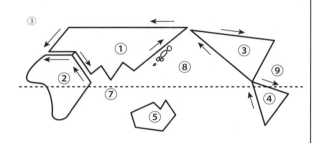

② 世界の大陸と海洋は？
　　①ヨーロッパ＋アジア＝ユーラシア
　　②アフリカ　　③北アメリカ
　　④南アメリカ　⑤オーストラリア　⑥南極
　　⑦インド洋　⑧太平洋　⑨大西洋

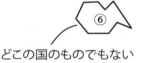
どこの国のものでもない

▶授業の展開：知っているようで知らない五輪の旗——その意味を探って学びを広げよう。

1　オリンピックの旗はどんな意味？

　　——まず青○、次に黒○を板書し児童のつぶやきには頷くだけ。答えを当てたくなって集中度が高まる。さらに赤⇒黄⇒緑と板書。

児童：やっぱりオリンピックの旗だった！

先生：知りたいことは？

児童：5つの輪は何を表すの？

　　——発言を生かし、人が住む大陸を表すことを確認。輪がつながっている理由も確認する。

先生：地図帳で5大陸（州）の名を調べよう。

　　——教師も世界大地図を展張。オセアニアはオーストラリアと周りの島々から成り、ヨーロッパ＋アジア⇒ユーラシア（ユーロ・アジア）と呼ぶことを押さえる。

青　黒　赤
　黄　緑

ヨーロッパ、南＋北アメリカ、アフリカ、アジア、オセアニア（輪の色は特定大陸を示さない）

📖 **オリンピックの目標**
　5大陸の人々が平和の精神でスポーツを通して結ばれることを表すので輪はつながっている。

2　大地図への集中と学習の視覚化を支持棒で

先生：いちばん大きい大陸といちばん小さな大陸は？

──大地図を支持棒で示し左手で挙手発言のジェスチャーをする。挙手が増えたら指名。オーストラリアより小さければ島と呼ぶことを教える（グリーンランド等）。

先生：地球上の大陸はこれだけ？

児童：南極大陸がある。北極は氷だけで陸がない。

先生：え〜？？　南極はオリンピックの旗に入っていないよ。

児童：当たり前だよ。住んでいる人がいないもの。基地に少しいるだけ。

──南極大陸は全陸地の10％を占めるが定住者はゼロ。どこの国の領土でもない。地球上には領土と領土でない土地の二つがある。

先生：いちばん広い海はどこかな？（指示棒を地図上で動かす）あった。この海の名は？

児童：太平洋！（全員に地図帳もチェックさせる。すぐに先へ進まない）

──インド洋も指示棒で示して同様にチェック。

先生：他に広い海はないだろうか。

児童：ある。大西洋だ。

──地図帳でみると2カ所にあるが地図帳を丸くして両端をつなげると一つになる。
「太平洋」とは「穏やかな海」という意味であり「、」が入る。「大西洋」はヨーロッパからみて「大きな西の海」という意味で点は入らない。
なお、地球の海洋の約70％はどこの国のものでもなく、自由に航行できる。
人類は、陸も海もその少なくない部分を共有しているのであった。

3　陸と海の略地図を描こう!!

先生：6大陸と3海洋は1分間で描ける。〈実演。板書参照〉これを略地図という。
　　　ノートに書けたら先生にシートをもらって①〜⑩の答えを記入しよう。

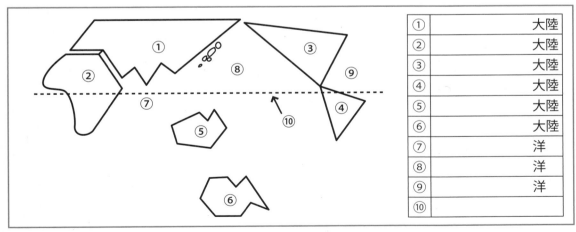

①		大陸
②		大陸
③		大陸
④		大陸
⑤		大陸
⑥		大陸
⑦		洋
⑧		洋
⑨		洋
⑩		

──最後に答えをあわせて授業を終了したい。

答え
　①ユーユーラシア　②アフリカ　③北アメリカ　④南アメリカ
　⑤オーストラリア　⑥南極　⑦インド　⑧太平　⑨大西　⑩赤道

国旗から探る世界の国々

▶**授業のねらい**

①国旗当てクイズや動植物国旗探しを通して、世界のさまざまな国への関心を高める。

②それらの国々の位置を調べて白地図に記入し、学習のけじめとルールを身につける。

▶**授業の展開：**

〈準備〉　国旗カード は必須。教材室から借りたり購入しておく。世界白地図 も用意。

1　国旗探しはおもしろい!!

　　——１つの国旗カードを紙で隠して提示。黙って少しずつ見せていくとどの子も集中。

児童：アメリカの国旗!!（地図帳で確認後、黒板右手に貼付して国名を板書）

　　——『速い。すごい!!』と褒め、英国・韓国・ブラジル・中国国旗なども同様に提示。

先生：動物の入った国旗はあるかな？（「ある」「ない」）

　　　では、地図帳で探そう。時間は５分。

児童：あった〜ライオン。スリランカだ。　ブータンは竜だ。　鳥でもいい？

先生：う〜ん（全体を見まわして少しじらす）……いいよ。

児童：やったー

　　——教師から指示せず、調べたいことが児童から出るようにすると意欲が向上。

　　　鳥・動植物国旗は必ずしも全てを発見させる必要はない。

　　　発表した国の国旗カードを提示。黒板左手から貼って国名を書いていく。

先生：時間です。はいやめ!!（きっぱり指示）

　　——すぐ鉛筆を置いた子や班を高く評価。作業⇔終了のめりはりをつける。

> **スリランカ・ブータン以外の主な鳥・動植物国旗**
>
> 　アルバニア（双頭の鷲）・モルドバ（十字架を咥えた鷲）・エジプト（鷹）・ウガンダ（カンムリツル）・ザンビア（鷲）・ジンバブエ（遺跡にある彫刻の鳥）・エクアドル（コンドル）・メキシコ（蛇を咥えた鷲）・ペルー（小さなリャマ）・ドミニカ国（オウム）・グアテマラ（国鳥ケツアール）・キリバス（軍艦鳥）・パプアニューギニア（極楽鳥）　レバノン（杉）

2　みんなで楽しく白地図作業

先生：次は、これらの国旗をもつ国々を地図帳で探し、白地図に記入しよう。

　　　教えあってＯＫ。ただし!…教え方には並・上・特上があるので説明しよう。ちなみに、先生はいつも鰻丼は特上です。（「…」）

　　——相手の読図力を高める教え方を身につけさせたい。

〈並〉地図上のその国あたりを指で示し、相手に国名を探させる。

〈上〉「アフリカにあるよ」などと場所のヒントを出して教える。

〈特上〉「日本の西側」「エジプトから東へ3つ目」など東西南北でヒントを出す。

※「その国は○○」と口で教えたり丸写しさせるのは問題外。

先生：時間は20分。全部終わったら手を挙げてサイン。

　　　先生が「ハイ」と言ったら、次は色分けするか他の国旗や国名を調べよう。

　　　まず自分で考え、分からないところは友達に聞こう。

　　──短文で説明してからシートを配布。配布後、作業中に説明すると徹底しないので注意したい。

3　時間が来たら必ず提出

先生：（しばらく様子を見てから）やり方が分かる人は挙手!!

　　　分からない人は、この人たちのところへ聞きに行こう。

　　──〈児問児答の教えあい〉が各所に発生。国々は⑯まで全て調べなくてもよい。

先生：あと2分で終了。そろそろまとめよう…時間です。はいやめ!!

　　──指示に従うのが最初よりはやくなったことを評価。

　　　休み時間にやる人以外はシートを回収する。

国旗調べから国探しへ

名前

① 　② 　③ 　④ 　⑤ 　⑥

⑦ 　⑧ 　⑨ 　⑩ 　⑪ 　⑫

⑬ 　⑭ 　⑮ 　⑯

◆分かることは？

◆国々の名を①から順に記入し地図中の
　その番号に書く。日本は赤く着色。

日本を世界と比べよう

▶**授業のねらい**

①面積・人口ベスト３の国名を知り、日本が何位かを予想してその特色をつかむ。

②日本の東西南北を対比してその違いに気づき、周囲の国々の正しい国名を調べる。

▶**板書例―**

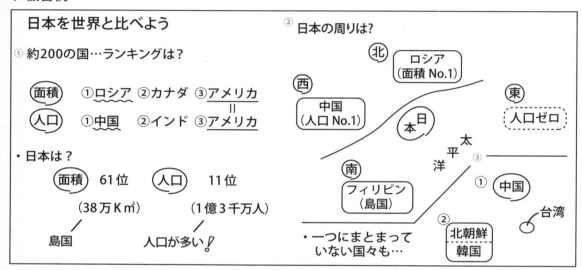

▶**授業の展開：指示があるまで**地図帳は開かない。**面積・人口・位置から日本を再認識。**

1　面積・人口…世界の国々と比べると？

先生：君たちの住む国は日本だね。　正しい国名は？

児童：？？？　日本じゃないの？　ニッポン!!

──10円玉を出し、書いてある国名を読ませると「日本国」であった。

先生：世界の国は約200。面積の広い国・人口の多い国ベスト３を予想しよう。

──Ⓐ Ⓑを配布。

　　　つぶやきで盛り上げてから正答を告げる。

先生：日本は島国。その面積・人口は世界何位か。

──これも気軽に予想しあう。

先生：面積は…61位（37,8万㎢）。

　　　人口は…11位（1,3億人）。

児童：島国なのに面積は広い方だ。人口はすごく多い。

──世界の中に位置づけると日本の面積・人口の特色が分かる。（Ⓐ Ⓑに答えを記入）

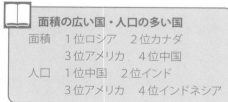

面積の広い国・人口の多い国
面積　1位ロシア　2位カナダ 　　　3位アメリカ　4位中国
人口　1位中国　2位インド 　　　3位アメリカ　4位インドネシア

Ⓐ世界201か国・面積ランキング		
1位		171,2万㎢
2位		99,8万㎢
3位		96,4万㎢
位	日本	万㎢

（ウェキペディア）

Ⓑ世界・202か国人口ランキング		
1位		14、4億人
2位		13、5億人
3位		3、3億人
位	日本	人

（2020世界人口白書）

Ⓒ

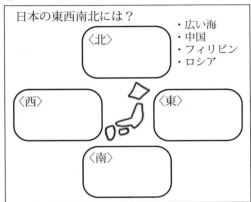

Ⓓ

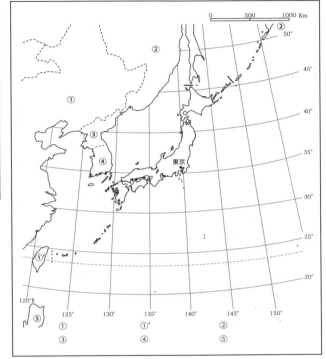

2 日本の東西南北を比べると？

先生：では、日本の周りにあるものは？

　　　Ⓒの ◯ に４つの言葉を書き入れよう。

　──できた子は挙手。教師の『ハイ』という声で手を降ろす。（確認の挙手）

　　　答えは〈北〉ロシア・〈西〉中国・〈東〉広い海・〈南〉フィリピンである。

先生：答えをあわせよう。日本の西は中国で世界一人口が多い。日本の東は？

児童：広い海。誰もいない太平洋。その先に小さなハワイ。極端だ〜。

先生：日本の北はロシアで世界一面積が広い。日本の南は？　地図帳で確かめよう。

児童：フィリピンだ。　ロシアより小さい。島国。極端だ〜。

先生：その「極端」な４つの交差点に日本がある。ユーラシア大陸と太平洋の境でもある。

3 周りの国々の正しい国名は？

先生：最後に、周りの国々の正しい国名を白地図に書き入れよう。（ここでⒹを配布）

　──①′の「台湾」と中国との関係を補説する。（①中華人民共和国・②ロシア連邦・③朝
　　　鮮民主主義人民共和国〈北朝鮮〉④大韓民国〈韓国〉・⑤フィリピン共和国）

日本はどこからどこまでか

▶**授業のねらい**

　①日本の東西南北の端はどこかを考えて、そこにある４つの島々の違いを理解する。

　②日本が他国との間にどんな領土問題をもつか知り、その解決について関心を高める。

▶**板書例**

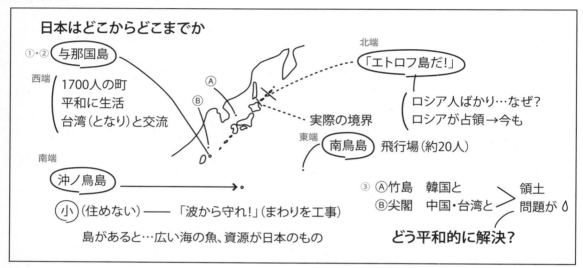

▶**授業の展開：沖の鳥島の姿にびっくり。平板にならず起伏ある「流れ」として組み立てる。**

1　日本の「端」はどこにある？

　　　──　大判日本全図 を教室前面に掲示。（または電子黒板に投影）

　先生：日本国の端はどこか。（大地図のあちこちを指示棒で指す）

　　　　他の国との境目を予想できる人は？

　　　──有志に付せんを渡して地図上に次々貼付させる。全員の目が集中。

　先生：ここ？　それともこっち？「ここが端だ」と思うところに手を挙げよう。

　　　──各所を指示棒で指す。東端西端南端北端の４つがあることを補説したい。

　先生：さあ、どれが正しいか。

　　　　教科書で日本の４つの端を探し、○で囲もう。気づくことは？

　児童：南端はずいぶん遠くにある。　東端も遠い。

　　　　西端は台湾の近くだ。　北端はロシアの方だ。

　　　──それら４つの島の名前を確認。鳥島の南に島を見つけて南鳥島と名づけたら、さらに
　　　　南に島があったので沖ノ鳥島とよんだ。南鳥島は東端であることに注意する。

2　4つの島の違いとは？

先生：どちらが与那国島でどちらが択捉島？
——ⒶⒷを投影または黒板に貼付。

児童：Ⓐは郵便局がある。Ⓑは寒そうで
　　　外国人ばっかり。
　　　Ⓐが与那国島でⒷが択捉島だ。

先生：Ⓐの与那国町は人口約1700人。
　　　Ⓑにはなぜ日本人がいないの？
——予想後に教科書参照。Ⓑは太平洋戦争
　　が終わる時に旧ソ連軍（現ロシア）が
　　占領し、今も日本に返還していないか
　　らであった。

先生：ロシアは多くの島を奪ったが、政府は
　　　そのうちⒷなどの4島を北方領土と呼
　　　び返還を求めている。
　　　一方、南鳥島には自衛隊の飛行場など
　　　があり、約20名の人がいる。
　　　では、沖ノ鳥島は人がいるの？
——つぶやきを受けⒸを投影。（騒然）

（クリル行政府ウェブサイト）

先生：もとはこうした島が二つあった。
　　　今はどうなったか。教科書で確かめよ
　　　う。
—— 1040億円かけた工事で島を保護。波
　　　で失われると、周りの海約40万㎢の
　　　魚や資源への日本の権利がなくなるか
　　　らだ。これは島でなく岩だと批判する
　　　国もある。

（少年少女新聞　1988年7月10日）

3　他にどんな領土問題が？

先生：他に、日本が領土だと主張しているところは？

児童：尖閣諸島と竹島だ。（地図帳で確認。教科書も参照可）
——前者は日本が支配するが中国や台湾も領土だと主張。後者は韓国が支配している。

先生：では、日本の輸出相手国ベスト4をみよう。（Ⓓを投影）

児童：中国がトップ。　韓国、台湾の割合も多い。
　　　つながりが深いんだね。
——その中でどう平和的に領土問題の解決を図る
　　　か。児童の考えを発表させたい。

Ⓓ日本の輸出（81,5兆円）2018

1	中国	19,5%
2	アメリカ	19,0%
3	韓国	7,1%
4	台湾	5,7%

川から山を考える

▶授業のねらい

①日本の長い川がどこに多いかを考え、地図帳を使って山、川、平野の関係を学びあう。

②山脈、山地とはどんな地形かをイメージし、特色ある日本の地形への理解を深める。

▶板書例

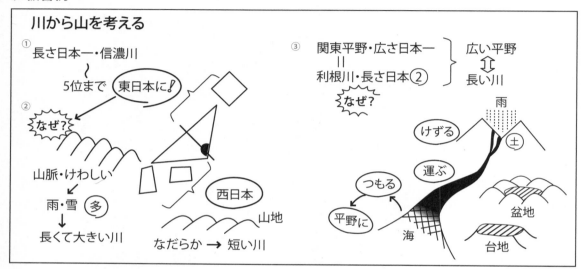

▶授業の展開：順位を調べ、地形をマークし、模式図を読みとる。地図帳をフルに活かそう。

1　1冊の地図帳でペア学習

先生：日本の川の名をできるだけ挙げてみよう。（つぶやき発言）

先生：日本で一番長い川は？

児童：**信濃川**です。

先生：では、二番目に長い川は？

児童：利根川？　石狩川？

先生：**長さが五番目までの川を言えるかな？**（児童？？？）

　　――隣の人とジャンケン。負けた人の地図帳（地形のページ）を2人で見て、長さ1位〜5位までの川の名を探させる。（自然に対話が生まれる）

児童：あったー、ぼくが一番！

　　――地図帳はいつも1人に1冊とは限らない。2人で1冊使わせると、一方が気づいたことを話せば必ず他方が聞き、クラス中で対話が成り立つ。

　　よく友達をフォローする子は称揚。日ごろ発言しない子が話していれば「後で発表してね」と声をかける。その発言を評価して自信を持たせると、みながその子を見る目も変わる。日々の授業を「積極的児童指導」の場としたい。

2　1〜5位の川はどこにある？

先生：次は地図帳で「日本の自然のようす」のページを探し、1〜5位の川をマークしよう。

児童：あれ？　みんな上の方だ。

先生：日本の上は空。（笑）東日本と言おう。

　　——琵琶湖の北側あたりで区切ると、**東日本と西日本に分けられる**ことを教える。

児童：**なぜ長い川は全部東日本なの？**　　——子どもからの疑問を生かして次へ。

先生：いい疑問だ。東と西の地形を比べると分かってくるぞ。

児童：東日本は山脈が多い。西日本は山地ばっかり。山脈と山地はどう違うの？

　　——同じページにある、山脈と山地の説明を読ませる。大ざっぱにイメージ化すると、

　　山脈——高くけわしい（濃い茶色）∧∧∧・山地—低くなだらか（薄茶色）〜〜〜

高くけわしい山脈は雲がぶつかり雨や雪が多く降る。すると、**東日本の山脈からは多くの雨を集めた長くて大きい川が流れる**。

それに対して**西日本は低い山地が多い。だから川は短い**。降水量に着目させながら進めたい。

> ⬤ **日本の土地の4分の3は山地**
> 山がちな土地をまとめて山地という。この場合は、山脈も山地に含まれ日本の土地の4分の3を占める。"4分のさんち"と覚えたい。

3　川と平野の関係は？

先生：日本一広い**関東平野**と2番目の**石狩平野**を地図帳から見つけよう。2つの平野を流れる川の名と順位は？

児童：2位の利根川と3位の石狩川です。

先生：長くて大きい川がけわしい山脈から流れると、なぜ広い平野ができるのか。

　　——相談⇒発表。

児童：**水がたくさん流れると土が削られていく。それが下の方にたまって平野になる。**

砂場の山に水を流した経験を想起させたい。（5年理科「流れる水のはたらき」）

先生：次の川の下流には何平野があるか。地図帳でチェックしよう。

　　——できたら確認の挙手。

　　①十勝川——〈　　　　〉平野

　　②信濃川——〈　　　　〉平野

　　③北上川——〈　　　　〉平野

濃尾平野には木曽、長良、揖斐の3川が流れていることにもふれたい。

最後は、川、山、平野の他にどんな地形があるかを地図帳で探して発表させる。

板書も生かして、**台地、盆地、湾等の地形の違い**を視覚的に捉えさせたい。（まとめとして、河川や山地、山脈、平野名をⒶに記入させてもよい。）

Ⓐ　3　右の地図の①〜⑬・Ⓐ〜Ⓗの地名を下の表に記入しよう。

①	②	③
④	⑤	⑥
⑦	⑧	⑨
⑩	⑪	⑫
⑬	Ⓐ	
Ⓑ	Ⓒ	
Ⓓ		
Ⓔ		
Ⓕ		
Ⓖ		
Ⓗ		

〈気づくこと〉

南と北を比べると？

▶授業のねらい

①地形や位置、夏・冬休みの違いから、日本の四季は地域により多様であることに気づく。

②学習の展開に即し、今後必要な地図帳の活用力や雨温図読み取りの技能を育てる。

▶板書例

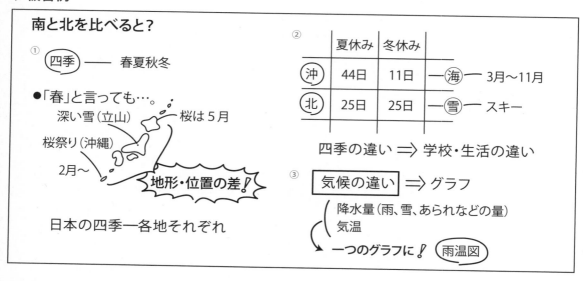

南と北を比べると？

① (四季) ── 春夏秋冬

●「春」と言っても…。
深い雪（立山）　桜は5月
桜祭り（沖縄）
2月～　地形・位置の差！

日本の四季──各地それぞれ

②

	夏休み	冬休み	
沖	44日	11日	─海─ 3月～11月
北	25日	25日	─雪─ スキー

四季の違い ⇒ 学校・生活の違い

③ 気候の違い ⇒ グラフ
降水量（雨、雪、あられなどの量）
気温
──一つのグラフに！ (雨温図)

▶授業の展開：夏・冬休みの長さの違いに興味津々。雨温図を読む技能は段階的に育てよう。

1 各地の「春」はどう違う？

黙って「四季」と板書。"しき"とのつぶやきを受けて次のように応答する。

『読みはその通り。四季ってなに？』⇒「春夏秋冬」⇒『今は？』⇒「春」

先生：では、長野県と富山県をつなぐ道の写真を見よう。これは何月か？（Ⓐを投影。騒然）

児童：12月？ 3月かも。8月!!（笑）

先生：正解は…4月下旬です。

　　　地図帳で富山県の立山を探そう。

児童：あったー、高さが3015m。

　　──相談可。印をつけたら挙手。先生がハイ
　　　と言ったら降ろす。

先生：ここから長野へ抜ける道は険しい。
　　　だから、春でも雪が積もっている。
　　　地形が気候に影響しているんだね。

先生：沖縄の春はどんな様子か。教科書で写真
　　　を探そう。

Ⓐ

——全員が参画。「さまざまな土地のくらし」などから写真を見つける。

児童：２月に桜祭り（名護）。３月に海開き（竹富島）等…いいなあ。

——日本列島は南北に長いことから、四季の在り方は各地で違うことを理解させたい。

2　気候と夏・冬休みの関係は？

先生：２つの小学校の夏休み・冬休みを比べよう。

——Ⓑを提示。子ども
の反応は速い。

**沖縄は夏休みが長
く、北海道は冬休**
みが長い。なぜそうなのか説明させて次に進む。

Ⓑ

2015年	夏休みの期間	冬休みの期間
沖縄県・翔南小	7月19日～8月31日（44日）	12月26日～1月5日（11日）
北海道・幌西小	7月25日～8月18日（25日）	12月26日～1月19日（25日）

先生：夏は沖縄へ転校し、冬は北海道へ転校したら？（笑）

——「賛成」「寒いからいや」「雪で遊べるよ」等、自由に発言させてから問う。

先生：四季のあり方が違うと生活のあり方は？

児童：全然違う。でも沖縄がいい。

先生：台風が来るよ。

——身近で興味を引く内容を用いて学習をひろげ、**各地の生活にはその気候や環境に応じ
てそれぞれの良さや課題があること**に気づかせたい。

3　雨温図を学ぶ順序とは？

——気候の違いを知るには各地の気温、雨や雪の量を知るべきだ。

まずはⒸ那覇の雨温図を示し、**降水量（空から降って水になる雪、あられ、雨等の
量）**を表すものだと説明する。棒グラフは３年で学んだ。およその数値を１月から順
次言わせる。**１ｍ尺（1000㎜）**を併用してイメージ化したい。

続いてⒹを提示して気温の読み取りへ。（折れ線グラフは４年で既習）

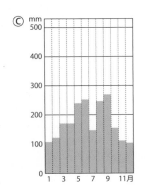
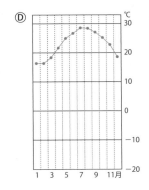
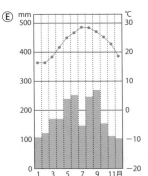

（『日本国勢図会』
2013/14（国勢社）
より作成）

先生：では、このグラフは読めるかな？

——Ⓔを提示。全員に配布⇒読み方を相談。

Ⓒ、Ⓓの後なので自力で読める。**気温も降水量も一度に分かる便利さ**に気づかせる。
指名してグラフの数値を２、３読ませる。５年で雨温図を読む技能を育てるには順序
性が大切だ。次の時間は、雨温図を比べて各地の気候の違いを学んでいきたい。

雨温図を比べよう

▶**授業のねらい**

　①降水量の重ね読みから別々の雨温図の対比まで、グラフを読む技能を順次育てていく。

　②教具を使って言葉での説明を立体化し、季節風の変化と多雪・多雨の関係を学びあう。

▶**板書例**—1では北海道と沖縄を、2では上越、千代田区を板書。

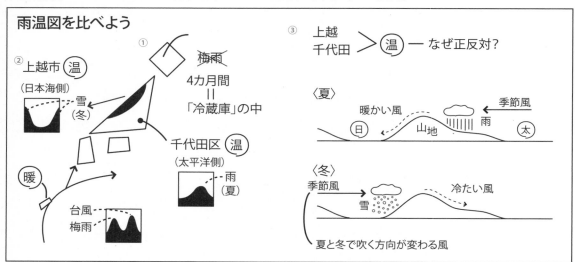

▶**授業の展開：雨温図の対比も順序をふめば大丈夫。立体の即席教具で理解を助けたい。**

1　降水量の違いを重ね貼りで

　　——Ⓐを拡大して黒板に貼付

　　（投影も可）。

　先生：北海道・札幌の降水量です。

　　——拡大した沖縄・那覇の雨温図

　　　ⒷにⒶを重ねて掲示。対比す

　　　れば違いは一目瞭然。発言が

　　　活発になる。

　児童：山と谷だ。5月6月の差がす

　　　ごい。

　　——**沖縄は早めに梅雨になるが、**

　　　北海道には梅雨がないので6

　　　月は降水量が最低となる。

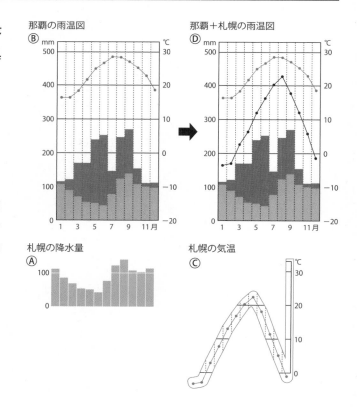

那覇の雨温図Ⓑ

那覇＋札幌の雨温図Ⓓ

札幌の降水量Ⓐ

札幌の気温Ⓒ

９月の札幌の降水量は135mmであるが、沖縄・那覇は260mmに達する。１ｍ尺を見せ２本以上の長さになることを演示。視覚を通して実感させたい。

先生：那覇の８月、９月は、なぜ降水量が多いの？

　──台風が来る等の発言を評価。その台風が本土にも来る。

　梅雨と台風で那覇の降水量は"凸型のふたこぶらくだ"となる。札幌は冬の降雪により"凹型のお皿"に似ることに気づかせたい。

２　２つの雨温図を読み比べ

　──次に、ⓒを黒板に貼付または投影。

先生：北海道・札幌の気温です。

　──沖縄・那覇の雨温図に重ね貼りするとⓓのようになる。対比して気づくことを発表。那覇は冬も気温が高く「伏せたお椀」型だが、札幌は約−４℃から22℃約まで26度も上下する「とんがり」型だと分かる。

　冷蔵庫の温度は約５℃、冷凍庫は約−15℃。雨温図の５℃のところに赤く横線を引かせると、札幌の１～３月、11月～12月は「冷蔵庫の中」だと再認識できる。

先生：では、君たちは別々の雨温図を読み比べできるかな？

　──太平洋側と日本海側の千代田区と上越市の雨温図を教科書で探させ、読み比べ。ここではじめて、別々の雨温図を並べて違いを読みとる技能が身につく。

３　「とりあえず教具」をどう生かす？

先生：太平洋側の市と日本海側の市では、なぜ雨温図の山が逆になるのか？

　──ここで、即席でつくった段ボール製の教具を教卓において子どもを集中させる。

教科書にある説明図を参照させ、

① なぜ冬に日本海側で雪が多いか？

② なぜ夏に太平洋側で雨が多いか？

を隣の子と話しあい、ことばで言えるように努力させる。授業がだれないように２割ほどの子ができた頃合いを見計らってストップ。

先生：分かりやすく説明できた名人を先生に教えて下さい。

　──推薦された子２人に、食器洗い用スポンジを雲として教具を使って順次説明させる。

　①日本海側の多雪が説明できたら教師が冬の季節風という語を使って補説。

　冬は冷たい大陸から比較的暖かい太平洋に向けて季節風が吹くことを押さえる。

　②次の子は太平洋側の多雨を説明。教師は夏の季節風という語を使って補説する。

　冬とは逆に、夏は冷たい太平洋から暑くなった大陸や日本に向けて季節風が吹くことを理解させる。

　瀬戸内や内陸の気候にふれた教科書があれば、その部分を読ませてかんたんに言及したい。

知ってるつもり?　沖縄県

▶授業のねらい

①沖縄県の範囲の広さを実感し、人口や面積が他とどう違うかを統計数字から読みとる。

②沖縄について知っていることを出し、その産業、生活、文化等を互いに学びあう。

▶板書例——「知っていること」については、子どもの意見を生かして板書。

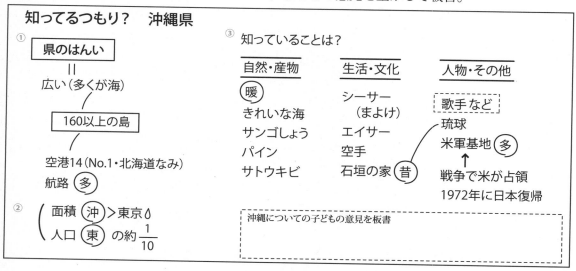

▶授業の展開：写し紙で全員参加・統計数字で対比・班対抗で活性化

〈準備〉 写し紙 （7cm×16cmほどに切り人数分用意）・ ゼムクリップ を人数分×2

1　写し紙学習　これはびっくり

先生：地図帳で「都道府県の区分」のページを開こう。

　　　「沖縄県」を探そう。分かることは?

児童：島ばっかり。日本のいちばん南の県
　　　県庁所在地は那覇。

> ①与那国島⇒②波照間島（西表島のすぐ南・北緯１２４度近くの小さい島）⇒③大東諸島⇒④伊平屋島（与論島の西・東経１２８度上の小さな島）⇒⑤尖閣諸島⇒①へ戻る

先生：沖縄県はおよそどこからどこまでか。地図帳で①〜⑤の島を線で結ぼう。（島名を提示）できた人は教卓から写し紙とクリップを持っていき、結んだ線を写し取ろう。

　　——いっせいに配布せず、作業ができた者から順次もらうようにすると効率があがる。

先生：写し終わった人はその紙を本州に重ね、あちこち動かしてみよう。

児童：うわあ　すご〜い

　　——東京⇔釧路・鹿児島⇔伊豆半島の距離に匹敵。県域の広さを鮮烈に印象づけたい。

先生：もう一度聞くよ。沖縄はどんな県?

児童：島がたくさん海に散らばる県

海を入れると日本一広い県
端から端まですごく長い県
——県内の島は160。
（有人島は約49）
そこに計14の空港がある。

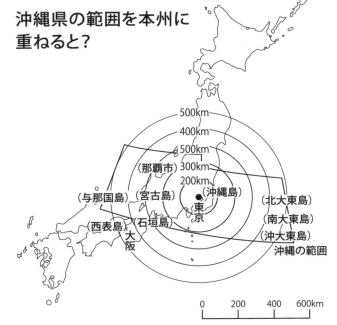

沖縄県の範囲を本州に重ねると？

500km
400km
500km
300km
（那覇市）
200km
（沖縄島）
（与那国島）（宮古島）
東京
（北大東島）
（南大東島）
（西表島）（石垣島）
大阪
（沖大東島）
沖縄の範囲

0　200　400　600km

沖縄県歴史教育者協議会編『平和のためのガイドブック　沖縄』（参考）

2　日本の統計　読めるかな？

先生：沖縄の陸の面積は東京より広
い。ホントかウソか。

——予想後、地図帳「日本の統
計」で東京と沖縄の面積を調
べる。

児童：東京は2194㎢。

沖縄は2281㎢。

ほんの少し沖縄が広いんだ
ね。

先生：では人口は？…（反応を受け
て）まず東京の人口から読もう。

——とまどう子もいる。黒板に数字を書き、読める子に説明させたい。

1363の「3」が「3万人」なので「千三百六十三万人」と読むのであった。

児童：沖縄は147万人だ。

東京の10分の1くらいじゃないの？

沖縄は東京より面積は少し多いけど、人口はガタっと少ないんだね。

——無味乾燥な数字もこうして比べれば魅力的な資料になる。

続いて人口密度の意味や読み方も説明。各種の統計数字を読みとる力を順次育ててい
きたい。

3　班対抗から教科書へ

——ここで、沖縄の観光チラシなどを無言で次々提示。

児童：いいなあ。　海がきれい　行きた〜い

先生：では、沖縄旅行に自分のお金でご招待。（笑）

行って困らないよう、沖縄について知っていることを何も見ずに出しあおう。

——①自然や産物・②生活や文化・③人物・④その他の4項目を示す。

班対抗で一人ずつ順に板書させても盛り上がる。行きづまったところで…

先生：教科書を見ていいよ。

——みな飛びつく。

事前に首里城や琉球舞踊、沖縄戦や米軍基地などの画像を準備し適宜提示したい。

最後に、沖縄県はどんな県だと感じたか発表させて授業をまとめる。

気候に応じた生活と農業

▶授業のねらい

①沖縄の家には気候に応じたどんな工夫があるかを探り、今と昔の家の違いを対比する。

②沖縄農業の特色を特産物の生産順位や小菊の出荷から知り、気候との関係をつかむ。

▶板書例

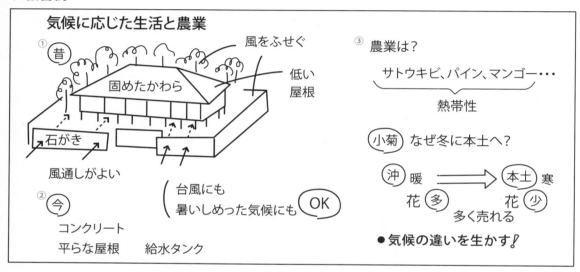

気候に応じた生活と農業

① 昔　　風をふせぐ　　低い屋根　　固めたかわら

石がき　　風通しがよい

② 今　　コンクリート　　平らな屋根　　給水タンク

台風にも　暑いしめった気候にも　OK

③ 農業は？

サトウキビ、パイン、マンゴー・・・　熱帯性

小菊　なぜ冬に本土へ？

沖　暖　花 多　→　本土　寒　花 少

多く売れる

●気候の違いを生かす♪

▶授業の展開：シーサーで引きつけ昔の家の工夫を今と対比。農業の工夫につなげたい。

1　昔の家の工夫とは？

——シーサー以外を隠して②を提示。

児童：シーサーだ。かわいい。

先生：どこに載っているのかな？

——予想後、全体を見せる。

児童：屋根だよ。赤瓦だ。

先生：他の県の瓦との違いは？

児童：色が赤。すき間を固めてある。

先生：赤いのは土の違いだ。

では、沖縄の瓦はなぜすき間を固めてあるのか。

児童：台風が来るからだ。　沖縄にはたくさん来る。

先生：なるほど〜。他に、沖縄の昔の家には台風に備えて他にどんな工夫があるの？

児童：石垣で風を防ぐ。　周りに木を植える。　家をがっちりつくる。

——予想を自由に発表⇒教科書の絵図で確認。〈教科書の検証的活用〉

児童：やったー、あっていたぞ。（柱も太い。家を低くつくる。雨戸もがっちり。）

先生：台風の回数を他県と比べたら、昔の家の様子をイラストで描こう。

> 石垣は強風を防ぐが、石のすき間からは涼しい穏やかな風だけが入ってくる。さらに戸を開け放せば、蒸し暑い夏でも快適だ。門にはヒンプン（屏風）という石壁があり、通行しやすいが強風は家にあたらない。昔の人は、直進しかできない魔物をこの壁が防ぐと考えた。伝統的な家には、地域の気候に応じた多様な工夫があることに気づかせたい。

2 シーサーの代わりにあるものは？

先生：今は、多くの家の屋根に何が載っているかな？

児童：ソーラーパネル　水タンク　シーサー（笑）

先生：教科書の写真で探そう。

　　　（Ⓑの提示でも可）

児童：やっぱり貯水タンクだ。

——大きな川がなく石灰岩で水がしみやすい沖縄では、晴天が続くとよく断水になった。昭和56〜57年は連続326日間も給水制限。人々は屋上タンクに水をためて断水に備えた。（現在はダム建設などでほぼ解消）

Ⓑ

3 沖縄農業にみる工夫とは？

先生：では、台風や水不足を越えて沖縄が生産日本一の農産物の名を挙げよう。

児童：さとうきび　パイン　マンゴー　ゴーヤー　（教師はミツバチ飼育をつけたす）

先生：熱帯性で、暖かい気候を生かしている。他にも日本一があるよ。（Ⓒを投影）

——あれこれ予想の後、教科書で答えを探す。

児童：小菊の花だ。でも、なぜ明るくするの？

——菊は昼の時間が短くなると花が咲く。そこで電灯の点滅で開花の時期を調整し、花の少ない3月のお彼岸に全国出荷する。

児童：いろいろ工夫しているんだね。

先生：他の県との気温の差を生かすんだね。でも、農業する人は1985年に5万8千人いたが2015年には2万人に減った。

代わって、沖縄ではどんな産業が盛んになるだろうか。

ネコから考える沖縄観光

▶授業のねらい

①１枚の看板から関心を高め、「ネコ」を起点に西表島や沖縄の観光のあり方を考える。

②小学校の避難訓練から基地被害の一端を知り、沖縄島での基地の広がりに目を向ける。

▶板書例

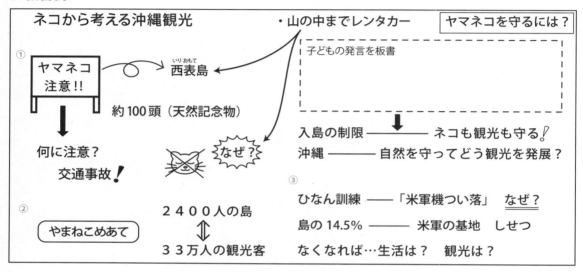

ネコから考える沖縄観光　　　　　・山の中までレンタカー　　ヤマネコを守るには？

① ヤマネコ注意!!　→　西表島（いりおもて）

子どもの発言を板書

約100頭（天然記念物）

入島の制限 ━━━ ネコも観光も守る♪

沖縄 ━━━ 自然を守ってどう観光を発展？

何に注意？　交通事故！

なぜ？

② やまねこめあて

２４００人の島　⇕　３３万人の観光客

③ ひなん訓練 ━━━ 「米軍機つい落」　なぜ？

島の 14.5% ━━━ 米軍の基地　しせつ

なくなれば…生活は？　観光は？

▶授業の展開：「ネコ」で盛り上げ沖縄観光の課題へ発展。基地問題は避難訓練と地図帳から。

1　ネコの看板は何のため？

——下部の文字を隠してⒶを投影。

Ⓐ

児童：ネコだ。イリオモテヤマネコ？

先生：どの島にいるか地図帳で調べよう。

児童：西表島だ。猫の絵がある。

先生：約百頭いて島の観光名物だ。

　　　ネコの何に「注意」？

　　　人を化かすの？

　　　『注文の多い料理店』はその話だよ。

——「違うよ」「まさか」と騒然。

　　　発言の後に文字の部分を見せる。交通事故でネコを殺さぬよう注意するのであった。

先生：2018年に事故死したネコは…８頭。1974年から40年間で約80頭。

　　　島の人口は約2400人で人間は３千日以上無事故。なぜ山ネコの事故が多いか。

——児童の考えを聞いた後にⒷを投影したい。

2　猫も人間も幸せになるには？

Ⓑ

児童：やっぱりね。観光客がネコをめあてに来るんだ。「G」までいろんなコースに分かれてツアーをする。

先生：１年間の観光客は約33万人。夜に山道を走るレンタカーも多いから山ネコの事故が増える。

　　　山ネコを守るにはどうすればいいか。（相談）

児童：観光客を減らす。

　　　反対。そんなことしたら島の人が生活に困る。でも、山ネコが滅びたら客も来ないよ。

——意見に対しては必ず賛否を問い全体を巻きこむ。

先生：住民は観光客を年に33万人・１日1230人までに制限することを決めた。

　　　ここで沖縄への観光客をみると、日本に復帰した1972年が…44万人。

　　　2019年は…1016万3900人‼（歓声）自然はどうなる？

児童：たくさん人が来るから壊れていく。

先生：でも、美しい自然が無くなると…

児童：観光客が来ない。お客が減ると沖縄も困る。

——西表島でも沖縄全体でも観光と自然保護の両立が課題であることに気づかせたい。

3　なくすことができたなら…

先生：沖縄には観光にマイナスなことが他にもある。君たちは何の避難訓練をするの？

児童：地震。火事。

先生：沖縄の普天間第二小や嘉手納町立屋良小学校ではどうかな？

——反応を受けてⒸを提示。普天間第２小では、運動場に米軍ヘリのドアが落ちてからは、米軍機が通るたびに運動場の児童がシェルターに避難。2018年は７ヶ月間に400回以上。

Ⓒ避難訓練の内容は？（2018年）

宜野湾市立 普天間第二小	運動場に米軍機が墜落。全ての児童が校外へ避難。
嘉手納町立 屋良小	滑走路に米軍機墜落。体育館に集まり近くの公園へ

先生：地図帳で沖縄島が載るページを開き、嘉手納と普天間に何があるか探そう。

児童：米軍基地だ。そのすぐ近くに学校があるんだね。

先生：島にはどれだけ米軍基地や施設があるか。地図帳の青線で囲まれた地域を塗ろう。

児童：あちこちにある。すごく広い。地図帳のグラフでは島の面積の14,6％。

先生：沖縄にいる米兵は５万４千人。教科書で基地についての説明を読もう。

——基地がなくなれば沖縄にどんなプラスがあるかを考えさせて授業をまとめたい。

現在、政府は名護市の辺野古に新しい米軍基地を建設中。2019年の県民投票では、投票した人の72％が建設に反対した。

北海道の気候と生活

▶授業のねらい

①標識の意味を考え、動物事故増加の背景には北海道の開発の進展があることに気づく。

②北海道の人口・面積等の特色を調べ、寒い気候に応じた家づくりの工夫を学びあう。

▶板書例

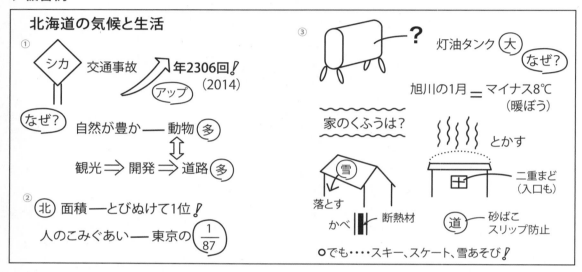

▶授業の展開：動物標識にはどの子も興味津々。データを調べた上で家の工夫に迫りたい。

1　動物事故はなぜ起こる？

――黙って④を投影。つぶやきを拾いながら、**シカ飛び出し注意**の北海道の標識だと確認する。

先生：他にどんな動物が飛び出すかな？

――自由なつぶやきの後で⑧を提示する。（歓声）

先生：シカと自動車の交通事故は北海道で年に何回起きるだろうか？

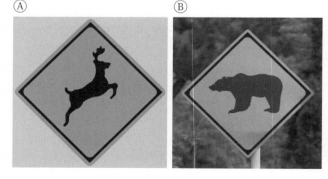

――**2004年には1170件**であったが、**2019年には3188回**と**3倍弱**へ。1日に平均8.7回である。（北海道庁 県民生活課調べ）危険な場所への動物標識は絶対に必要だ。

先生：北海道では動物事故がなぜこんなに増えたのか。

児童：動物が多い。自然が豊かだから。交通量が増えた。

――地図帳で北海道を見る。

先生：平野（緑）と山地（茶）の割合は？

児童：山地が多い。だから動物も多い。

先生：自然を守る国立公園（国が管理）や国定公園（道が管理）はいくつある？

——みな夢中で数える。合計で12。

先生：そうしたところへ多くの人が車で行くようになったんだね。

事故が増えたのは、開発や観光・道路建設で人と動物の接触が増えたためでもあった。

2　比べて分かる北海道

先生：北海道の面積、人口、人口密度を東京と比べよう。

——相談・作業。この**北海道の人々の家や生活には、気候に応じたどんな工夫があるだろうか。**

3　タンクの謎から家のつくりへ

先生：気づくことを言おう。これは何か。

——ⓒを投影。

児童：タンクが2つ。上に雪がある。

児童：家のそばだ、火気何とか…。

先生：げんきんと読む。意味を調べよう。

——厳しく禁止。絶対禁止。

児童：暖房の灯油が入っているの？

先生：その通り。抜きとられたら困るね。なぜ家の外に？

児童：量が多いから中に置けない。

先生：なぜ多く必要？

児童：すごく寒いから。

先生：では**旭川市の気温を読もう。**

——ⓓを投影（ⓒⓓをシートに載せて配布しても可）

児童：1月は－8℃くらい。沖縄と大違い。

先生：では、家のつくりは沖縄とどこが違うか。

——屋根、入口、窓、壁等の違いを教科書のイラストや写真で沖縄と比べあって確認〈教科書の対比的活用〉
急勾配の落雪屋根や平らな融雪屋根、二重の玄関や窓、断熱材入りの床や壁等の工夫を確かめる。交通を保つ努力についても教科書から読み取らせたい。

先生：そうした北海道の冬の楽しみとは？

——スキー、スケート、雪まつり等の画像を提示すると目を引きつける。寒さをプラスに転じる工夫は他にも多い。暖房の部屋でのアイスの味わいも紹介したい。

📖 **読みとった数値を対比させると**
面積は東京の38倍もあるが、人口は5分の2。人口密度に至っては89分の1にすぎない。全国7位の人口だが、面積が極めて広いため人口密度（混みぐあい）はここまで減る。

ⓒ

📖 **日本記録**
1902年には－40℃の日本記録を観測。北海道では寒さのため通常はゴキブリが住めなかった。厳寒の時は、外に出しておいたトマトで釘が打てる。

ⓓ 旭川市の平均気温

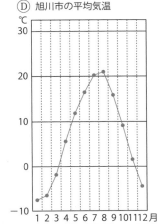

（1981～2010年の平均『理科年表』より）

十勝平野の農業の工夫

▶授業のねらい

①全国トップの北海道の産物を地図帳で探し、「日本の食料基地」としての役割を知る。

②十勝平野の畑作にはどんな特色があるかを考え、寒い土地での農業の工夫に気づく。

▶板書例

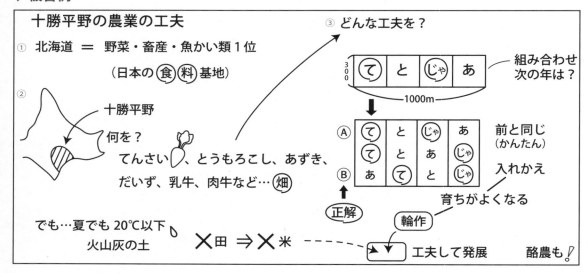

▶授業の展開：地図帳の「統計」や地図の絵を楽しく活用。黒板上で輪作の工夫を考える。

1　地図帳の活用で分かる北海道

先生：地図帳「日本の統計」を開き、北海道がトップのものに印をつけよう。時間は3分。

　　──児童は必死に作業。終わった子は挙手して合図する。

先生：はい、やめ。

　　　まず「都道府県の統計」でトップのものをみんなで言おう。

児童：面積。農業生産。野菜。畜産。木材。魚かい類。食品工業。バター。

先生：それらは自分の県の数字とどう違う？　チェックして2分後に発表!!

児童：面積は北海道が10倍以上。畜産もけた違い等…。（実態に応じて）

先生：次は帯グラフをみて個人発表。北海道がNo.1の農産物は？

児童：じゃがいもが断トツ。　乳牛も肉牛もNo.1。

先生：北海道について分かることは？

児童：日本一広い土地でたくさん農産物をつくっている。

先生：つまり「日本の○○基地」。漢字2文字を入れると？

児童：「食料」だ!!

　　──地図帳から北海道の産業の特色が見えてくる。

2　十勝平野—農産物の絵を探せ

先生：次は地図帳で十勝平野を探そう（「十勝」と板書）。

　　　どんな農産物の絵があるの？

児童：乳牛　肉牛　小麦　とうもろこし　じゃがいも　てんさい

──絵を見つけ次々発表する作業にみな熱中。

　　　十勝は霧の日が多く夏でも月平均気温が20度以下。

　　　土地も火山灰地で稲は十分育たないが酪農や畑作が発達した。

児童：てんさいって何ですか。

先生：私…ではなく砂糖ダイコンのこと。コーヒーに入れるグラニュー糖ができる。

3　育て方の工夫とは？

──続いて右のシートを配布。

先生：①は十勝のある農家の畑と作物を表している。

　　　字の続きを書き、気づくことを言おう。

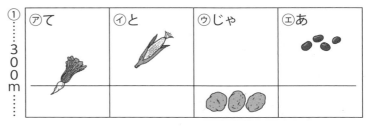

児童：畑を区切って違う作物を4つ育てている。

先生：そうだね。なぜだろう。

──寒さ等で1つが不作でも他の作物が育つので全滅しないのであった。

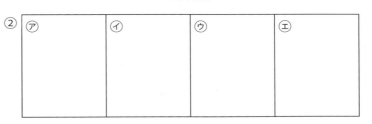

先生：では、自分なら次の年はどの畑に何を育てるか。

　　　「て」「と」「じゃ」「あ」を黒板の㋐～㋒に書こう。（板書例参照）

──違う考えの数人を指名。自分の考えを説明させる。

児童Ⓐ：前と同じ畑に前と同じ作物をつくる。

　　　その方が慣れているからかんたん。

児童Ⓑ：反対。毎年同じものをつくらない方が土にいい。

──どちらに賛成か。他の児童も挙手で態度表明させる。

先生：では、正解は？

──教科書や資料集にある十勝の畑の写真を参照。（または適切な画像を投影）

先生：畑によって色が違う…つまり育てる作物が違う。正解はⒷ‼（歓声）

──育てる作物を年ごとに代えていき、病気や発育不良を防ぐのだ。これが輪作。

　　　十勝ではこうした工夫で畑作を発展させ、さらに酪農も盛んにしたことを押さえて授業をまとめたい。

北海道の観光を「読む」

▶**授業のねらい**

①北海道には多くの観光客が訪れることを知り、夏冬のどちらにその数が多いか考える。

②冬の来遊客を増やすための北海道の工夫を知り、アイヌ民族への関心を高める。

▶**板書例**

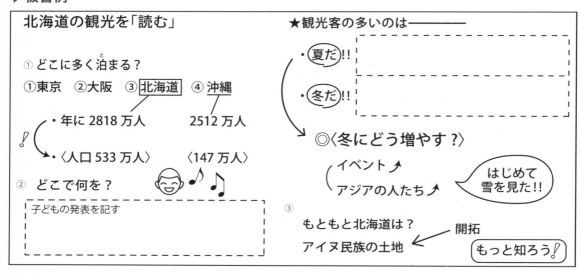

▶**授業の展開：楽しい学習活動とつなげて資料を読む力を多面的に育てたい。**

1　表から何を読みとるか

先生：毎日忙しくない？　旅行でもしたいねえ。泊まりに行きたい都道府県は？

　　　——理由を聞きながらしばらく応答した後で…

先生：2019年にいちばん泊まった人が多いのが東京。次は大阪。仕事の人が多いね。

　　　では、3位と4位は？

　　　——予想を聞いた後に⒜を提示。

先生：分かることがいくつ言えるかな？

　　　——相談可。1分後、「一つ言える」

　　　「二つ」「三つ」と挙手で確認。

　　　まず「1」の児童を指名し、「2」「3」

　　　の児童を順次指名。

⒜宿泊者の多いところは？

位	都道府県	2016年	2019年
3	北海道	2700万人	2818万人
4	沖縄	1677万人	2512万人

〈ＪＴＢ旅行者調査〉

児童：北海道の方が多い。　両方とも泊まる人が増えた。

　　　沖縄の方が増え方が多い。沖縄が北海道に迫ってきた。

　　——地図帳では北海道の人口は533万人。沖縄は147万人。それに比べて宿泊客の多さ

　　　に驚く。

2　地図やグラフから何を読みとるか

先生：地図帳「広く見わたす地図」で北海道をみよう。

　　　どこに観光に行って何をしたい？

　　──夢中になって探し対話が弾む⇒発表へ

児童：網走で流氷をみる。札幌で雪まつり。旭山動物園でペンギンと遊ぶ…

先生：では、北海道では飛行機代・ホテル代などは夏と冬のどちらが高いか。

児童（冬派）：それは冬だよ。スキーや雪のイベントにたくさん人が来るから。

児童（夏派）：反対。寒くて交通が大変。夏は涼しいからもっとたくさん来る。

先生：では、宿泊客はいつが多いか。難しいグラフを読めば分かる。読む？

児童：読む。

　　──Ⓑを配布し、読み方
　　を相談させて発表
　　へ。

児童：やったー、宿泊客全
　　体だと夏が多い。だ
　　から、料金も高い。

先生：雪や氷のイベントは
　　冬にお客を増やす工
　　夫だったんだね。

児童：でも外国人は冬に多
　　い。

先生：暖かいアジアから雪

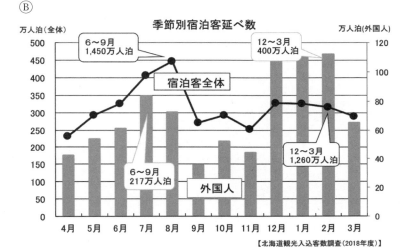

ⓑ

【北海道観光入込客数調査(2018年度)】

や吹雪を体験に来る。これも冬に客を増やす工夫だね。

　　──左の縦軸と折れ線グラフ・右の縦線と棒グラフをそれぞれ同色で塗って、「重複グラ
　　フ」の読みとり方を再確認したい。

3　地名から何を読みとるか

先生：北海道はカタカナ地名の多さ日本一。

　　　地図帳「北海道地方」でチェックしよう。

　　──クッチャロ湖・サロベツ原野などなど…児童は夢中になって探し発表する。

先生：誰がこうした名前をつけたの？

児童：アイヌの人たち。　昔北海道はアイヌの人たちが住んでいたから。

先生：アイヌ民族のように、昔からその土地にくらしてきた人を先住民族という。

　　　彼らの食料は動物や魚・山菜など自然の恵み。

　　　でも、移住者が北海道開拓を始めると？

児童：自然が減るから食べ物も減る。くらしにくくなる。

先生：次は、北海道の主人公だったアイヌ民族の生活や文化をネットなどで調べてみない？

児童：調べた〜い。やったー‼

　　──教科書で扱う社も複数ある。ウポポイ（民族共生象徴空間）にも関心を高めたい。

信号機からつくる授業とは？

▶授業のねらい

①雪国の信号機のかたちを知って積雪の多さをイメージし、各種の雪害について学びあう。

②道具・施設の用途を探って克雪や利雪の工夫を考え、雪と共に生きる知恵に気づく。

▶板書例

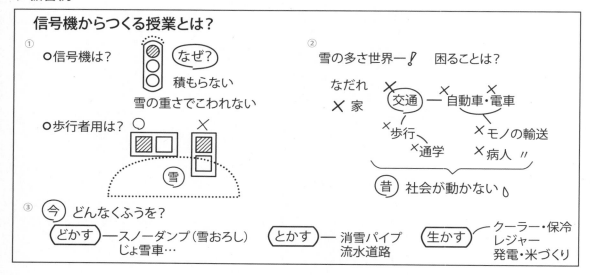

▶授業の展開：信号機の謎ときは続く。子どもはいつの間にか雪害から利雪の学習に。

1 信号機はなぜ縦長か？ 横長か？

先生：道路の信号機はどんなかたち？

　——子どものつぶやきをふまえ、横長の長方形を板書して○を3つ入れる。

先生：新潟県ではどんなかたち？

　——自由発言の後、右のように角丸四角形を示す。

先生：なぜかな？

　——予想の後に®を投影。電柱上の機器に雪がびっしり附着。横長だと信号機もこうなっ
　　てシグナルが見えにくい。

児童：**縦だと雪が着きにくい。**

　　雪が積もっても重さで壊れない。

　——赤色は最も見やすい上に着く。

先生：雪国には横長の歩行者用信号機が
　　ある。ホントかウソか？

　——本当？ という子には理由を聞
　　く。迷ったところで©を提示。

軒下に雪が高く積もると、低い位置にある縦長信号機の下部の信号が埋もれかねない。横長だとそのリスクが減るのであった。

Ⓒ

2　雪害は続くよ どこまでも

ならば、雪国といわれる地域ではどれくらい積もるか？

——ネットからの画像・動画を見せ、雪に埋もれた町の様子をつかませたい。

気象庁が観測した最深積雪地は1945年2月26日の富山県大山町（現富山市）の750㎝。信号機どころか2階建ての家も埋まる深さであった。

先生：雪が多く降ると何に困るの？

——つぶやき発言により時間短縮。

児童：車が通れない。電車も…。歩けない。屋根がつぶれる。雪崩が起きる。…等。

——教師は個々の意見に口をはさまずに板書して列挙。出つくしたところで次のように方向づける。

先生：雪で交通が止まって困ることは？

児童：会社や学校へ行けない。物が届かない。救急車が動かない。…等。

先生：そうなると困ることは？

——2次被害・3次被害へと順次広げていく。雪害は人の命や社会に悪影響を与える大問題だと気づかせたい。

Ⓓ

3　雪に負けず雪を生かす

——では、これは何に使う道具か。　　——（Ⓓを提示）

——屋根の雪下ろし等に使うスノーダンプである。

雪対策の第1は「どける」なのだ。除雪車等他の「どける」工夫も挙げさせたい。（どけた雪は流雪溝等に流す）

先生：この穴は何か（Ⓔを提示）

——誤答、珍答、正答のいずれにも正否を示さない。「なるほど～」と頷き、Ⓕを提示する。

地下水を利用した消雪パイプであった。

雪対策の第2は「とかす」。とかせばただの水だ。他に流水道路や融雪屋根等の「とかす」工夫もある。

先生：雪が降ってよい点は？

——レジャーはもちろん、豊かできれいな水が稲作や発電に活用できる。これが「生かす」である。

地下に貯めて夏の冷房に使えば省エネ、野菜の保存にも利用できる。雪を生かし雪と共に生きる、雪国の人は様々な工夫をしてきたことを再確認してまとめたい。

Ⓔ

Ⓕ

山のふもとの農業とは？

▶**授業のねらい**
①地図と画像から高原の様子をイメージ化させ、2択問題を配列して全員の参画を図る。
②冷涼な気候を生かした高原野菜の生産や輸送には、どんな工夫があるかを理解する。

▶**板書例**

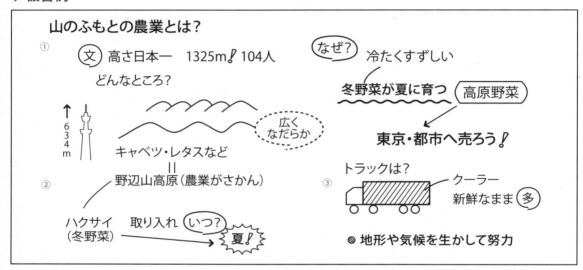

▶**授業の展開：導入は笑いから。2つのウソ・ホント問題は軽重をつけて扱いたい。**

1 子どもから課題を引き出すまで

先生：地図帳で長野県の「南牧」（みなみまき）を探そう。

　　──○をつけたら確認の挙手をさせる。

先生：ここに南牧村立南牧南小学校がある。早口で3回言おう。

　　──「役者」を1, 2名指名。教室は笑いの渦となる。

先生：この学校にある日本一とは何か。

　　──思いつきを自由に発表。

先生：正解は日本一高いところにある小学校。標高（海からの高さ）は1325mだ。

　　──スカイツリー（634m）の倍以上。児童は89人で校庭も日本一広いという。

先生：近くの地形・地名から分かることは？

児童：山の間にある。そこに川が流れる。八ヶ岳がある。2899m。野辺山原も。

　　──教科書に野辺山原の写真があれば参照。画像の投影も可。

先生：南牧村の人口は3113人（2019）だ。つくっているものは？

児童：キャベツ。レタス。

　　──すぐ地図帳でチェック。長野県のキャベツ生産量は6位。レタスは1位であった。

先生：長野県は海が…ないよね。では、平野は多いか。地図帳でチェック。

児童：わ〜、平野は少ない。それなのになぜ野菜が多くできるの？〈子どもが課題を提起〉

2　夏か冬かで「対立」だ

——ここで Ⓐ を提示。

先生：気づくことを言おう。

——つぶやき⇒挙手。

児童：野菜をとっている。すぐ箱に詰めている。箱がたくさん。**高原野菜の収穫風景である。**

Ⓐ

先生：季節は夏である。ホントかウソか。

——相談⇒発表。

児童：半そでじゃないからウソ。高原は涼しいからホント。ズボンも厚そうだからウソ。麦わら帽は夏なのでホント。…等。

——2択で挙手。

先生：ホントです。では、夏なのに厚着の理由は？

——ここで、野辺山の気温はどれくらいか予想の後に Ⓑ を示す。

児童：低〜い。東京より涼しい。薄着だと寒いよ。

——年平均も９℃も低い。

Ⓑ気温（℃）

	7月	8月	年平均
野辺山	18.4	19.2	6.9
東京	25.4	27.1	15.9

（気象庁資料・理科年表より）

白菜等は本来冬野菜である。**南牧等の農家は野辺山高原の涼しい気候を利用してその冬野菜を夏に収穫し、品薄の大都市に売り出して利益を上げる。**畑で箱につめるのは、まだ冷たい日の出前に新鮮な野菜をとり、すぐ都会に送るためであった。

3　野菜も涼しく旅をする

——野辺山での白菜の生産量は約11万９千 t。（ＪＡ長野八ヶ岳調べ・2014年）体重30kgの子が390万人以上集まった計算だ。自県の人口と比べてみよう。

先生：東京等へ高原野菜を運ぶトラックは、荷物を置く場所にもクーラーがついている。ホントかウソか。

——相談。2は盛り上げたのでここはかんたんに。

まず2択で挙手させ、言いたい子だけを指名。

——続いて Ⓒ を提示。ホントである。

長大な荷物室は完全冷房だ。新鮮さを保っておいしく食べてもらうためだ。取入れから輸送までのこうした努力が、野辺山高原の野菜生産を支えていることを再確認して授業をまとめる。

Ⓒ

今のようになるまでに

▶**授業のねらい**

①野辺山では酪農も盛んなことを知り、その理由を考えて人々の工夫に気づく。

②野辺山の開拓にはどんな苦労があったかを、画像の読み取りや応答を通してつかむ。

▶**板書例**

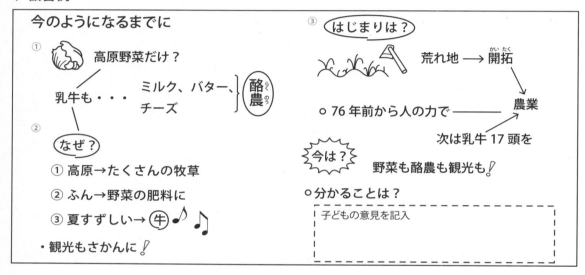

今のようになるまでに

① 🥬 高原野菜だけ？

乳牛も・・・ ミルク、バター、チーズ } 酪農（らくのう）

② なぜ？

① 高原→たくさんの牧草

② ふん→野菜の肥料に

③ 夏すずしい→牛♪♪

・観光もさかんに

③ はじまりは？

🪓 荒れ地 → 開拓（かいたく）

○76年前から人の力で ―― 農業

次は乳牛17頭を

今は？　野菜も酪農も観光も

○分かることは？

> 子どもの意見を記入

▶**授業の展開**：1, 2で人々の工夫に気づかせる。3の応答場面は教師の腕の見せ所。

1　野菜の他に何を？

先生：野辺山原では米はできるか。

児童：無理だと思う。平らな土地がない。

先生：では、夏の高原野菜だけで生活できる？

児童：いや、それは…

先生：いったい何を育てるのだろう。

　　──いろいろな産物を考えて発表へ。

先生：答えは…（間をおいて）

Ⓐ

　　──まずⒶを投影。騒然。次にⒷを投影。

　　　正解者がいれば発言時ではなくここで賞揚。（発言の後時評価）

　　　発表中に正答が分かると発言がそこで途絶えるからだ。

児童：野辺山では牛を飼って牛乳をつくっているんだね。

先生：他に何をつくるの？

　　──さまざまな乳製品を挙げさせ、酪農という語の意味を押さえる。

Ⓑ

2　一石三鳥の工夫とは？

Ⓒ

先生：野辺山原ではなぜ牛を育てやすいか。

　　——少し意見を聞いた後にⒸを投影。

児童：やっぱりのびのび草を食べられるから
　　　だ。

先生：牛のふんがたくさん出るね。どうす
　　　る？

児童：分かった。野菜の肥料にする。

先生：しかも夏が涼しいので牛が過ごしやす
　　　い。

　　　牧場や畑の景色もいいね。過ごしやすいのは牛だけ？

　　　心も癒されるので観光も人気だ。

　　——日本一高い地点の駅＝野辺山高原駅などのスポットを教科書等で参照させたい。

3　応答を通して学びを展開する技術とは？

先生：野辺山では野菜の生産や酪農は昔から盛んだったのか。

児童：そんなことはない。

先生：では、これは何をしているの？

　　——Ⓓを投影。つぶやき発言を拾
　　　う。

Ⓓ

児童：手で耕している。

　　　荒れ地を畑にしている。

　　　昔はこんなだったんだ。

先生：こうして荒れ地を農業できる土
　　　地にしていくことを開拓とい
　　　う。始まったのは1945年11月。
　　　…何年前？

児童：76年前だ。

先生：先生は生まれている？

児童：生まれている。

先生：あとで職員室に来なさい。（笑）

　　　〈声調を強めて〉さて、はじめは170軒で始めた。2年後には？…50軒。

児童：え〜？！　　大変だったんだ。

先生：肥料をつくるため1953年に…乳牛17頭を飼う。ここから始まるのが？

児童：酪農!!

　　——間をあけて反応を引き出し、笑いを入れながら全員を応答に参画させる。ここが教え
　　　る授業での教師の腕の見せ所。最後にⒸ及び前時のⒶの画像を再び投影する。

先生：こうなるまでには人々のどんな努力や工夫があったのか。ノートに書こう。

　　——一転、落ち着いた状況の中で記入させ、ふりかえりと発表につなげたい。

森を育てる山の村

▶授業のねらい

①十津川村の広さを実感し、山地の村の特色を知ってその生活や課題への関心を高める。

②林業とはどんな仕事かを学びあい、森を育てて環境や自然を守る山村の役割に気づく。

▶板書例

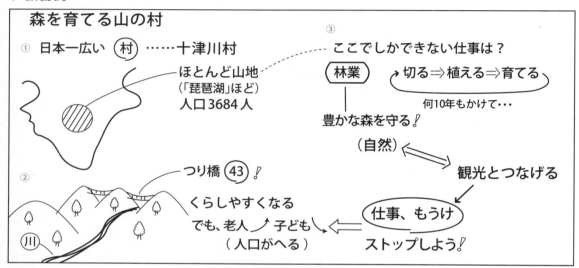

▶授業の展開：面積と人口の差にびっくり。村の特色を知って林業の大切さに気づかせたい。

1　十津川村の広さと地形は？

先生：君たちがいるのは○○県（府・都・道）の中の？

児童：○○市。

先生：あれ？ 村じゃないの？ 〈地域に応じて改変〉

児童：え〜 違うよ。

先生：**村は市と何が違うの？**

児童：小さい。人が少ない。田舎。

先生：では、**日本一広い村・十津川村の面積は？**

　　──Ⓐを提示して選択へ。理由があれば発表させるが時間はかけない。

先生：では、確かめてみよう。

　　──２人１組にして、席が右の人にだけ地図帳「近畿地方」のページを開かせる。

先生：２人で「十津川」を探し、地図にある伯母子岳⇒釈迦ヶ岳⇒笠捨山（板書）を赤線で結ぼう。

Ⓐ　日本一広い村・十津川村の面積は？

①広さ日本一の琵琶湖（670㎢）ほど

②人口36万人の奈良市（277㎢）ほど

③東京ディズニーシーの100倍（50㎢）

📖 **日本一広い十津川村**

奈良県では人口4000人以下を村とするきまりがあった。広さは関係ない。十津川村の広さは奈良市の2.4倍だが人口は3638人（2014年）で約100分の１である。

──２人で１冊を調べると必ず対話が生まれる。

　　　　３つの山をつなぐ線と和歌山との県境に囲まれた四角形が十津川村である。

　　　　面積は672.38㎢で、琵琶湖より少し広かった。

先生：村の地形を読んで気づくことを話しあおう。　　　──相談⇒発表。

児童：緑がない。茶色で山がほとんど。山の間に川がある。道路も通る。

　　　川も道路も谷底にある。**村での生活はどんなものか。**

2　山地の村の問題とは？

　　　──谷を越えて行き来するには吊り橋を渡る。板書してイメージ化。

先生：村の**吊り橋**の数は？

　　　──自由発言。正解は43。最長は297.7ｍの谷瀬橋で、生活用では日本一の長さである。

先生：昔はどうやって行き来したと思う？

　　　──つぶやきを受けてⒶを提示。

　　　綱を引いて渡る「野猿」である。重い物は運べない。

　　　現在は観光用だけ。スリルがある。

先生：今、山の村ではどんな問題があるか。

児童：**人口が減る。老人が増え若者が出て行く。学校が減る。**

先生：では、山地の村はいらないの？

　　　──いる・いらないを挙手で表明。

3　林業と山地の村の果たす役割

先生：じつは、十津川等の山の村には山地だけにできる仕事がある。

　　　──一呼吸おいて「林業」と板書。

先生：**林業とは何か。**１年生でも分かるよう
　　　に説明しよう。

児童：木を切る仕事。

　　　──賛成者に挙手させる。

先生：切るだけだね？

　　　──相談⇒発表。

児童：切って運ぶ。切って植える。

先生：では、Ⓑ、Ⓒはどんな仕事か？

　　　──Ⓑは**植林**だ。縦横100ｍの広さの斜面
　　　に約8千本の苗を植えていく。

　　　Ⓒは**枝打ち**である。植林10年目から枯れた枝を落としていくと、節のない良質の材
　　木になるのだ。森を育てることで豊かな自然が生まれ、CO_2も減る。

　　　他にも下草刈りや間伐等が必要である。こうして、長い間森を育てながら木材を生産
　　する仕事が林業だとまとめたい。**十津川村では、豊かな森を育て環境を守る林業に観
　　光と併せて力を注いでいる。**山村の村は大切な役割を果たしていた。

水に負けない工夫

▶授業のねらい

　①低地にある海津では、水屋や輪中等、様々な工夫で水害に対応してきたことに気づく。

　②水田での舟の使い方を考え、人々が水を生かしてどう農業を発展させたかを理解する。

▶板書例

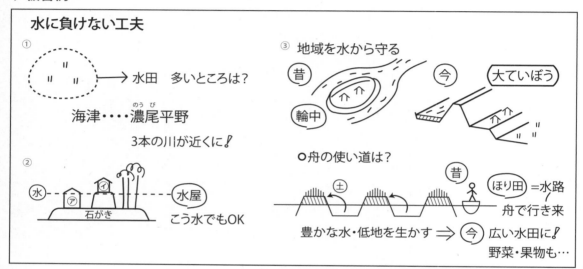

▶授業の展開：水屋から「？」を引き出して追究へ。低地に生きる人の工夫がみえてくる。

1　海津市はどんなところに？

　　――‖‖‖‖…最初にこのような地図記号を青チョークで板書する。

　先生：これなあに？

　児童：田んぼです。

　　――正しくは水田だ。次に地図帳（T院）P53を開かせる。

　先生：海津（市）を探して○で囲もう。

　　――作業⇒見つけたら教えあい可。岐阜県であることを確かめる。

　先生：海津とその周りの土地を見て気づくことは何か。　　――相談⇒発表。

　児童：平野です。田が多い。川に囲まれている。大きな川が近くに3つ。…等。

　　――平野は**濃尾平野**。川は長良川、木曽川、揖斐川。川の名を赤マルで囲ませたい。

2　水から生活を守る工夫とは？

　　――こういうところに住むとどんなことに困るかな？と投げかけ、間を置いて発問する。

　先生：では、洪水の多い海津のあたりでは、豊かな人たちは昔からどんな家に住んできた
　　　　か。自分の予想を発表しよう。

――続いて⒜を提示。自己の想像との「ず
れ」や「一致」から読み取りが深まる。

⒜

田舟

まわりに竹やぶ

児童：家は石垣の上。⑦と⑦の２つがある。⑦
は⑦より高い。田舟がある。…等。

――①なぜ家は石垣の上？　②なぜ⑦は⑦よ
り高いの？　③田舟とは？　等の疑問も
出る。全て出させた後に、順次疑問を探
らせていきたい。相談⇒発表。
①は洪水対策だと分かる。
②⑦は「水屋」といい、⑦の高さより水
かさが増えそうな時に避難する。中には食べ物や日用品があり、何日も生活できる。
だが、これでは家や人は守れても、水田は水浸しだ。立派な家をつくれない人も困っ
てしまう。

先生：町全体を洪水から守る方法は？

児童：堤防をつくる。

先生：反対側から水が来たら？

児童：反対側にもつくる。ぐるっと堤防で囲む。

――質問で触発しながら、**教科書・地図帳等の図で輪中や大堤防を確認**させる。
輪之内町等は文字どおり輪中の中にある町であったが、今は堤防が町を守っている。

3　低地の農業をどのように？

先生：**昔、③等の田舟は何に使ったか。**

――問いかけながら一人一人を見回
す。一呼吸おいて⒝を提示する。
1968年ごろの田植休みの情景だ。

児童：船の上でごはん食べてる。
水が多くて休むところがない。

先生：その通り。一面の低地だ。

――泥を掻き上げてつくる**堀田のしく**
みを板書する。

⒝

農民は、泥をとった跡の水路を田舟で往来したのだ。洪水から身を守り豊かすぎる水
に対応するため、人々は様々な工夫により低地での農業を発展させてきたことを理解
させたい。

先生：では、教科書を使って３つのことを調べよう。
ア　現在では水田はどうなっているか。
イ　豊かな水はどんなことに生かされているか。
ウ　どんな水害対策が行われているか。
最後は、教科書を読ませながらこれらの点について口頭で確認して授業をまとめたい。
＜教科書の整理・定着的活用＞

どこからどんな食料が？

▶授業のねらい

①スーパーのチラシから農水産物の産地を調べ、分かったことを班でまとめて発表する。

②学習意欲を高めて自らも主体的に調査を進め、その成果を壁面の展示に生かす。

▶板書例

▶授業の展開：いたずらに作業時間を延ばさない。班長をほめて育てる。

〈準備〉スーパーのチラシを１枚持参させる。Ａ３判日本・世界白地図を人数分印刷。

1　チラシから農水産物産地調べへ

　　──チラシはまだ机の中から出さない。Ⓐを提示して黙読させる。

　先生：先生がやめと言ったらとちゅうでも作業をやめて下さい。

　　　　やり方が分かったら机を班ごとにして始めよう。時間は30分間。

　　──白地図２枚は始業前に学習係が配布しておく。

　　　教師の説明を削って作業時間を増やす。

　　　チラシにある農産品名を白地図に記入。相談して
　　　も分からない子だけが先生を呼んで質問する。

　先生：Ａ班はよく協力。　　Ｂ班は教え方がうまい。

　　　　Ｃ班は作業がていねい。

　　──作業中は例えばこのように各班を褒める。

　　　個の表れを賞揚しながら机間巡視。子どもの感想にも目を通しておく。

> Ⓐ
> **作業の進め方**
> ①白地図の国や都道府県に農水産
> 　物の名を書き入れよう。（はみ出
> 　す時は外に書いて線で結ぶ）
> ②仕事は手分けして進めてよい。
> ③分かることや疑問を□に書く。
> ④時間が余れば色分け。

2　班での学びをどう育てるか

先生：３分前です（予告）…はい、やめ‖（予定時刻が来たらきっぱりと）

　　――○班がいちばん早い。◇班は姿勢がいいなどと称揚。

　　　　チラシは机の中へしまわせてから発表へ。

先生：気づいたことを班で出しあおう…班長はまとめて後で発表。

　　　　時間は５分。

　　　　どうやって全員の意見を聞くか班長の腕の見せ所だ。

　　――目立たない子から指名。緘黙児の文は他の子が読むなどの工夫があれば着目。

　　　　全体の場で評価した方がよい表れは後に取り上げる。

先生：はい、やめ‼…全員の意見を聞けた班は？

　　――挙手で確認。

先生：班長は主な意見をかんたんに発表していこう。

児童：外国からもたくさん来ていた。　外国からは肉や果物が多い。

　　　　いろいろな県から来ていた。　自分の県のものは思ったより少ないなど…

先生：私たちの食料は日本や世界の各地から来ているんだね。

3　調べ学習を教室から離陸させよう

先生：では、給食の材料で多いのは地元産？　日本産？　外国産？

　　――つぶやき発言を拾い、数人に予想を発表させる。

先生：今度、学校の栄養士さんに教室で話してもらおう。

児童：やったー‼

先生：では、家ではどこでとれたお米や野菜を食べているの？

　　――家で袋を見たり、ラベルを学校に持ってくれば分かると結論づける。

先生：まちにはどこから食料が来ているの？

　　　　八百屋さんや魚屋さんで聞いたり調べたりしても

　　　　おもしろいね。

　　――自分はどんな調査をしたいかを相談。

　　　　給食室等で使った野菜類の段ボール箱を示し、そ

　　　　の産地を確かめても関心が高まる。

先生：家で袋やラベルを調べたり学校へ持ってくる人

　　　　は？

　　――多数が挙手。

先生：持ってきたら壁に貼っていこう。

　　　　お店で調べたり話を聞ける人は？

　　――ゼロでも可。１人でも挙手すれば高く評価。

　　　　ささやかでも、いずれかの活動に全員を参画させて単元学習をスタートさせたい。

　　　　（子どもが作成した白地図２枚は、授業の後に提出させる）

Ｂ袋・ラベルの展示の工夫
①教室の内壁か外壁に展示コーナーをつくる。（担当は学習係や有志）
②七地方と外国の８つの欄を設定。持ち込まれた資料を貼っていく。
③百均購入の日本・世界全図を貼り、１つ袋やラベルが持ち込まれるたびに該当国や都道府県に一つシールを貼っていく。

りんご県・みかん県・ぶどう県

▶**授業のねらい**
　①３つの果物をどの県が多く生産するかを知って、栽培や土地利用の工夫を理解する。
　②地図作業の中で３つの果物の生産分布の特色に気づき、果樹農業への関心を広げる。

▶**授業の展開：予想を検証し、作業学習を楽しむ中で栽培や土地利用の工夫に気づく。**

1　３つの果物の生産№１を予想させ、全員を巻きこむ
　　──りんご、みかん、ぶどうの実物または画像を次々提示して興味をひく。
　先生：日本で育てている果物だ。どれがいちばん好き？
　　──「○○が好き」「どれも嫌い」「バナナの方がいい」…等と勝手に盛り上がる。
　　　　続いて、りんご県、みかん県、ぶどう県№１はどこの県か予想させる。各２～３名を
　　　　指名。出された県名はメモ的に板書。（ノートしなくてよい）
　先生：同じ考えの人は？
　　──挙手で全員を参画させる。発表以外の県を予想した子は指名して言わせる。
　先生：それでは正解を地図帳の日本の統計で調べてみよう。

2　果樹栽培や土地利用の工夫に気づく
　　──それぞれの№１が青森県、和歌山県、山梨県と分かったところで、地図帳の東北地方
　　　　を開いて青森県に着目させる。
　先生：水田（米）と果樹園（りんご）はどんなところにある。
　　──水田は平野。果樹園はその周りや山地の方。等が分かる。
　先生：山梨の果樹園（ぶどう）はどうかな？　地図帳の関東地方から読み取ろう。
　児童：ここも平野ではなく山に近い。
　先生：和歌山は？（ここも地図帳を参照）
　児童：みかんは海に近い山の方でつくっている。
　　──発言を板書。
　　　　作物の特色に応じて 平野やなだらかな土地・山地をそれぞれに活用する。
　　　　ここに日本の農業の土地利用の巧さがあることを押さえたい。
　先生：こうした果物生産の盛んな地域ではどんな工夫や努力をしているか。
　　──教科書の該当ページを読ませ、分かることを発表させたい。（発言を板書）
　　　　各社は、山梨県、福島県、青森県、長野県での果物生産の様子をそれぞれ紹介している。

3　シートに県名を書き入れ、分布の特色に気づく
　　　りんご県、みかん県、ぶどう県は全国のどこに広がっているか。ベスト４を白地図に記入
　　し、気づくことを書こう。

——Ⓐを配布。例えば、りんご県には赤斜線、みかん県にはオレンジ斜線、ぶどう県には
青斜線を引かせたい。（時間が余れば他の果物についても記入）

果物県を知ろう

5 年 　 組　名前 _____

	1位	2位	3位	4位
りんご	青森	長野	山形	岩手
みかん	和歌山	愛媛	熊本	静岡
ぶどう	山梨	長野	山形	岡山

(2017年)

《気づくこと》

うし県・ぶた県・にわとり県

▶**授業のねらい**

　①畜産とはどんな仕事かを理解して、家畜の値段はせりによって決まることに気づく。

　②地図作業を通して畜産県の分布を知り、都市の近くでも生産が多い理由を学びあう。

▶**授業の展開：知っているようで知らない畜産やせりの「？」を考え、都市との関係を知る。**

1　畜産とはどんな仕事か

　　――さすがに実物は持ち込めない。最初は**バターか牛乳の容器等**を提示する。

　先生：関係する動物は？　　　児童：うし。

　　――続いてハムを提示。

　先生：これに関係するのは？　　　児童：ぶたです。

　先生：最後は卵。　　児童：にわとりだ。

　　――ここで《家畜》と板書して意味を問う。

　先生：**家畜とは何だろう。**

　児童：家で飼う動物。

　先生：犬や猫も家畜？

　児童：違う。食べるために飼う動物、肉や卵をとる、…等。

　先生：では、畜産とは何だろう？

　児童：家畜を育てる。家畜から何かを取る。

　先生：取れた物は？

　児童：売る。

　　――発言をまとめ、《**畜産＝食用の動物を飼（か）い肉やミルク、卵を売る仕事**》と板書する。**畜産も大切な農業の1つである**と押さえたい。

2　家畜の値段はどうやって決めるか

　先生：うし県、ぶた県№1を地図帳から探そう。

　　――**肉用牛、牛乳は北海道、ぶたは鹿児島**と分かる。

　先生：卵をとるにわとり県№1は？

　　――正解は**宮城県**であった。

　先生：**育てたぶたや肉用牛の値段は誰が決めるか。**

　児童：買う人。

　先生：安く買われると売る人が困る。どうするか。

　　――ここでを提示し、**買う人たちの**せり**によって値段が決まる**ことに気づかせる。

（提供：宮古新報）

3 畜産と都市の関係に気づく

これらの畜産県ベスト4を白地図に記入し、気づくことを書こう。

——教師は子どもどうしの教えあいの姿を評価しつつ机間巡視を行う。**牛乳や卵は都市の近くでも多く生産され、新鮮な食材を市民に提供していることに気づかせたい。**

畜産県を知ろう

5 年　　組　名前 _____

	1位	2位	3位	4位
肉牛	北海道	鹿児島	宮崎	熊本
乳牛	北海道	栃木	熊本	岩手
ぶた	鹿児島	宮崎	北海道	千葉
にわとり	宮崎	鹿児島	岩手	青森

※このにわとりは卵をとるためのもの　　　（2018年）

《気づくこと》

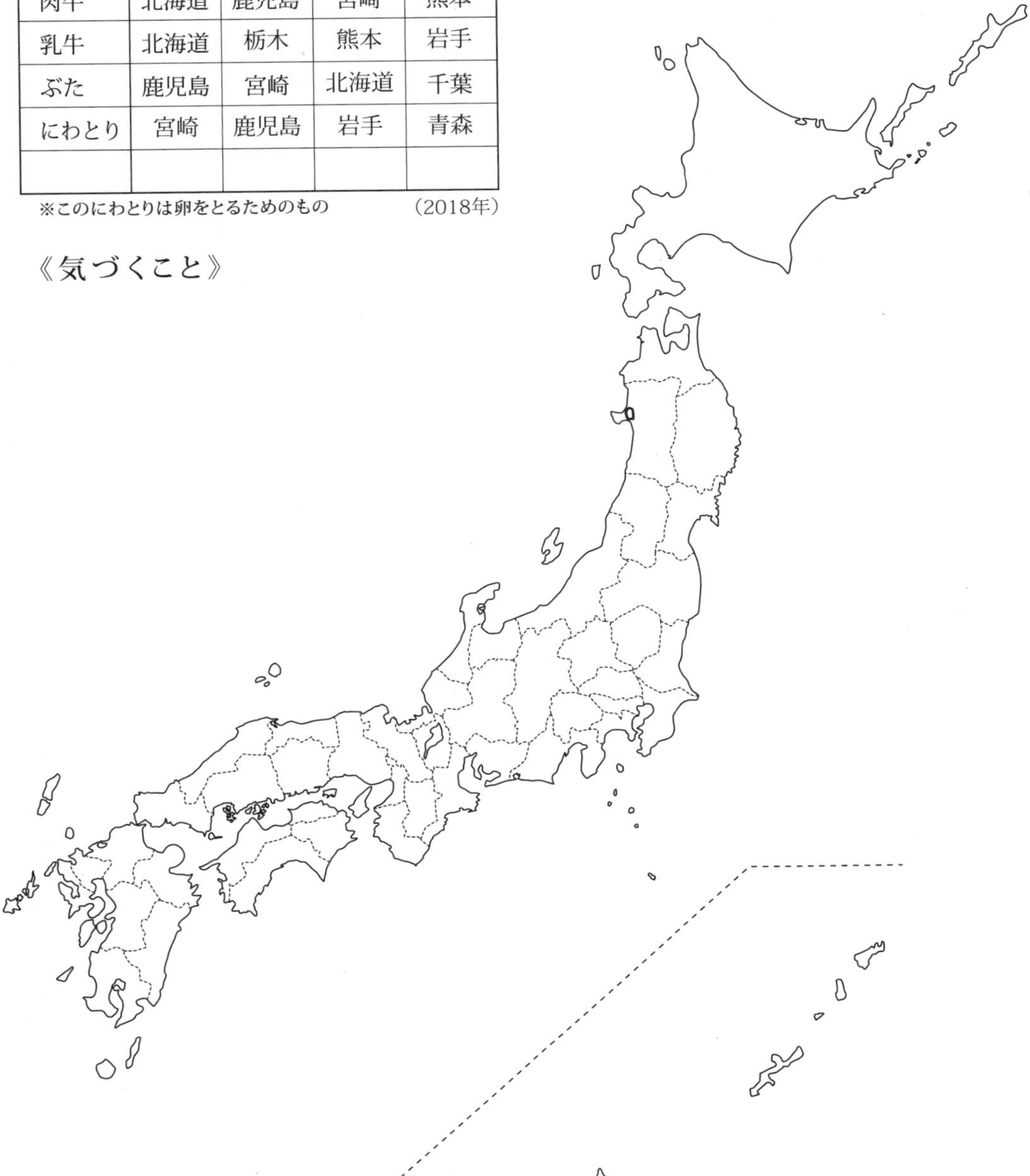

私たちとのつながりは？

▶**授業のねらい**

　①３つの実物教材の共通点を考え、米が日本人の生活に深く根づいていることに気づく。

　②なぜ東日本で稲作が盛んなのか。疑問を深めて庄内平野の米づくりへの関心を高める。

▶**板書例**

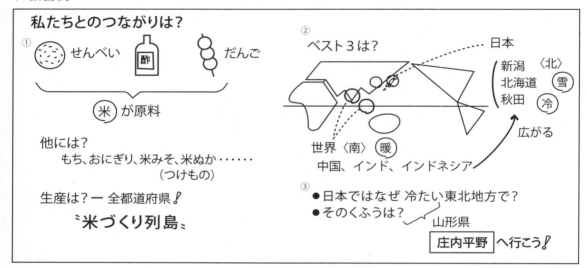

▶**授業の展開：米はここにも！との驚き・なぜ寒冷地で稲作を？との疑問から学習を深化。**

1　食べる教材で引きつける　　実物は前もって準備

　――段ボール箱からこれ見よがしに煎餅を取り出す。子どもは身を乗り出して反応するが無視。ニコニコしながら次に米酢のビンを出す。ラベルの「米」の部分は指で隠しておきたい。**この２つにどんな関係があるのか。**「？」が生まれたところで最後に出すのは団子。どの子も関心を集中させる。

先生：共通していることは？

児童：食べ物！

先生：正解。他には？　発表した人には煎餅を少し…。

　――思いつきが矢のように飛び交う。正答が出ても反応しない。間をおいて酢のビンから指を外すと現れるのは「米」の表示。**「米が原料」**との共通点を確認したい。どの子も煎餅のカケラをもらって喜んで食べる。

先生：他に米からつくる食品は？

　――相談⇒発表。餅・あられ、酒、米味噌、お新香の米糠、…等。

米酢

新潟ぬれせんべい	
名　　称	米　菓
原材料名	うるち米（日本）、麦芽糖、発酵調味液、しょうゆ（大豆、小麦を含む）、砂糖、還元水飴、調味料（アミノ酸等）
内容量	12枚
賞味期限	枠外右上部に記載
保存方法	直射日光の当たる所、高温多湿での保存は避けてください。
製造者	○○製菓株式会社　〒949-5492　新潟県長岡市

米は私たちの食生活を支えている。ここでも実物や袋を示して米の表示を確認させる。

<table>
<tr><td rowspan="2">例</td><td>だんごの表示

名称/和生菓子　内容量5本入り
原材料名/上新粉(うるち米:米国産、国産)、砂糖、つぶあん、しょうゆ、水あめ、みりん、昆布エキス、ソルビット、トレハロース、増粘剤(加工でん粉)、酵素、pH調整剤、着色料(カラメル)、(原材料の一部に小麦、大豆を含む)</td><td>品　　名:切り餅
原材料名:水稲もち米(国内産100%)
内　容　量:1kg
賞味期限:この面枠外下部に記載
保存方法:直射日光、高温・多湿の場所での保存は避けてください。
製　造　者:○○食品工業株式会社
　　　　　　〒950-8730　新潟市東区
　　　　　　製造者固有記号は賞味期限の後に記載</td></tr>
</table>

先生：そこで、今も全ての都道府県で米をつくっている。ホントかウソか。

　　——全員どちらかに挙手。正解はホント。東京は昭島市、多摩市等で年に668 t の米をつくり、大阪に至っては28300 t を生産する。（2013年・米穀安定確保支援機構による）

　　日本列島は正に米づくり列島だ。家でも、米が原料の食材を表示ラベルから探すことを呼びかけたい。（表示への関心も高まる）

2　日本と世界の違いに気づく

先生：**米の生産ベスト3の道県を地図帳で確かめ発表しよう。**

　　——**新潟、北海道、秋田**と出たら、世界大地図を提示して東日本に白い付せんを貼る。

先生：世界で米の生産ベスト3の国はどこだと思う？

　　——予想を受けて、**①中国　②インド　③インドネシア**であることを示す。（2018年・FAO）それぞれの国名を記したピンクの付せんを3人に渡し、地図上の正しい位置に貼ってもらう。（中国は中南部に貼付）子どもの視線が大地図に集中する。

先生：日本と世界の米の産地を比べて気づくことを言おう。

児童：**日本は北の方だけど世界は南の方。**

　　　日本は雪の降る方だけど世界は暖かい方。

先生：大きな違いだね。もともとは南と北のどちらでつくると思う？

　　——挙手で確かめると「南」が多い。

先生：その通りだ。では、そこから疑問に思うことは？（課題を引き出す）

児童：**世界では南の地方でつくる米をなぜ日本では北の地方でつくるのか…。**

先生：なるほど〜、言われてみればそうだねえ。みんなはどう思う？

　　——子どもからの疑問は子どもに返すと全員の発酵が進む。

3　庄内平野の米づくりへの関心を

先生：日本の東北地方・山形県にある**庄内平野**の米づくりを学んでその問題を考えよう。庄内平野はどこにあるかな？

　　——地図帳を開いてチェック。

児童：あった!!

　　——どんなところか。子どもの関心が高まったところでまとめに入る。

　　　　①東北の庄内平野ではなぜ米づくりが盛んなのか。

　　　　②庄内平野ではおいしい米をつくるためどんな工夫をしているか。

　　本単元を貫くこの2つの問題をゆっくりと投げかけ、次時への布石としたい。

なぜ庄内で米づくり?

▶**授業のねらい**

　①読図して庄内平野の地形の特色を学びあい、その実際の様子を画像から読みとる。

　②インドより冷涼な庄内で米づくりができる理由を、地形や気候の条件をもとに考える。

▶**板書例**—水田の地図記号は緑、川は青、山は茶色、等の色分けをしたい。

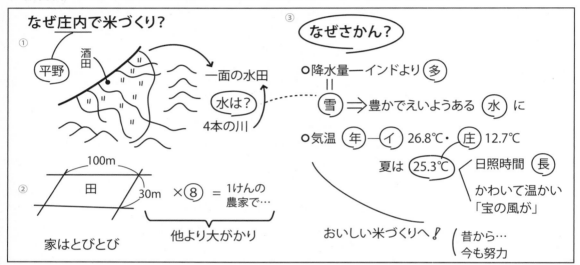

▶**授業の展開：地図⇒画像へと進み庄内平野を立体視。インドの気候と比べてゆさぶりたい。**

1　読図を深める教師の問いかけ

　先生：前の時間に探したのは何平野かな?　　児童：庄内平野!

　先生：地図で庄内平野を見て気づくことをチェックしよう。

　　──すぐに発言を求めると発表が一部の子に偏る。マーカー等で作業したりメモする時間
　　　を保証したい。その上で…。

　先生：1つ見つけた人は1本指で挙手。10見つけた人は両手を万歳。足でもいいよ。(笑)

　　──ここも加点式評価で全員挙手につなげてから順次指名。(No.1を参照)

　児童：平野が広い。田が多い。川が多い。4つもある。…等。

　先生：よく分かるね。田が多いことと川が多いことは関係あるの?

　　──あるという子たちになぜかと問う。

　児童：川が多いとたくさんの田に水が入る。

　先生：なるほど〜。　　──共感。

　先生：川を比べると?

　児童：**最上川は長いけど他は短い。**

　先生：そうか。短い川はどこから流れてくるの?　　児童：近くの山。

先生：つまり、庄内平野は周りを山に囲まれて水が豊かなんだね。　　児童：そうです。

　　――事象は互いに関連している。どんな風景が頭に浮かぶかと軽く投げかけてみたい。

2　画像からさらにイメージ化

先生：実際の様子を教科書で見て気づくことは？

　　――教科書の写真を参照。またはⒶ
を投影しても可。「広いなあ〜」
「田が四角い」「川がくねくね」、
等の様々なつぶやき発言に共感
し、評価しながら板書に生か
す。こうして**地図と画像から庄
内平野を立体的にイメージさせ
る**。その**中心都市が酒田である**
ことも確認したい。

3　おいしい米づくりの条件を知ろう

先生：では、庄内平野（酒田）の気候（降水量や気温）にはどんな特色があるか。

　　　米づくり世界2位のインド（コルカタ）と比べて①〜③の2択に○をつけよう。

　　――Ⓑを配布。①〜③
を2択で挙手さ
せ、理由があれば
発表へ。

	降水量	年平均気温	8月平均気温
インド（コルカタ）	1582mm	26.8℃	29.1℃
庄内平野（酒田）	①982mm	②12.7℃	③15.7℃
	1892mm	20.7℃	25.3℃

　　―― ① は1892mmが
正解。ほぼ亜熱帯のコルカタより降水量が多いことに驚きの声が上がる。

　　理由の1つは冬の多雪にある。**山々に積もったその大量の雪が、植物の栄養分をふく
む水となって春の広大な平野に注ぐ。その豊かな水がおいしい米づくりの第1の条件**
であった。また、冬の田に積もる雪は稲の病気を起こす菌を弱らせるという。

　　続く②の答えは12.7℃である。コルカタの半分以下だ。なぜそれで米がつくれるの？
と疑問が生まれたところで作戦タイム。

　　続いて③のどちらかに挙手させ、理由があれば発表へ。（答えは25.3℃）。

先生：コルカタの8月との平均気温差は？　　児童：3.8℃。

　　**酒田の夏もけっこう暑いと気づかせたい。そのことも庄内のおいしい米づくりにプラ
スとなる。逆に稲をつくらない冬は寒くてもよい。**ここで教科書の該当部分を指名読
みさせる。

M社	稲は、夏の気温が高く、日照時間が長いとよく成長する
N社	南東季節風が、太平洋から山地をこえ…ぬれた稲の葉をかわかし病気を防ぐ
T社	人々は、夏の季節風のことを"宝の風"とよんでいる

　　――ポイントには下線を引かせ、理解・定着と発表につなげる。**庄内平野では地形や気候
条件を活かしておいしい米づくりに努力していること**を再確認して授業をまとめたい。

米づくりの工夫

▶授業のねらい

①低い気温でもどうやって稲の苗を育てるかを考え、米づくりの工夫と順序に関心を持つ。

②様々な米づくりの仕事を知って、農家の人の努力や工夫を教科書から読みとる。

▶板書例

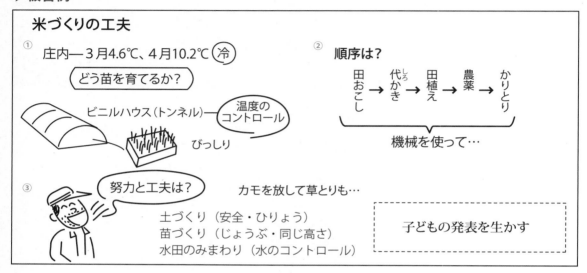

米づくりの工夫

① 庄内─3月4.6℃、4月10.2℃ 冷

どう苗を育てるか？

ビニルハウス（トンネル）─ 温度のコントロール

びっしり

② 順序は？

田おこし → 代かき → 田植え → 農薬 → かりとり

機械を使って…

③ 努力と工夫は？

カモを放して草とりも…

土づくり（安全・ひりょう）
苗づくり（じょうぶ・同じ高さ）
水田のみまわり（水のコントロール）

子どもの発表を生かす

▶授業の展開：小黒板での作業の楽しさを全体学習へつなぐ。合鴨の画像には女子が湧く。

1 低温の中で苗を育てる工夫とは？

——前時に続きインドと庄内の気温を対比。

先生：稲の苗が育つ4月のインドの気温は？
　　　その準備をする3月の気温は？

——配布された Ⓐ を見て気軽に発言。かなり
　　暑いことが分かる。

Ⓐ	3月平均気温	4月平均気温
インド（コルカタ）	27.9℃	30.1℃
庄内平野（酒田）		

先生：では、酒田の3月、4月の気温は？（自由に予想）

——正解は4月が10.2℃でインドの約3分の1。3月に至っては4.6℃にすぎない。

先生：比べて分かることは？　　児童：酒田がすごく低い。

先生：けれど、その気候でも稲の苗が育つんだよね？…

——「？」を膨らませる。

先生：君なら、稲の苗を低い気温の中でどうやって育てるか。（相談⇒発表）

児童：**ビニルハウス**の中で育てる。**エアコン**を使う。特別な苗をつくる。…等。

——果たしてどうするのかと関心を高めたうえで

先生：教科書で苗の育て方を探してみよう。〈教科書の検証的活用〉

——庄内地方を扱う3社の教科書には、写真や談話で育苗の方法が説明されている。

①温度管理をしながら　　②ビニルハウスまたはビニルトンネルの中で

③**育苗箱に入れて育てる**　この3点を押さえたい。

外の気温が低くても大丈夫。**苗は保育器の中の赤ちゃんのように保護されながら育つ**のである。庄内の田1枚（30ａ）には約60箱分の苗が必要であった。

2　米づくりの順序を並び替え

先生：おいしい米をつくるには苗を育てる以外にどんな作業が必要か。

——少し間を置き、教科書を見ずに次の5つの作業を順に並び替えようとよびかける。それぞれの仕事の内容も話しあわせたい。

田植え（　　　　）

農薬まき（　　　　）

田おこし（　　　　）

かりとり（　　　　）

代（しろ）かき（　　　　）

カード化して3～4人に1セットずつ配り小黒板上で並びかえ。「なぜ」ではなく、「どのように」を学びあわせることを先行させる。（　）に各自で番号を記入させても可。

並びかえた小黒板は教室大黒板上に並べて貼付。みなが集中する。指示棒で1～5までの順を確かめ、何人かを指名して仕事の内容も説明させる。

庄内平野ではそれらの仕事は何月に行うか。さらに細かい仕事はないか。教科書を開いてチェックさせ、かんたんに補説したい。

このような庄内平野の農家数は7958戸である。（2015年・『農業センサス』農林水産省）

3　農家の努力と工夫を読みとる

——ここで®を提示。**水田に鳥がいる理由を問う。除草剤を使わなくとも鳥が雑草を食べてくれるからだと気づく。薬剤費はゼロ。糞は肥料になり、育った合鴨は食用になる。一石三鳥の合鴨農法だ。**

®

先生：農家の人はおいしい米づくりのため他にどんな努力や工夫を行っているか。

各教科書には農家の人の談話が載っているので、ポイントに線を引かせて発表へ。土づくりや丈夫な苗づくりの工夫、きめ細かい水の管理や水田の見回り等の努力に気づいていく。最後に感想を言わせて授業をまとめたい。

昔と今を比べると？

▶授業のねらい

①稲作労働の昔と今を比べ、機械化と圃場整備が農民の負担を軽減させたことをつかむ。

②機械化は大規模稲作を実現した反面どんな問題を生んだか、農機具価格等から考える。

▶板書例

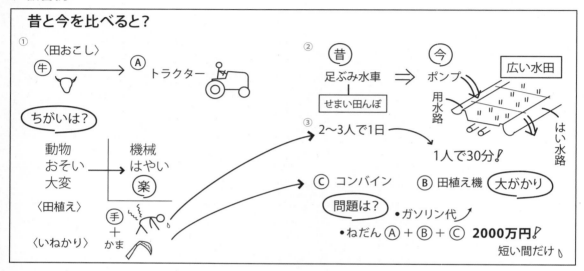

昔と今を比べると？

① 〈田おこし〉　牛 → Ⓐ トラクター

ちがいは？

動物　おそい　大変 → 機械　はやい　楽

〈田植え〉　手＋かま　〈いねかり〉

② 昔 足ぶみ水車　せまい田んぼ ⇒ 今 ポンプ　広い水田　用水路　はい水路

③ 2～3人で1日 → 1人で30分

Ⓒ コンバイン　Ⓑ 田植え機　大がかり

問題は？　・ガソリン代　・ねだん Ⓐ＋Ⓑ＋Ⓒ 2000万円　短い間だけ

▶授業の展開：謎解きと演示を通して昔と今の違いを探る。機械の高価格にもびっくり。

1　昔の農作業の労苦をイメージする

　　――黙ってⒶを投影。

先生：「？」は何だろう。

児童：しっぽが見える。牛だ、馬だ。…等。

　　――活発につぶやく。

先生：牛（馬）を使って何をするの？

児童：土を掘り返す。木の道具を引かせてやる。

先生：本当はどうかな？

　　――思わせぶりに紙を外すとⒶ′となる。

先生：これは昔の田おこしの様子だ。今との違いは？

児童：昔は機械でなく動物。昔は大変で今は楽。

児童：昔は時間がかかる。今は速い。

先生：昔の田植えや稲刈りはどうやったの？

　　――相談⇒動作化。立候補者を前に出し、鉛筆を苗に見たてて動作化させると湧く。

　　昔の稲作労働の労苦の一端をイメージさせたい。

Ⓐ

？

Ⓐ′

2　水田は機械化とセットの巨大施設

　　——続いて⑧を投影。　　児童：女の人だ。

先生：その通り。米づくりは男だけの仕事では
　　　ない。

児童：何しているの？　　先生：いい疑問だ。

　　——相談⇒発表⇒出なければヒント。

先生：これで田へ水を入れる。

　　——思いつき発言も歓迎。今度はあまり時間
　　　をおかずに紙を外す。正解は**足ぶみ水車**。
　　　分かる子にしくみを説明させたい。

先生：何が大変か。　　——まずは女子に聞く。

児童：ずっと足を動かすのが大変。立ちっぱなし。足が太くなる。

　　——長年行うと足の裏が石のように固くなり、刺さった画びょうにも気づかないという。

先生：今はどうやって田に水を入れたり抜いたりするの？

児童：ポンプを使う。

先生：その通り。では、水を抜く時は？　　児童：？？？

　　——大量の水を規格化された広い水田に入れるために、用水路や排水路、地下パイプ等が
　　　どう配置されているかを教科書の図等から読み取らせる。
　　　こうして**圃場整備（耕地整理）**された大水田は多くの費用と時間をかけて人がつくっ
　　　た「**米づくりの巨大施設**」であり、**機械化とセット**であることに気づかせたい。

3　機械化はよいことだけか

先生：田植えでは、10ｍ×100ｍ（10ａ）の広さに約２万本の苗を植える。手で行うと２
　　　～３人で１日がかりだ。**田植え機**を使うと？

　　——１人で30分にすぎない。（『稲と米の話』農林水産省 1984年）

先生：他にどんな機械を使うか
　　　予想の後に教科書にある**トラクターやコンバイン**の写真で検証。こうした機械の広が
　　　りは、肉体を酷使する重労働から農民を解放した。

先生：①機械化はよいことばかりだ　⇔　②問題もある。　　——①か②を挙手で選択。

先生：理由を考えよう。　　——相談⇒発表。

児童：②だと思う。ガソリン代がかかる。こわれたら修理が大変。買うと高い。買えない人
　　　もいる。…等。

先生：**農業機械はいくらか？**　　——自由に予想。

　　——トラクターは約600万〜650万円、田植え機は約300万円、コンバインは約900万〜
　　　1400万円。稲作の機械化に必要なお金は1800万〜2350万円に達するので子どもは驚く。

先生：１年間ずっと使うの？

児童：その時だけ。

　　——トラクターで90日、コンバインで30日、田植え機はわずか14日。
　　　機械化はよいが問題もまた生まれる。農家の努力にさらに目を向けさせたい。

16万 t はどこへ?

▶授業のねらい

①作業を通して稲、もみ、米を区分し、脱穀や乾燥の方法がどう変化したかを考える。

②カントリーエレベーターの役割を知り、米の出荷先や輸送手段を予想して学びあう。

▶板書例

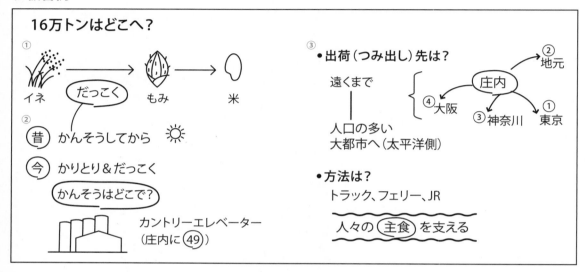

▶授業の展開：ネット等で入手した稲穂の提示は効果的。 1と3はテンポよく進めたい。

1 「稲」「もみ」「米」はどう違う?

——**実物の稲穂**を教室に持ち込み、思わせぶりに袋から取り出す。（ネット販売でミニ稲穂10本セットなら500円程度）稲を見たことも触れたこともない子には効果的。

先生：班に1本ずつ分けるね。もらったら分解しよう。時間は3分。

——紙を敷き、ものさし等を使い、たちまち作業が始まる。時間が来たらごみを捨てさせ、Ⓐを配る。希望者には「製品」をセロテープでノートに貼らせたい。（稲穂の映像と米粒の配布等で代替可）

先生：今、君たちは㋐を㋒にした。㋐㋑㋒それぞれの名を記入しよう。

——相談可。答えをあわせ、㋐**稲**、㋑**もみ（もみ殻もできる）**、㋒**米**の区分と変化を押さえる。（玄米、白米の区分は略）**穂から籾をとることが脱穀だ**とも教えたい。

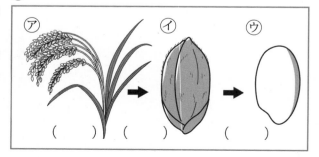

2　もみの乾燥　昔との違いをとらえよう

先生：⑧は何をしているの？

児童：刈った稲を木にかけている。日光で干している。
　　　昔はこうして稲を全て乾燥させてから脱穀した。
　　　かけて外すのは大変な労力だが、こうすると味や
　　　品質がよくなる。
　　　**今はコンバインが稲刈りと脱穀を同時に行い、そ
　　　の後に乾燥**する。乾燥量は2012年の庄内平野で
　　　16万t。体重50kgの人320万人分の重さである。

先生：脱穀した多くのもみをどうやって乾燥させるか。

　　──教科書で正答を探させ、**カントリーエレベーターの役割**を「発見」させる。
　　　または、次のような3択を提示したい。

> ①広場に広げて乾燥　　②大きな倉庫に入れ機械で乾燥　　③もみを買った人が乾燥

　　　これも教科書で検証させると、②がほぼ正解。（大倉庫＝カントリーエレベーター）
　　　写真や図からその巨大さと役割を読みとらせ、昔の乾燥法との違いを理解させたい。

3　庄内米16万tの行方を探ろう

先生：乾燥・保管されたもみはそれからどうするか。

　　──予想をまず全部発表させ、①「食べる」②「売る」③「運ぶ」の3つの視点から次の
　　　ようにつなげる。

先生：10分の1〜2は同じ山形県内で<u>食べる</u>。でも全部食べ切れる？

児童：無理。

先生：残りは他に<u>売る</u>よね。　　　児童：はい。

先生：**どの都道府県に売るか。**
　　　1位、3位、4位を予想しよう。

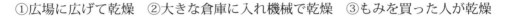

©
1位 ⟨　　　⟩	10分の2より少し多め
2位 同じ山形県内や庄内	10分の1〜2
3位 ⟨　　　⟩	10分の1より少し多め
4位 ⟨　　⟩	だいたい10分の1
〃　兵庫県	だいたい10分の1

（『米づくりQ＆A』農業総合研究センターより）

　　──©を投影。応答と穴うめの資料提示を
　　　このように行うと、授業が終末になっ
　　　ても集中力が切れない。予想の後に教
　　　師が答えを示す。（**1位東京、3位神奈川、4位大阪。**輸送の前に玄米に加工）教室
　　　常掲の日本地図で位置を確認してから気づくことを問う。

児童：みな太平洋側。庄内から遠い。

先生：そこまで何を使って<u>運ぶ</u>の？　教科書で探そう。

　　──相談可。半分以上が探せたところで…。

先生：1つでも探せた人は挙手。

　　──全員が手を挙げた班を称揚。答えが明確なので安心して発表できる。
　　　トラック、フェリー、JR…「出荷」という語句も教える。**乾燥と保管の後、庄内
　　　16万tの米がどこへどうやって運ばれるかを理解**させたい。

1ぱいのごはんから

▶授業のねらい

①米の価格は安くても、取れ高が大きく減ったことをグラフから読みとり疑問を深める。

②なぜ日本の米の取れ高が大きく減ったかを考えあい、その理由を教科書等で検証する。

▶板書例—（　　　）内にはクラスの子どもの人数を記入。

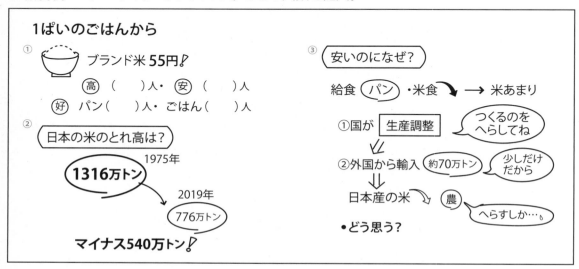

▶授業の展開：茶碗に盛ったご飯で引きつける。どうなったか⇒なぜ減ったかと思考を深化。

1　ごはん1ぱいはいくらかな？

　　——導入では、子どもがよく知っているパンやサンドイッチの値段を聞く。元気よく発言させてから、<u>茶わんに盛ったごはんを提示して</u>全員を引きこむ。

先生：魚沼産コシヒカリです。

　　——厳粛な顔で告げる。

先生：1ぱいいくらか。　　——自由なつぶやき。

先生：5kg 3850円で計算するとわずか55円だ。

児童：そんなに安いの？

1ぱいいくら？

　　——"銘柄米＝高い"との思い込みを逆転させ、あらためてパンの値段と対比させたい。

先生：パンは、小麦を粉にして水でこね、かたちを整えて焼く。

　　　白米は水を入れて炊けばそれでごはんができあがり。

先生：ごはんとパン、どちらが好き？

　　——様々な答えが返ってその割合も分かり、米の取れ高を考える次の学習につながる。

2　グラフを強く印象づける

先生：日本の米の取れ高は昔に比べてどうなったか。

児童：値段が安くてよく売れたので増えた、米を食べる
　　　人が減ったから減った、…等。

──これらの意見にここでは強く反応しない。

　　　続いて⒜を投影。いきなり全てを見せず、**覆った
　　　紙を順次ずらし左から1つずつ棒グラフを示して**
　　　いく。変化が強く印象づけられグラフを読む技能
　　　も育つ。シートに載せて配り、着色させても可。

先生：何年間にどれくらい減ったか？

──米の取れ高の変化は、44年間に540万tも減少
　　　した。庄内平野の取れ高も1975年には23.3万t
　　　あった取れ高が2012年には16万tに減った。

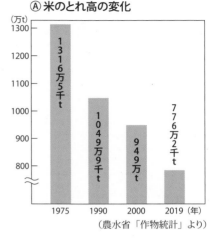

⒜ 米のとれ高の変化

（農水省「作物統計」より）

3　なぜ減ったかを考えあう

先生：**値段は安いのに米の取れ高はなぜ減ったか。**

──⒝を投影、または提示して考えさせる。

先生：自分の体重と比べよう。これは何のグラフ？

──思いつきを自由に発言。

　　　正解は1人当たりの〈1年間に米を食べる量〉であ
　　　る。その量は56年間で半分以下になったことが分かる。

先生：「食べる人が減ったから」という意見は正しかったね。

──そのことを発表した○○さんはすごいと、先ほどの発
　　　言の評価はここで行う。〈発言の後時評価〉

先生：**取れ高が減ったのは食べる量が減ったためだけ？**

児童：他にもある。

先生：では、日本の米の取れ高が大きく減った理由を他にも
　　　考えよう。

──相談⇒発表。難しい課題を懸命に考える姿勢を称揚する。挑戦して自分なりの意見を
　　　発表する子も評価したい。

先生：その理由を教科書から探そう。

──N社であれば「生産調整を進め、生産量を減らし」との記述が目に留まる。**米余りを
　　　防ぐため、生産を減らすよう国が指導した**のだ。

先生：まだあるぞ。でも、分からないよね。

──へそ曲がりが意欲を燃やす。「**一定の量の安い値段の米を輸入**」（N社）との国の方針
　　　に着目させたい。こうなると外国より高い日本の米は売れにくい。そこで農家は生産
　　　を減らす。どう思うか、その対策等も考えさせて、本時の授業をまとめたい。

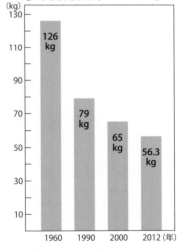

⒝ 1人あたりの〈　　　　〉

「いのちの産業」米づくり

▶授業のねらい

①農民に関する2つのグラフの特色を読み解き、その高齢化や人数減等の問題をつかむ。

②「米は日本産を！」と思う人がなぜ多いかを考え、水田の果たす多面的機能を理解する。

▶板書例

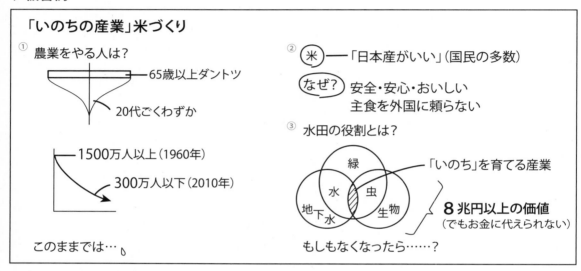

```
「いのちの産業」米づくり

① 農業をやる人は？
        ┌─ 65歳以上ダントツ
   ⎺⎺⎺⎺⎺⎺
         ─ 20代ごくわずか

   ┌─ 1500万人以上（1960年）
   ↘
        ─ 300万人以下（2010年）

   このままでは…

② （米）── 「日本産がいい」（国民の多数）

   （なぜ？）安全・安心・おいしい
            主食を外国に頼らない

③ 水田の役割とは？
              緑
          水   虫      ──「いのち」を育てる産業
       地下   生物
          水          8兆円以上の価値
                       （でもお金に代えられない）

   もしもなくなったら……？
```

▶授業の展開：グラフを見て驚き、先生と「争う」中で、米づくりの多面的な役割を考える。

1 農業する人の数はどう変化したか

先生：復習です。日本の米の取れ高は増えた？

児童：減った。

先生：ごはんを食べる量は？

児童：減った。

先生：**今、農業をしているのは何歳ぐらいの人が多いと思う？**

――どんな予想も『なるほど～』と共感的に受け止める。

先生：グラフから気づくことを読みとろう。

――Ⓐの人口ピラミッドを紙で隠して投影。読み方を確認しながら、**下から上へと棒グラフを見せていく。**明らかになるにつれて驚きの声がおきる。

先生：気づくことは？

――半数以上の挙手を待って指名。

Ⓐ 農業をしている人々（2011年）

（歳）
80
26.9%　┌─ 65歳以上　　18.4%
60
9.2%
40
〈男〉　　　〈女〉
20
0
8　6　4　2　0　2　4　6　8（%）

（『地理統計要覧』2013年版 二宮書店刊 1部補正）

児童：**男も女も65歳以上がいちばん多い。20歳以下は超少ない。なぜ？**

先生：もう一つ、農業している人の数は昔に比べてどう変わったと思う？

児童：減ったと思う。

先生：教科書のグラフから確かめてみよう。　　——全社掲載。

児童：**前は1000万人以上だったのに今は300万人以下。以前の3分の1もない。**
　　　老人がダントツ。若い人が少ない。

先生：君たちは農業したい？　　——やはり希望は少ない。

2　国民は日本の米づくりに何を求めるか

先生：ならば日本で米づくりをやめ、安い米を外国から買おう。その方がいいよね。

児童：えー？　それはまずいよ。　　——反対意見が子どもから出る。

先生：なぜ？　安い方がいいよ。　　——ゆさぶって反論をさらに引き出す。

児童：高くても日本の米の方が安全。全部外国から買ったら運ぶのに大変。

先生：そうかなあ…では、米は高くても日本産がよいという人は国民の何％いるか。

——自由に予想させた後、黙って89％と板書する。(2011年 読売新聞調査) さらに⑧農水省調査も提示。**安全性、おいしさの重視**等は子どもの意見とぴったり重なる。(ここで発言を評価)
日本米の安全性が高い理由としては、**①主食であるため農薬使**

⑧ 食料は国産がよいと考える理由

（『食料・農業・農村に関する国民の意識と行動』農水省平成21年）

用を他国以上に規制 ②保存中や輸送中に農薬を使わないこと等が挙げられる。

3　米づくりはなぜ「いのちの産業」か？

——ここで、ペアで1冊の教科書を開かせ庄内平野の画像を再び参照させる。

先生：米づくりが衰えるとこうした水田や水路は？　　児童：減る。なくなる。

先生：君たちは農業しないから別にいいよね。　　児童：だめ、水田は必要。

先生：代わりに遊園地をつくろう。

児童：だめ。水田の方がいい。

先生：では、水田や水路は米づくりの他にどんな働きをしているか。

> **📖 水田の多面的機能に関して農林水産省が示す5つの柱**
> ①降った雨をためて洪水を防ぐ ②虫や魚、蛙等の生物を育てる ③温度を下げ温暖化を和らげる ④地下水を増やし川の水を豊かにする ⑤美しい風景で楽しませる

　　　1つの画像をペアで見ながら相談⇒発表、班ごとに小黒板に記入しても可。

児童：緑があって地球にやさしい。二酸化炭素を減らす。小魚が育つ。…等。

——こうした働きを金額で表すと年間8兆2千億円に達するという。(日本学術会議による試算・2001年)

日本の米づくりは、主食の提供はもちろん環境を守り災害を防ぐ国民にとっての「いのちの産業」であることが分かってくる。その米づくりを盛んにするために、農家の人はどんな努力や工夫をしているか。次時の学習課題を投げかけて授業をまとめたい。

未来につなぐ米づくり

▶授業のねらい

① 1枚の写真から産地直送の特色を探り、売り、育て、働くことに関わる工夫を学ぶ。

②厳しい中でも工夫して米をつくる人の思いを共感的に捉え、自分なりの感想をもつ。

▶板書例―①の○の中には、正答を確認してから漢字を記入する。

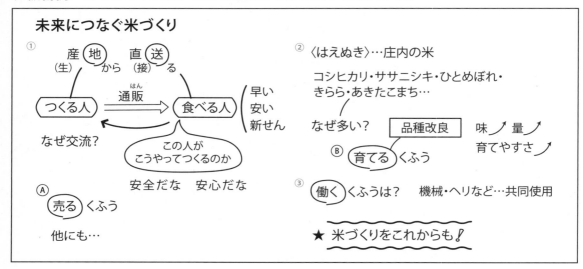

▶授業の展開：通販の想起、米袋の提示で学習を身近に。最後は自分自身で深めさせたい。

1　産地直送の特色を知ろう

Ⓐ

——Ⓐを投影。子どもがいっぱい。何しているの？
…等のつぶやきが起きる。頷きながら黙って聞
き、一呼吸おいて一斉に字を読ませる。

産直とは何か、漢字から展開する。

先生：○に入る漢字2つを考えよう。

——《産○直○》と板書。相談⇒発表。正答が出な
ければ『最初の○はⒶで読んだ字の中にある』
とヒント。正答が出てもすぐに反応せず、手を挙げた子全てに発表させてから正解を
示す。答えは「産地直送」である。

先生：産地直送とはどんな意味？

児童：つくった土地から直接送る。

先生：何を？　　児童：食料。米。

先生：誰に？　　児童：買った人。食べる人。

——ここで「つくる人═══⇒食べる人」と板書する。

先生：**通販のお米版だね。店から買うのに比べてよい点は？**

児童：早い。新鮮。お店より安い。

——だが、ただ宣伝しただけでは売れ行きは伸びない。ここで④に戻る。

先生：子どもも多勢で田植えを手伝ったんだね。つくる人はそうやって誰と交流したの？

児童：食べる人。…そうか、分かった！ＰＲだ。

——こうした交流・体験を重ねると、**安全な米が誰によってどこでどうつくられるかが分かり、食べる人も安心する。**

先生：つくる人の写真を米袋に載せることもあるよ。なぜ？

児童：つくった人が分かるので安心。

——他にも減農薬で育てたことを記す等、安心のための多様な工夫が行われる。

2　品種改良は何のため？

先生：では、これは何？

——「**はえぬき**」と板書。予想を聞いた後に⑧を提示する。実物の袋だとさらに効果的。

児童：庄内の米だ。おいしそう。

先生：他にどんな米の名を知っているかな。

——**コシヒカリ**をはじめ続々と発表される。

先生：みんな昔からあったの？

児童：違う。新しくできた。

先生：米の品種はなぜ増えたか。　　　——相談⇒発表。

児童：今の人に合う米をつくる。もっとおいしくする。

先生：そこで農家はどんな努力をしているか。教科書から農家の人の話を探してみよう。

児童：あった、〇〇ページです。　　　——該当する文に線を引かせる。

——例えば「土地や気候に合わせて、おいしい育てやすい作物を…」等と記述されている。『こうすることを漢字４文字で表す。教科書から探して挙手』３分の２を超えたら一斉に言わせる。「品種改良」これは育てる工夫といえる。海外輸出等、**おいしい米を外国に売ることにもつながる。**

3　誰が米づくりを支えているか

先生：米づくりの仕事ではどんな工夫をするか。教科書〇〇ページから発見しよう。

——今度はページを指定してチェック⇒発表。

施設や農機具・農薬ヘリの共同利用等を短時間で読みとらせる。米づくりをやめた家の水田耕作を請け負う工夫も記す教科書もある。

先生：ここまで勉強して分かったことは？

児童：米をつくる人がいろいろ努力している。食べる人で協力する人もいる。

先生：農業をやめる人が増えても、工夫して米づくりをする人たち・それを応援する人たちがいるんだね。最後に感想をノートに書こう。

> 総合的な学習や家庭科の授業につなげて「各地のお米試食会」を開いても楽しい。

漁港はどこに多いか

▶授業のねらい

①魚の名を列挙して日本が世界3位の魚食国であることを知り、欧米との違いに気づく。

②漁港の分布の特色をつかみ、周囲の4海流が日本の魚食文化を育んだことを理解する。

▶板書例—暖流と寒流は赤と青で色分けしたい。

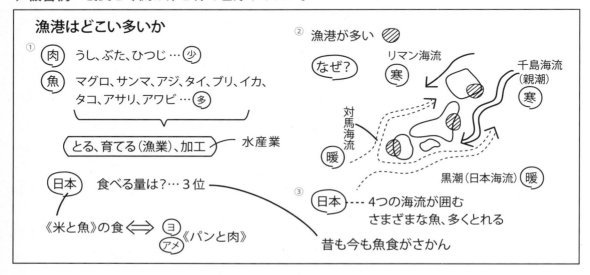

▶授業の展開：寿司パックから地図作業へ。「？」を解く中で魚食が日本で盛んな理由を知る。

1　日本では今もたくさん魚を食べる

先生：君たちは何の肉・どんな魚を食べているか。名前をどんどん挙げよう。

——相談⇒ノート。機を見てお寿司パックを取り出す。子どもは実物を見て一気に活性化。学習が苦手でもこれなら答えられる。

優に10種類を超える魚の名が出される。肉とは大違い。種切れになると、タコ、イカ、貝、エビ、カニ、クジラ等の名も出る。それらをまとめて**水産物**といい、水産物を

お寿司パックの提示は効果抜群

獲ったり育てたり（漁業）、加工して売る仕事を水産業ということを押さえる。

先生：では、**日本の水産物の取れ高は世界何位？**

——思いつきを発言。答えを発表。

📖 **日本の水産物　取れ高と消費量**
約200カ国のうちで1998年までは1位。しだいに低下して2018年には8位。
1日1人当たりの魚介類消費量は2009年で世界5位（127ｇ）と高い。
ちなみに1位はアイスランド249ｇ　2位は韓国221ｇ（『日本国勢図会』2020/21）

先生：世界５位だから、君たちは魚の名をこんなに知っているんだね。

——**日本の食は昔から《魚と米》。欧米の食生活・《パンと肉》とは大きく違っていた。**

2　漁港はどんなところに多いか

先生：漁船はそうした魚等を漁港からとりに行く。日本の漁港は2790ある。（2020年水産
　　　庁）地図帳「日本の産業のようす（1）」を開き、漁港の記号⚓を全て○で囲もう。

——子どもは作業に没頭する。

先生：**漁港は日本のどのあたりに固まっているか。**

児童：北海道の東側。青森〜宮城のあたりにも５つある。九州にも６つある。

先生：**漁港はなぜそこに固まっているの？**

——次への伏線なので発表は２、３人で可。

児童：たくさん魚がいるから。凸凹で港がつくりやすい。

先生：他の人はどう思う？　　——全体に戻す。

先生：教科書にある海流と魚の図を見て理由を考えよう。まずは北海道の東。

児童：近くを**親潮（千島海流）**が通る。すぐに魚をとりに行ける。

——栄養分が多く、たくさんの魚を育てるから「親潮」とよぶ。

先生：岩手・宮城は？

——親潮と**黒潮（日本海流）**がぶつかるから魚が多い。
　　栄養分が多く水が黒っぽいので「黒潮」だ。

> **海流とは**
> 絶えず一定の方向に流れる。
> 魚や魚の餌であるプランクトンも流れにのってやってくる。

先生：九州の鹿児島〜福岡は？

——鹿児島は黒潮にも対馬海流にも近い。長崎や福岡は**対
馬海流**にかなり近い。ノコギリの歯のような**リアス式海岸**もよい漁港をつくる条件
だ。ここは、「**地図作業⇒漁港の「？」⇒海流図⇒そうか！**」の流れにすることで子ど
もがのる。

3　４つの海流に囲まれて魚食が発展

先生：地図の海流の色はなぜ違うか。

児童：赤が**暖流**で暖かい。青が**寒流**で冷たい。

——リマンとはロシア語で河口という意味だ。ア
ムール川の河口から流れる冷たい水が南下する
のがリマン海流である。対馬海流は黒潮の支流
でもある。では、海流とはどのようなものか。
ここでⒶを投影または配布する。

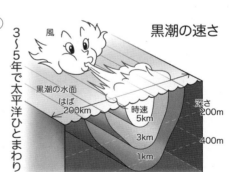

先生：黒潮の幅や深さ、速さを読んで発表しよう。

——幅は最大で200㎞。深さは500ｍ。速さは最速で時速５㎞。人の歩く速度より少し速
い。**海流とは、子どもの想像よりはるかに壮大な海の流れであった。**
最後は『**日本ではなぜ昔から魚を食べてきたのか**』と投げかけ、思ったことをノート
に書かせ数人に発表させる。
　４つの暖・寒流が周りを流れて多様な魚が豊かに獲れるためであると共通理解させたい。

マグロはどうやってつかまえるか

▶授業のねらい

①魚の名や大きさを再確認し、大洋を泳ぐ3mのクロマグロのつかまえ方をみなで考える。

②遠洋漁業の生産量が減少した理由を考え、200海里問題や輸入の増加にも着目する。

▶板書例

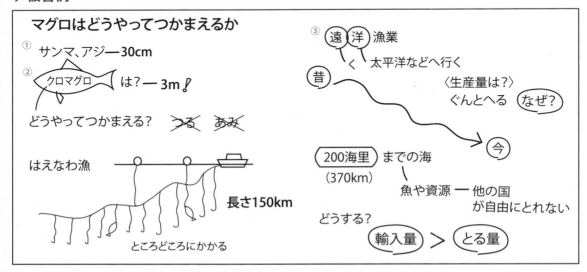

マグロはどうやってつかまえるか

① サンマ、アジ — 30cm

② クロマグロ は？ — 3m

どうやってつかまえる？ つる あみ

はえなわ漁

長さ150km

ところどころにかかる

③ 遠 洋 漁業

く 太平洋などへ行く

昔

〈生産量は？〉

ぐんとへる なぜ？

今

200海里 までの海

（370km）

魚や資源 — 他の国が自由にとれない

どうする？

輸入量 ＞ とる量

▶授業の展開：魚クイズで導入。「つかまえ方」で盛り上げてから200海里問題につなげたい。

1　魚の名前が分かるかな？

　　——はじめに魚クイズを配布する。名前を書き入れよう。（相談可。投影しても可）

　　　○にはカナで一文字が入る。《正解は①マグロ ②アジ ③サンマ ④サケ ⑤カレイ ⑥タイ。⑤はヒラメという誤答もある。》

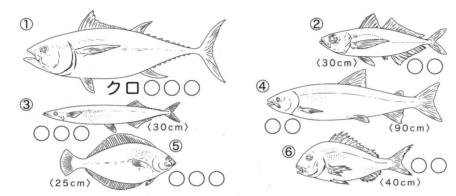

① クロ○○○

② 〈30cm〉

③ 〈30cm〉

④ 〈90cm〉

⑤ 〈25cm〉

⑥ 〈40cm〉

　　——シートの場合は後で図鑑を見てぬり絵させたい。深く漁業の勉強をする前に、ありふれた魚の名前と姿を再確認しておきたい。

2　線描図を資料につかまえ方を考えあう

　　——ここで１ｍ尺を取り出し、②〜⑥の魚の体長を確認する。

先生：①のクロマグロは大人になるとどれくらい大きいか？

　　——どんな意見にも笑顔でうなずく。５、６人が発言したら３ｍ大のマグロの輪郭を黒板一面に黙ってすばやく線描する。（即席だがりっぱな資料・後に消去）この巨体が太平洋のど真ん中をゆうゆうと泳いでいる。

先生：この大きなマグロをどうやってつかまえるか。

　　——教室は再び騒然。「釣る」「反対！糸が切れる」「網でつかまえる」「破られるよ」…。

先生：最高時速は100㎞です。見つけて網を張っても間に合わない。

　　——詰まったところで、Ⓐのシートを裏返して配布または投影。

幹縄(みき)の長さは150㎞。枝縄には2500〜3000本の「地獄ばり」があり、餌のサンマが付いている。魚がかかるのを３〜４時間待ち、10〜15時間かけて縄をあげる。１回の水揚げ量はメバチマグロで平均25匹程度。それらが日本に運ばれ、高い値段で食卓にのぼるのであった。

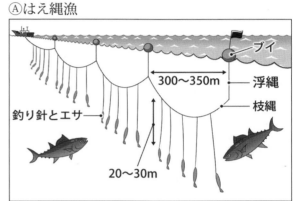

Ⓐはえ縄漁

ブイ／300〜350m／浮縄／枝縄／釣り針とエサ→／20〜30m

3　200海里問題と遠洋漁業の関わりを知る

先生：マグロ漁のように、遠い海まで行く漁業を○○漁業という。○には漢字１文字。

　　——出ない時は漢字で遠洋と記入して読ませる。

先生：**日本の遠洋漁業のとれ高は増えているか減っているか。**

　　——減っているという意見が多い。ここで教科書の折れ線グラフを見ると、遠洋漁業は減り続けて多い時の６分の１以下になっている。

先生：大きく減った理由は何だろうか。

児童：マグロをあまりとらないように決めたから。どこでも自由に魚をとれなくなった。

　　——教科書で検証すると、**各国が海岸から200海里（約370㎞）以内の水産物や資源を外国が自由にとれないようにした**ためだと分かる。日本からは遠洋でも、相手国からは近い。**マグロは、資源保護のため各国が協定してとる量を制限している。**

先生：では、君たちは回転ずしで世界の魚を食べられないの？

児童：いや、たくさん食べる。値段も安い。

先生：遠洋漁業でとる量が減ったのになぜ？

児童：外国から輸入する。

先生：**生産と輸入どちらが多い？**

　　—— 2017年の魚介類生産量は約383万ｔだが、輸入量は409万ｔとそれを上回る。（農水省「食料需給表」）**食べる量は世界６位なのにとる量は世界10位であるのは、日本への輸入増にも原因がある**ことを理解させたい。

サンマ漁のひみつ兵器

▶授業のねらい

①体長30㎝のサンマをどう大量にとるかを考えあい、棒受網の工夫を絵から読みとる。

②すばやく魚をとり、新鮮なまま港に運ぶため漁師がどんな努力をしているか理解する。

▶板書例

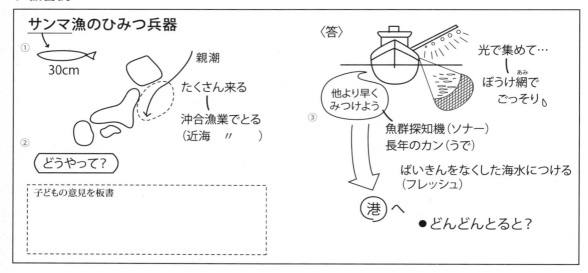

▶授業の展開：網とサンマの対決に湧き、棒受網の工夫に驚く中で、漁師の努力に迫りたい。

1　サンマ（アジ）のつかまえ方を予想しよう

先生：復習です。サンマ（またはアジ）の大きさは？　　　児童：30㎝。

　　──ここで30㎝尺を提示する。（サンマの輪郭を描いた紙を貼るとさらに集中）

先生：**このサンマは何百万匹も集まって群れをつくり、親潮にのって日本の海の近くに来る。２、３日かけてそれをとりに行くのが何漁業？**　　　──つぶやき発言。

児童：**近海漁業。沖合漁業。いいですか？**　　児童：いいです。

先生：その通り！これらの多くのサンマをどうやってたくさんとる。

児童：釣る。反対、数が多すぎる。網でとる。

先生：そうか。どのように網を使うのかな？

　　──発言者を前に出して両手を広げて網の様子を演示させる。教師がサンマを演じ、その横や下をすりぬけていくと笑いが広がる。

先生：さあどうする？　　児童：何かですくう。

先生：じつはこの漁は夜に行う。　　児童：ええ？？。寝たところをとる？。闇の中でとる。

　　──ニコニコしながらどんな発言にも頷きたい。（教科書がアジの巻き網漁を扱っていれば、置きかえて学習）

2　サンマ漁の工夫とは？

先生：本当はどうやってとるか。教科書でサンマ漁の様子を読みとろう。

── 子どもはすぐにその絵を探す。

児童：そうか。灯りでサンマを集めるのか。すごい。サンマをホースで吸い取っている。さおに電球がびっしりだ。

── **夜に漁をするのは、集魚灯でサンマを集めるためであった。南下していくサンマの群れを、こうして網の中に誘導してとる漁法を「棒受（ぼうけ）網」という。**

> ユーチューブではその「光景」を3分23秒の動画で公開。音声を消して視聴させると画像のみに集中し、想像力も高まって効果的。お互いのつぶやきもよく聞こえる

3　漁を行う漁師の努力とは

先生：では、**海のサンマは誰のもの？**

児童：誰のものでもない。とった人のもの。

── 農業はA（種子）をA'（ダイコン）に育てるので「大きくな〜れ」。工業はA（原料）をB（製品）にヘンシン。だが、漁業はA（魚介類）をAのまま「早い者勝ち」でとる。

先生：自分がとらなければ？　　児童：他の人がとる。

先生：それを防ぐには、早く見つけることが大切だ。群れをどうやって早く見つけるか。

児童：海を見張る。

先生：夜だよ。

児童：光で照らす。機械で探す。

── Ⓐを投影・説明させる。
船から出した電波が魚の群れにあたってはねかえるので群れの大きさや位置、泳ぐ方向が分かるのである。

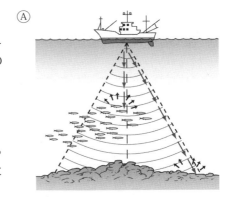

Ⓐ

先生：こうしたやり方で魚を探す機械を何というか。

── 教科書を見ると**魚群探知機**または**ソナー**とある。だがサンマそのものを確認できるわけではない。また、広い海の中で遠くから群れを見つけることはできない。

先生：漁師はさらにどんな努力をしているか。

── 想起させる時間を与えてから…。

先生：教科書で確かめよう。

── 探照灯の利用や「時期や水温によって、とれる場所やとれ方が違うので**長年の経験や『カン』がたより**」等という記述に着目させる。とった魚を港に運ぶまでも、特別な海水で鮮度を保つ等、工夫していることが分かる。（巻き網漁の漁師の談話が載る教科書もあるので活用）

先生：でも、こうして工夫してとればとるほど？　　児童：**魚が減る。**

── とる漁業の課題に気づかせた後は、感じたことを何人かに発表させて授業をまとめたい。

サンマが届くまで

▶授業のねらい

①根室にはサンマが多く水揚げされ、多様な輸送手段により都市に運ばれることを知る。

②サンマを運ぶトラックはなぜ大洗で降りるかを考え、輸送業者の努力と苦労に気づく。

▶板書例

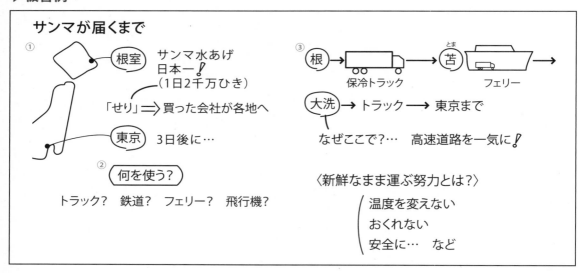

▶授業の展開：個の地図帳学習を全員での大地図学習へつなげて、サンマの輸送を学びあう。

1 サンマはどこでどれくらいとれるのか

先生：サンマの水揚げ日本一の港は？　　——自由に予想させてから…。

先生：「根」がつくよ。地図帳の北海道地方から探そう。

児童：**根室**だ。

先生：そこから親潮は…。　　児童：近い。

　——前時に学んだように、海の魚は先にとった人のものになるからこの港は有利だ。

先生：東京都の人口は約1200万人。だが、根室には2000万匹のサンマが水揚げされる。

　ここで3択問題。これは（1日・1カ月・1年）あたりの量である。

先生：正解は…1日です。重さに直すと約3000 t。（1匹150 gで計算）

　——年間6万647 tものサンマが根室には水揚げされていた。（2014年）

先生：こうしてとったサンマは全部根室の人が食べるの？　　児童：ちがう。他へ売る。

　——『どこへ売るの？』とテンポよく授業を進め、**サンマは東京等の都市に多く運ばれる**ことを押さえたい。

　（長崎のアジを扱う場合は、いけすで1週間「いかしこみ」をする理由を問う。それは、味をよくして「ごんあじ」というブランド化で高く売る工夫であった）

2　サンマは何に積んで運ばれるか

　　——続いて教室前面に日本全図を広げ、**1人を前に出して根室と東京に付せんを貼らせる。学習が視覚化して、子ども**は前面の地図に関心を集中する。
　　　指示棒で両地点を交互に示しながら、次の発問を行う。

先生：サンマは根室から東京まで何に積んで運ぶか？
　　——トラック、鉄道、船、飛行機の4つが出される。

先生：正解があるぞ。正しいと思うものに手を挙げよう。
　　——全員を参画させる。

先生：**サンマは何日後に東京に着くか。**
　　——いろいろな日数が出されたところで…。

先生：**教科書の図等で調べよう。**
　　——《保冷トラック⇒苫小牧港でフェリーに乗る⇒大洗で降りて東京へというルートを読みとらせる。日数は3日。漁師ではなく、市場のせりで買った会社が他地域に輸送して売ることも分かる。

先生：疑問や知りたいことは？

児童：最初から根室でフェリーに積めばいい。なぜわざわざトラックで苫小牧に運ぶの？

先生：フェリーの大きさを教科書で見よう。

児童：大きいね。
　　——この船はサンマだけを積むのではない。**根室より大きい苫小牧港には大きな船が入港できるので物資が多く集まる。サンマはその一部として東京まで運ばれていた。**

3　サンマを新鮮なまま運ぶ努力と苦労とは？

先生：トラックはどこでフェリーを降りるか。

児童：大洗港だ。どこにあるの？
　　　なぜ東京で降りないの？

先生：地図帳で大洗を探し、東京行きのトラックがここで降りる理由を考えよう。
　　——相談。1～2分たったところで、右のような関東地方の大地図を前面に掲示または投影する。子どもの関心は手元の地図帳から大写しの大地図に切り替わる。
　　　発表者にはその大地図を使って説明させる。
　　フェリーで東京に行くには房総半島をぐるっと遠回りするが、大洗からだと高速道路を走って速く着くことが分かる。

先生：サンマを輸送する人には、どんな工夫や苦労があるか。
　　——予想を聞いた後、教科書にある運送会社の人の話を読んで線を引かせる。（指名読み）
　　とる人と食べる人をつなぐ仕事＝流通の大切さを理解させて授業をまとめたい。

養殖とさいばいはどのように？

▶授業のねらい

①グラフに集中して「？」の正体を考え、養殖漁業の役割に気づいてその概要を調べる。

②養殖の工夫や課題を学びあい、さいばい漁業にはどんな特色があるかを理解する。

▶板書例—わざわざ帯グラフを作成できない時は板書に代えてもよい。

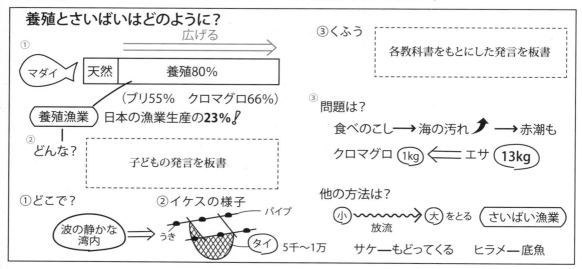

▶授業の展開：グラフで引きつけ、いけすの図像から養殖の工夫・さいばい漁業に進む。

1　養殖漁業の役割に気づく

先生：早い者勝ちで魚をとると困ったことは？

児童：どんどん減っていく。　とりつくす。

先生：どうすればいいの？

児童：とる量を決める。　養殖する。

　　——養殖とはどんな漁業か。児童に説明させてから次のように問う。

先生：マダイのとれ高のうち、養殖は何％くらいか。

　　　（トラフグ・ブリなどを扱う場合はそれらに代替）

　　——予想の後、巻物にした帯グラフを板書①の⇒のように伸ばすと歓声が沸く。

先生：ブリは？…55％。　　クロマグロは？…66％。

　　——クルマエビに至っては82％。今や日本の漁業は養殖抜きでは成立しないことを押さ

　　　えたい。（数値は農水省『統計年報』2019年による）

先生：魚以外では何を養殖するか。

　　——発表の後で地図帳を読ませ、ワカメ・昆布・ほたて・カキなどを確認する。

2 養殖はどうやって行うか

先生：その大切な養殖について知っていることは？　　──相談⇒発表。

児童：網の中で育てる。エサをやる。　　先生：他には？　　児童：……。

先生：それは大変。教科書で次の３つを調べてノートに書こう。

　　──①**育てる場所** ②**いけすの様子** ③**工夫**の３つを板書。調べる時間は７分間。

先生：○○さんは線を引きながら読んでいる。すごい！

　　──自力で教科書を読む力を身につけさせる。３分経ったら相談可。（教師は途方にくれ
　　　る子を支援）時間が来たら①から順に発表。場所は湾の中。そこにいけすを置くのは
　　　波が静かで深いから等の発表を受ける。

先生：**なぜ静かで深いといいの？** いけすのしくみから考えよう。

　　──教科書の写真かⒶ、Ⓑのような模式図・画像等から読みとらせる。

児童：いけすはパイプの組み合わせ。ウキで浮かせてある。下に網があり魚が入っている。
　　　波が荒いと壊れるから湾の中。深いと水が汚れにくく、たくさん育てられる等。

　　──工夫については、エサの量や中身を調整、シートで日射しを防ぐ等、各教科書の記述
　　　の中から発表。載っている漁民の談話も指名読みさせ、工夫を発見させたい。

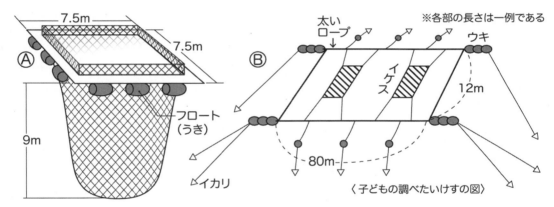

〈子どもの調べたいけすの図〉

3 もう１つの育てる漁業とは？

先生：**養殖クロマグロの体重を１kg増やすにはエサ何kgが必要か。**

　　──思いつきを発言。13kgである。３mに育つにはどれほどのエサを食べるか。だから
　　　値段も高い。ハマチでも１kg増やすのに８kgのエサが必要であった。

先生：エサの材料は？

　　──主に他の魚である。**資源の無駄遣いという人もいるし、食用でない魚を使うからいい**
　　　という人もいる。エサの食べ残しによる海の汚れや赤潮の発生等にもふれたい。

先生：それならば、養殖以外にどうやって魚を育てるか考えてみよう。

　　──挙手が少数の時は教科書を参照。

児童：卵からかえして少し大きくなったら放す。放流したサケはもとの場所に戻ってくる。

先生：ヒラメは海の底にいて戻ってこないよ。

児童：そういう魚は大きくなってからとる。

先生：それを○○○○漁業という。ひらがな４文字。教科書から探そう。分かった人は挙手。

　　──一斉発言「**さいばい漁業！**」。養殖とともに、育てる漁業の１つとして押さえたい。

漁師　山へ登る

▶**授業のねらい**
　①看板の絵や文を読み解き、魚つき保安林には魚を守る大切な役割があることに気づく。
　②漁業の現状をグラフからつかみ、漁師と住民が共に漁民の森を育てていることを知る。

▶**板書例**

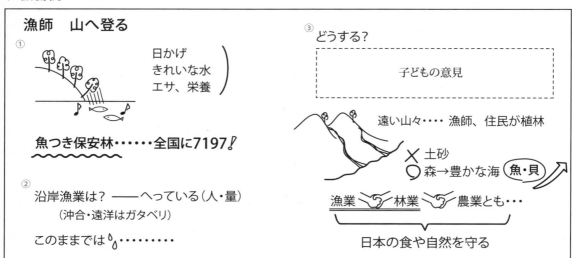

▶**授業の展開：魚と森の意外な関係と山に登る漁師の姿から漁業を守る人々の努力に気づく。**

1　魚つき保安林の看板を読みとろう
　先生：静岡県の海近くの山にある看板だ。Ⓐの絵から分かることは？
　　──「海に」から「出来ます」までの説明文を隠して提示。
　児童：木がある。魚が2匹で話している。木が魚を守る。
　先生：こうした林を何林というか読もう。
　児童：**魚つき保安林。**
　先生：この森林は**勝手に木を切らないよう国が守っている。**全国にいくつあるか。
　　──7197カ所という膨大な数に子どもは驚く。（2008年）
　先生：**なぜそんなに多くの森林を守るのか。**
　　──全体を見回す。一呼吸おいてから…。
　先生：海のそばに森林があると魚にとってどんなよいことがあるか。
　　──意見がある者は発表。しかし、意見が

出なくても追いつめない。しばらく考えさせた後、隠した紙をとって看板の文章を斉読させる。

①「直射日光を遮断」とは日かげができること。魚たちはその日かげに集まって休み、すみかとする。②森林は土砂が流れるのを防いで水をきれいにしてくれる。③枝や葉についていた虫等が水に落ちたり、葉っぱや栄養分のある水が流れ込む。すると、それらが魚のエサになったり、エサになるプランクトンを増やしてくれる。

こうした「魚つき保安林」を国が保護するのは、魚を増やして海岸近くで行う漁業を守るためであった。

先生：こういう漁業を何とよぶの？

──「沿岸漁業」を教科書で探して答えさせたい。

タイ、アワビ、サザエ、ワカメ、ヒラメ、エビ…、私たちは沿岸漁業からの様々な水産物を食べている。サザエのカラ１つ提示しても、子どもは強い関心を示す。

2　沿岸漁業の現状は？

先生：日本の沿岸漁業の生産量は増えているか。教科書でグラフを見つけて読み取ろう。

児童：少しずつ減っている、沖合や遠洋はガクンと減った、頑張っている方だよ、…等。

先生：**働く人の変化も見よう。**

児童：**どんどん減っている。特に若い人。**

先生：**水産物の輸入は？**

児童：**逆に増えている。**

先生：**このままでは？**

児童：**まずい。日本の漁業がほろびる。**

Ⓑ

3　山に登る漁師と住民

先生：では、沿岸漁業をさらに盛んにする方法をみんなで考えよう。

──①魚つき保安林を増やす②養殖や放流を増やす。③海の中に魚のすみかをつくる等の意見が出たら、①②は『今まで勉強したことをもとに考えて偉い』と褒める。③は『新しいことを考えたのがすごい』と評価。

先生：Ⓑから分かることは？

児童：木を植える人が集まった。子どもが多い。漁船につける旗がある。

先生：大漁旗だね。漁師さんが山へもってきたんだ

先生：**なぜ漁師が山へ木を植えるの？**

児童：森が広がると魚にもよいから。

──これは、岩手県室根村の森で漁師や住民が地元の会社と協力して行う植林活動であった。**海からは遠いが、山の奥からきれいで栄養のある水が流れると魚や貝がよく育つ。**こうした「漁民の森」は全国134カ所（2009年）に広がり、林業と結んで沿岸漁業を後押ししていることを知らせたい。

何をどこからどれくらい？

▶**授業のねらい**

①日本では膨大な輸入とうもろこしが家畜のエサとなることを知り、その意味を考える。

②日本ではどんな食料をどこからどれくらい輸入するかをつかみ、感じたことを学びあう。

▶**授業の展開：米の生産量を目安に輸入量をイメージ。作業中のつぶやきを的確に評価する。**

1　日本が最も多く輸入している食料は？

先生：外国のモノを買って運んでくることを「ゆにゅう」という。聞いたことある人は？

——挙手で確認。漢字を教えあって書く。"輸入"との誤記に注意。1人に板書させ、全体で確認する。2019年の**日本の米の生産は776万t**である。（「日本国勢図会」）

先生：日本が最も多く輸入する食料はそれより多いか少ないか。（重さで）

——2択で挙手。正解は多いが。次にその食料は何かと問う。

〈①肉（うし、ぶた、にわとりの計）②小麦　③とうもろこし〉

正しいと思うものに挙手させ、理由を聞く。主な意見は板書。

①肉—食べる人がふえた。**②小麦**—今は米よりパン等を多く食べる。**③とうもろこし**—スープに入れる。動物のエサ…。教師はどの意見にも共感し、意見が「対立」するよう演出。意見が出終わったら、裏返したシート（次ページ）を黙って配布する。表をあけると、正解はとうもろこしだ。米よりずっと多い。

児童：**誰が食べるの？**

——1の文を読ませ、思ったことを発表させる。穴うめの答えは〈**家畜のエサ**〉。

2　食料輸入の割合から思うことは？

先生：シート2の①〜⑥のグラフの輸入の部分を赤くぬろう。

——相談可。**作業の中で、日本の食が大きく外国に依存していることを実感させる。とうもろこしは全部輸入で量も№1。こんなに輸入して大丈夫？** 等のつぶやきも出る。よく耳を傾け、他の食糧と比べたことがいい、事実をもとに意見を出すのがすごい、とさりげないつぶやきの中の宝を評価する。

3　日本の食はどこの国に頼っているか

先生：2ができた人は3の作業に進もう。　　　児童：**アメリカからが多い。**

先生：④⑤⑥の共通点に目をつけたね。これはすごい。（理由を述べて評価）

——どんな"変化球"もキャッチし、**優れた資料の見方を共有させる。**感想を書き始めた子を褒めると他の子も続く。早く終われば地図帳の国別統計（日本の輸入）にある食料のグラフを見て1位の国に斜線を引かせる。

最後の5分間で思ったことを発表させ、主な点を板書したい。

1　輸入量を比べよう（2018年度・「日本国勢図会」2020/21）

名前＿＿＿＿＿＿＿＿

①肉（うし89万 t・ぶた135万 t・にわとり91万 t）315万 t

②小麦564万 t　　③とうもろこし1453万 t

大量のとうもろこしは誰が食べるか。じつは4分の3の1090万 t は〈　　　　　　〉に使われた。1 kg の肉を育てるのに必要な量はうしで6〜7 kg・ぶたで3 kg・にわとりは2 kgといわれる。（だから牛肉は高い）今、とうもろこしを十分食べられない国もあるが、日本は多くの量を輸入し、それを何分の1かのおいしい肉に変えて食べるのであった。

2　日本の食料グラフの輸入の部分を赤くぬろう。（2018年『日本国勢図会』2020/21）

①野菜（23％）

331万t
1位 中国

②魚介類（48％）

405万t
1位 中国

③牛肉（65％）

89万t
1位 オーストラリア

④だいず（94％）

324万t
1位 アメリカ

⑤小麦（88％）

564万t
1位 アメリカ

⑥とうもろこし（100％）

1453万t
1位 アメリカ

3　輸入量が1位の国から日本まで⇒を引き、作業して思ったことをノートに書こう。

思ったこと

〔

〕

外国と比べると？

▶**授業のねらい**

　①食料自給率という語句の意味を学びあい、グラフ化を通して日米の違いを把握する。

　②牛肉を例に自給率の意味をとらえ直し、日本の穀物自給率の順位を知って感想を言う。

▶**板書例**

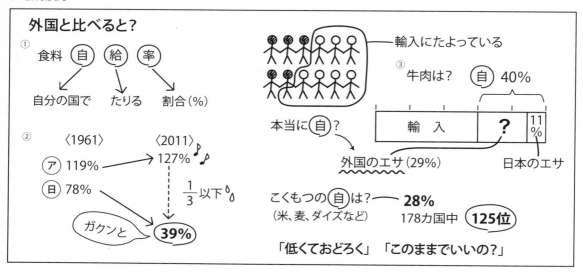

▶**授業の展開：グラフ化作業に全員参画。自給率の課題を目で捉え、みなで大いに悩みたい。**

1　食料自給率の意味をつかむ

　　──食料自給率と板書。

　先生：全部読める人は手を挙げよう。4文字・3文字読める人は？

　　──1文字読めてもすばらしいと告げる。相談させる時間を与えてから…。

　先生：全員で読もう。

　児童：しょくりょうじきゅうりつ。

　先生：君たちは“給”のつくものを食べている。

　児童：給食。

　　──給には「与える」「足りる」という意味があると教える。

　先生：では、食料自給率とはどんな意味か。

　　　　増えていく挙手を『1、2、3、4…どんどん手が挙がる』とプラス評価。子どもの
　　　　意見を生かし、**“食料が自分たち（の国）で足りる割合（％）”**だとまとめる。

2　日米の自給率を比べると？

　先生：日米どちらの食料自給率が高いと思うか。

児童：アメリカ。

先生：1961年のアメリカの自給率は119％だ。（カロリーベース）

——同じ年に日本は78％であった。

先生：日米の食料自給率はその後どうなるか。折れ線グラフをつくって気づきを発表しよう。

名前			《気づくこと》

日米の食料自給率

年	アメリカ	日本
1961	119	78
1971	118	58
1981	162	52
1991	124	46
2001	122	40
2011	127	39

——7分後に「ハイ、やめ！」。記入が途中の子は、他の意見を聞きながら気づきを書かせる。「アメリカは少し増えた」「日本は減った」「50年間で半分になった」「アメリカの3分の1以下だ」人口1億2756万人のうち、7781万人が輸入食料に頼る計算だ。

3　さらに自給率を考えよう

先生：その中で牛肉の自給率（自給生産）は何％か。

——当てずっぽうの予想も歓迎。

先生：前の時間に輸入の割合を勉強したよね。

児童：輸入が65％だから自給率は35％。

先生：賛成の人は？　　——多くが挙手。

先生：本当にそれでいいね〜？

——全体を見回して不気味に。

児童：ええ？ 待って。　　　——待たずに④を配布。

先生：日本産のエサで育つのは何％？　　児童：牛肉の10％しかない。

先生：？は25％となる。何を表しているか。

——前時の学習を想起し、とうもろこし等輸入のエサで育つ肉の割合だと分かってくる。

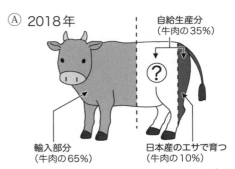

Ⓐ 2018年

自給生産分（牛肉の35％）

？

輸入部分（牛肉の65％）

日本産のエサで育つ（牛肉の10％）

（農林水産省のホームページを参考）

先生：**牛肉の自給率を表すと思う部分に赤く斜線を引こう。**

——35％と思う子もいる。だが、「外国のエサで育ったのに自給というのは変だ。だから10％」と考える子も多い。それが正解であれば牛肉はもちろん、日本の食料自給率自体も39％よりずっと低くなる。自給率とは覚えて終わりの語句ではなかった。

先生：**穀物（小麦・だいず・とうもろこし・米等粒の食料）の自給率はどれくらい？**

——正解は28％。**世界178カ国**（国連世界食糧農業機関加盟国）の中で、**カラハリ砂漠のあるボツワナと同じ125番目**である。（2011年・農林水産省試算）

まずは食料自給率を深く知ることが大事。感じたことを発表させて授業をまとめたい。

地産地消をどう思う?

▶**授業のねらい**

①無人販売を例に地産地消とは何かを考え、関心を高めて地域の中に様々な事例を探る。

②人々がなぜ外国産より国産の野菜を選ぶか知り、地産地消の大切さに気づく。

▶**板書例**

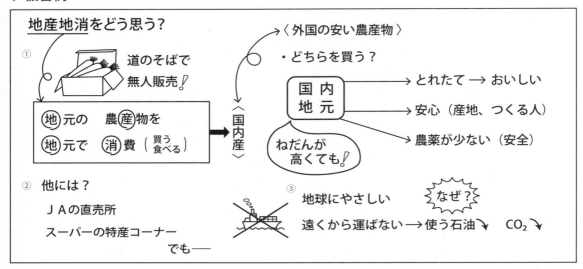

▶**授業の展開:1・2では体験と結んで学習。意欲を高めて教室から学びを離陸させたい。**

1　無人販売は何のため?

　　——黙ってⒶを投影。

児童：何これ。あ、知っている。野菜を売るんだ。

　　　お金の箱がある。

先生：見たことある人は?

　　　買ったことある人は?

　　——挙手した児童を順次指名して体験発表へ。

児童：隣の町に行く道にある。お母さんが車を停

　　　めてキュウリを買った。お金は箱に入れた。

先生：野菜の無人販売だね。並べて売るのは誰。

児童：近くで野菜をつくっている農家の人。

先生：地元の畑で育てた農産物を地元の人に売って食べてもらうんだね。

　　　そのことを漢字4文字で表すと…

　　——板書の「地産地消」を指示棒で指す。

先生：みんなで読もう。どういう意味?

──児童の発言を生かし、地元の産物を地元で消費（食べる）ことだと押さえたい。

2　地産地消って何のこと？

先生：地産地消で地元の農産物を売るのは無人販売だけ？

　　──以後、授業の中で地産地消という用語を反復⇒定着へ。

児童：他にもある。ぼく知っているよ。

　　──挙手者を指名。教科書の関連写真も参照させ、農の駅・産地直売所・スーパーの特産
　　　　コーナー等を挙げさせる。買いに行ったことのある児童には体験を話させたい。

先生：地産地消より外国の安い農産物を買ったほうがいいよね。

児童：よくない。地元のものはとれたてでおいしい。
　　　外国産は安いけど悪いものが入っていないか心配。地元の人がつくれば安心。

先生：国民は国産と外国産の野菜に
　　　ついてどう思っているか。
　　　Ⓑに数字を書き入れよう。

　　──予想の後に答えあわせ。
　　　　①27　②4　③48
　　　　大量輸入の外国農産物は、人
　　　　手をかけず多く育てるため農
　　　　薬を大量に使用。遠くから運

Ⓑ 10都県でのアンケート

① 国産の野菜しか買わない。	（　　　）%
② 少しでも高いと国産は買わない。	（　　　）%
③ 高さが49円までは国産を買う。	（　　　）%
◆答えと思う数字を下から選んで（　）に書こう〔　4　　27　　48　〕	

(関東農政局　2011年)

　　　んでくる場合は腐らないようさらに農薬をかける。そんな場合も少なくない。

先生：国産、特に地元の農産物は安心・安全なので地産地消が大切なんだね。

3　教室から学びを離陸!!

先生：地産地消は地球にやさしい
　　　か。

児童：やさしい。外国から運ばない
　　　から石油をたくさん使わな
　　　い。

先生：では、大豆の輸入と国産では
　　　何が違うか？
　　　Ⓒから分かることを言おう。

Ⓒ
輸入と国産を比べると？

輸入の場合　アメリカ
移動距離　11197km
CO_2排出量　39.0g

納豆（主原料の大豆は54gとする）

国産の場合　北海道
移動距離　831km
CO_2排出量　7.5g

児童：アメリカからのほうがずっと遠い。燃料をたくさん使うからCO_2もたくさん出る。
　　　5倍以上だ。

先生：地産地消ならCO_2はもっと少ない。
　　　地産地消に関わる人の話を教科書で読もう。

　　──感想発表の後に…。

先生：君たちもそういう人を探して話を聞けないだろうか。

　　──2で挙がった所の人を呼ぶか聞きに行くか。さあ、教室から学びを離陸させよう!!

工業ってなあに?

▶**授業のねらい**

①農業と漁業との違いをとらえ、工業には材料を製品にする特色があることを理解する。

②工業の果たす役割に気づき、自動車を観察してその生産について課題意識を高める。

▶**板書例**―1の板書の順序については、「授業の展開」を参照したい。

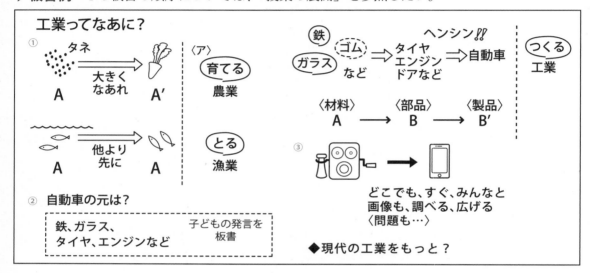

▶**授業の展開：1と2では応答を通して学びを深め、3では身近な素材で盛り上げる。**

1　農業と漁業の特色を比べよう

　　──「タネ⇒ダイコン」の図を黙って板書する。

先生：分かることは？

児童：タネがダイコンになる。　　──大きく頷き、「A⇒A '」と書き加える。

先生：小さなAを大きなA 'にする。これが農業です。

　　──続いて「泳ぐ魚⇒水揚げされた魚」の図を板書。　　先生：分かることは？

児童：魚は魚のまま。大きくなっていない。　　──再び頷き、「A⇒A」と書き加えたい。

先生：自然の魚をとってくればその人のモノ。早い者勝ちの仕事が漁業です。

　　　　もしも畑の大根を早い者勝ちでとったら？

児童：どろぼうだ。警察に捕まる。

先生：では、魚をとる漁師は警察に捕まるの？

児童：捕まらない。　とればとるほど儲かる。

　　──農業と漁業はどこが違うか。意見を聞き、[育てる]（農業）⇔[とる]（漁業）の違い

　　　であることを補説し〈ア〉を板書する。（「育てる漁業」を想起する子がいれば称揚）

　　　共通点は、どちらも自然やいのちにかかわる産業ということであった。

2　工業の特色と役割を知ろう

Ⓐ

　　　──続いてⒶを提示する。

　　　　（オモチャやミニカーを提示しても可）

先生：自動車の元は何か。

　　　──相談⇒発言。

児童：鉄です。窓はガラスでタイヤはゴム。

児童：エンジンもある。ドアもある。

　　　──それぞれの発言に深く共感する。

先生：鉄からエンジンをつくったか、エンジンから鉄をつくったか。

児童：もちろん鉄からエンジンです。

　　　──鉄という材料からエンジンという部品がつくられ、多くの部品が集まって自動車という
　　　う製品ができることを図化して理解させる。

　　　──「材料⇒部品⇒製品」とさらに板書し、「Ａ⇒Ｂ⇒Ｂ '」と書き加える。[育てる] ＝農
　　　　業⇔[とる] ＝漁業に対し、工業には [つくる] という特色があることを押さえる。

先生：メガネは何業に関係？　　児童：工業。

先生：それではパンは？

　　　──小麦（Ａ）が原料でパンが製品（Ｂ '）だから工業。お菓子も食品工業製品である。

先生：**もしも工業がなかったら？**

児童：不便。生活できない。お菓子がゼロ。

　　　──工業は、私たちにとって農林水産業とは別の意味で大きな役割を果たしていた。

3　昔と今の製品を比べると？

先生：では、これはなあに？

児童：人の顔。（笑）昔の電話だ。

　　　──対話を通して、ベル・ハンドル・受話器・送話器の役割
　　　　を確認する。
　　　　百年以上前はまだダイヤルもなく、ハンドルを回して交
　　　　換台を呼び相手につないでもらっていた。

Ⓑ

先生：では、これは？

　　　──スマホを取り出すと湧く。

先生：昔と比べて今の電話について分かることを言おう。

児童：昔は決まった場所からかける。今はどこからでも大丈夫。今はすぐ相手につながる。
　　　　調べたりカクサンできる。仲間で話せる。画像も送れる。音声や画像を保存できる。
　　　　カメラもついている。

先生：スマホなどの工業製品も、それをつくる工業も随分技術が進歩したんだね。
　　　　では、スマホを使うと問題はないの？

児童：ある。悪口も広がる。だまされて被害にあう。

先生：進歩するだけではなく問題も起きるんだね。
　　　　では、これから今の日本の工業のありさまを調べ、その特色を学びあっていこう。

工業製品を探せ

▶授業のねらい

①教室にある製品を選んで5種類に分け、様々な特色をもつ工業をさらに2つに区分する。

②昔と今の生産額の変化をグラフから読み取り、日本の工業の特色について深めあう。

▶板書例—1では工業名だけをノート。実線の〇は青色で、点線の◯は赤色で表す。

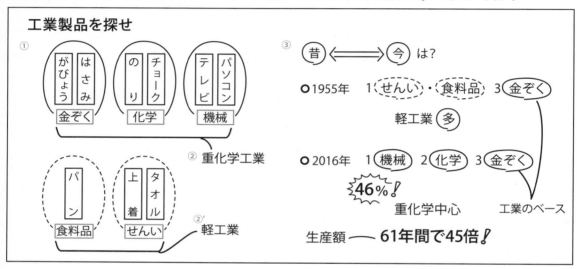

▶授業の展開：教室から探す⇒分類と思考⇒グラフへの着色と読解⇒誰もがどこかで活躍。

●教室内の目だたない場所にある次のような物品に、2つ折りにしたカード（番号とその物品の名称を記入。裏にマグネットシート）を事前に貼っておく。

①テレビ　②タオルの裏　③先生の机上に置いたレジ袋の中のパン　④パソコン　⑤はさみ

⑥のり　⑦先生の上着の内側　⑧がびょう　⑨チョーク（適宜変更）

1　9枚のカードを探して仲間わけ

先生：**教室にある工業製品のカード9枚を探そう。**

　　——立ち歩きOK、「あった」「あと1枚」「ここだあ」どの子も活発に探し回る。

　　　　最後に先生の上着の裏からカードが見つかると大歓声。人数にもよるが、時間は4分程度を予定したい。

先生：探したカードを黒板の右に並べ、左の5つに仲間わけしよう。

　　　「せんいって何？」辞書で調べると、糸や織物のもとであると分かる。「なら、タオルがそうだ」「上着も」「がびょうは金属だ」…考えを出しあい、上の板書例のように仲間わけしたい。

2 工業の大きな区分を知る

　　——**重化学工業・軽工業**と板書。

先生：違いは？　　児童：重いと軽い。化学があるかないか。

　　——"重"とは、大きさの割に重いものを指すと説明。

先生：ここにある5つの工業は重化学と軽のどちらに入るか。

　　　　ノートに書いた工業名を見て、重化学は青色、軽は赤色の〇で囲んでみよう。

児童：機械とがびょうの缶は金属で重いから青。パンやタオルは軽いから赤…等。黒板に貼
　　　付したカードも青や赤で囲んで色分けする。

　　——**教室からモノを探す活動は、大きな視点から工業を分類する学習に発展させたい。**

3 シートの問題に答え、5つの工業の生産額の変化を探る

　　——以前と比べる中で現在の特色を理解。機械の中には情報機器も多いことを押さえたい。

5つの工業の生産額はどう変化したか　　　名前

_____

①重化学工業には青、軽工業には赤色の斜線を引こう。気づくことは？

1955年 (6兆8千億円)	金属 17%	化学 13%	機械 15%	食料品 18%	せんい 18%	その他 19%

(経産省資料)

②1955年の工業生産額ベスト3を書こう。気づくことは？

③重化学工業には青、軽工業には赤色の斜線を引こう。気づくことは？

2016年 (304兆9991億円)	金属 12.9%	化学 17.7%	機械 45.8%	食料品 12.6%	その他 11%

(経産省資料)

④2016年の工業生産額ベスト3を書こう。気づくことは？

⑤1955年と2016年を比べ、日本の工業について気づくことを書こう。

生産額ベスト10を白地図に記して

▶授業のねらい

①工業生産額1位の都道府県を予想し、10位まで白地図に記入して分布の特色をつかむ。

②太平洋ベルトにはなぜ工業地帯・地域が集まるかを考え、それらの名称と位置を把握する。

▶授業の展開：作業⇔説明の切り替えをきっぱり。⑥では板書しながら名称の由来を説明。

1　前時をふまえ、課題を提示して作業学習へ

先生：日本ではどこでどんな工業が盛んなのだろう。

　──シートを配布。

先生：教えあって①を行い、それができたら②に予想を記入しよう。

　　　記入できたら挙手。先生が「ハイ」と言ったら手を降ろす。

　──理由があれば発表。

児童：北海道は広いから生産額も多くなる。東京は日本の中心だから多い。愛知はたくさん

　　　自動車をつくるから多い。沖縄は外国に近くて製品を売りやすいから。…等。

先生：では、正解は…。

　──間をあける。

2　2016年の工業生産額1位から10位までの都道府県は？

先生：10位から順に確かめよう。まず10位は…。

　──これだと思った都道府県名をどんどんつぶやかせる。

先生：三重。

児童：えー？　やったー！　…等。

　──続いて1位まで順に地図帳の統計欄等で調べさせ、③に記入させていく。

　　　〈9位広島　8位茨城　7位千葉　6位埼玉　5位兵庫　4位大阪　3位静岡　2位

　　神奈川　1位愛知〉

児童：愛知がダントツ。2位の2倍以上。自動車をたくさんつくるからだ。…等。

　──自動車産業は関連工場が大変多い。東京は8兆843億円で14位。北海道は6兆1414

　　　億円で17位。沖縄は47位で4620億円であった。

3　工業地帯・工業地域はどこに？

先生：地図帳を見て、1位〜10位の都道府県をシートの地図に赤くぬろう（④）。

　──「つながっている」「日本海側に10位以上はない」等に気づくであろう。

先生：つまり、太平洋側に工業の盛んなところが帯のようにつながっている。

　──続いて⑤「太平洋ベルト」の範囲を地図に線で囲ませ、気づきや疑問を発表させる。

児童：太平洋ベルトの中にいろいろな工業地帯がある。工業地域も…。

先生：工業地帯と工業地域の違いは？（軽く投げかけ）

——あまりひっぱらない。「地帯」では80年以上も昔から工業が発達し、「地域」では太平洋戦争後に広い範囲に工業が発達したと押さえる。

先生：なぜ太平洋側に多いの？

——考えを出させて教科書等で確認。太平洋に面しているので原料の輸入や製品の輸出にも便利だと気づかせる。また、海の近くだと埋立てで広い工場用地ができるのであった。

最後は、シートの⑥に答えを記入させ、なぜそう名付けたかを地名から考えさせたい。

工業の盛んなところとは？

名前 _____

① 沖縄・愛知・東京・北海道を下の地図で探し、黒で斜線を引こう。

② 工業生産額日本一の都道府県を予想して○をつけよう。

　沖縄（　）・愛知（　）・東京（　）・北海道（　）

③ 都道府県の工業生産額の順位（円）

1 45兆2千億	2 16兆4千億	3 16兆3千億	4 16兆2千億
5 15兆2千億	6 12兆9千億	7 11兆5千億	8 11兆3千億
9 10兆60億	10 9兆9千億	(2012年 経済産業省)	

④ 工業生産高1位～10位の都道府県を上の地図に赤くぬろう。

⑤ 地図帳で「太平洋ベルト」を探し、上の地図に ▭ のかたちで記入しよう。

気づくことや知りたいことは？

⑥ 1 東京・横浜⇒（　　）（　　）工業地帯　　2 愛知⇒（　　　　）工業地帯

　 3 大阪・神戸⇒（　　）（　　）工業地帯　　4 福岡⇒（　　　　）工業地帯（地域）

　 5 東京・千葉⇒（　　）（　　）工業地域　　6 静岡⇒（　　　　）工業地域

　 7 広島・岡山・愛媛・香川⇒（　　　　）工業地域　　8 新潟・富山⇒（　　　）

　 工業地域　　9 埼玉・群馬・栃木・茨城⇒（　　　　）工業地域

つながる工場

▶授業のねらい

①約80年間に世界の自動車生産ベスト３が激変し、日本が３位に成長したことをつかむ。

②日本の自動車工業がどこに集中し、多くの関連工場がどう生産を支えているかを知る。

▶板書例──18枚のカードは裏にマグシートをつけて順不同で貼付。最低４つは筆記させる。

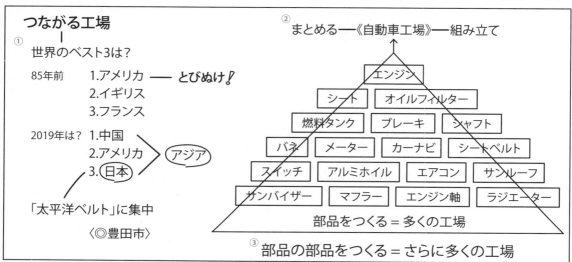

▶授業の展開：日本の自動車生産の急増に驚き、地図とカードを見て工場間の関係の発見へ。

1 自動車の生産はどう変化したか

──Ⓐを提示する。85年余り前の生産台数である。数字を読ませ、気づくことを発表。

児童：**アメリカが２位のイギリスの約10倍。**

日本は何台生産していたか？

──自由に予想させた後に「５」と数字を記入。現在とのギャップに驚かせて関心を高める。

Ⓐ 世界の自動車生産（1934年）

	国　　名	台数（千）
1	アメリカ	4453
2	イギリス	481
3	フランス	203
?	日　本	

（『日本国勢図会』昭和13年版）

先生：①2019年の日本の生産台数を予想しよう。

②2019年の世界自動車生産ベスト３の国を予想しよう。

──相談⇒発表。①の答えは9215千台。1934年から２千倍近い増加である。日本の自動車工業がいかに発達したかが分かる。②は様々な国名が出て盛り上がる。正解は１位が中国（25720千台）、２位はアメリカ（10880千台）で日本は３位。世界の自動車生産地図は85年前と大きく塗りかわっていた。

先生：今の日本で一番多く自動車をつくる会社は？

── 2019年の１位はトヨタ自動車で、全体の37％・341万６千台を生産した。

2　地図から探そう　「自動車の名産地」

先生：では、それらの自動車は日本のどこでつくっているか？

　　　地図帳で「④工業の分布」を探し、自動車部品の記号27個をマークしよう。

　　　──作業⇒つぶやきを取り上げて共有化。

児童：東京近くにも多い。愛知とその周りに6つもある。豊田もある。

　　　──作業には全員が夢中になる。17が太平洋ベルトの中にあった。

先生：地図帳に愛知県がもっと大きく載るページはないかな？

児童：あったー、P ○○。

先生：**愛知県内の自動車工場・自動車部品工場等に印をつけよう。どんなところにあるか。**

　　　──「豊田の近く」「田んぼの中」「田原の工場は海のそば」

　　　豊田市近くの自動車工場は他の部品工場と道路でつながっていることも分かる。

先生：自動車の部品の名前を20まで挙げてみよう。

　　　──自由に言わせ、教師は用意した⑧のカードの中から児童が発表したものを板書②のように貼っていく。（予備として白紙のカードも5、6枚準備）

先生：**それらは自動車のどこに使われるか。**

　　　──ⓒのような内部構造図を投影し、対照しながらかんたんに説明したい。

⑧ 用意しておくカード（部品製作用金型は除外）

シャフト	シート	オイルフィルター
燃料タンク	シートベルト	ブレーキ
バネ	メーター	カーナビ	スイッチ
アルミホイル	エアコン	サンルーフ
サンバイザー	マフラー	エンジン軸
ラジエーター	エンジン	白紙のカード

3　関連工場が支える自動車工業

先生：黒板の図を見て分かることは？

児童：**全部の部品が自動車工場に集まる。**

先生：いろいろな工場が協力してピラミッド型でつながっているんだね。

　　　──**関連工場（下請け工場）**という言葉で押さえる。

先生：ⓒでエンジンを見て気づくことは？

児童：ごちゃごちゃしている。

　　　いろんな部品がついている。

　　　──自動車も約3万の部品のかたまりだが、エンジンもまた500〜1000、多いものでは約1500の部品が必要だという。

先生：すると、エンジン工場の下にも多くの工場が…。

児童：ある。

先生：だから、自動車に関係して働く人が…。

児童：多い。

　　　──**自動車産業のすそ野の広さを再確認したい。**

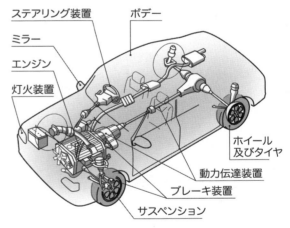

ⓒ

ステアリング装置　　ボデー
ミラー
エンジン
灯火装置
ホイール及びタイヤ
動力伝達装置
ブレーキ装置
サスペンション

📖　このあと駐車場に行き、休み時間にかけて教師の自動車のボンネットを開けて観察。気づくことを言わせる。（人数が多い場合は、他の教師の自動車も借りる）本単元では、自動車工場だけでなく自動車工業全体を学習することを心得ておきたい。

ロボットと人間・仕事比べ

▶授業のねらい

①工場では多くの自動車をいかに速く生産するかを知り、その面積や人数を自校と対比。

②工場には広い面積と多くの労働者が必要な理由を探り、大量生産のしくみを理解する。

▶板書例

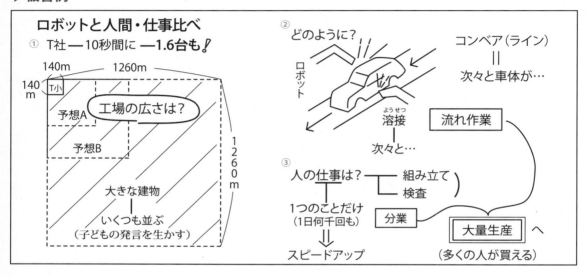

▶授業の展開：生産台数や工場の広さに驚き、絵図や3択問題で大量生産のしくみに迫る。

1 学校と自動車工場を比べると？

先生：**自動車会社では約3万の部品を組み立てる。1日に何台の自動車をつくるか。**

　　──自由に予想。例えばトヨタでは1日に平均1万3800台（2013年）をつくる。1時間では575台・1分間に9.6台。10秒間に1.6台ができる計算だ。

先生：数えてみるよ。1、2、3…7。ハイ、もう1台できました。　　児童：おおー。

先生：**あの複雑な自動車をどうやればこんなに速くつくれるのか。**

　　　自動車工場にはそのためのどんな工夫があるか。まず、君たちの学校の土地の広さを□で表す。（例・熱海市立多賀小学校は1万9600㎡なので14cm×14cmの正方形の紙を貼る）

　　　豊田市にある元町工場の広さはどれくらいか。

　　──例えば右のように予想を何人かに板書させる。賛成意見に挙手させ全員参加を図る。

　　　正解は159万㎡だ。黙って126cm×126cmの正方形を板書すると驚きの声が挙がる。（模造紙に書き、拡げて貼るとさらに迫力が増す）。多くの教科書には自動

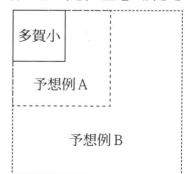

車工場の航空写真が載っている。気づきを発表させ、その広大さを実感させたい。

先生：多賀小の子どもは372人。（自校に置きかえ）元町工場で働く労働者の数は？

——「ロボットがやるから少ない」と考える子もいるが、正解は7391人で多賀小の20倍近い。**自動車の生産にはなぜこれほど広い土地と多くの人手が必要なのだろうか。**

2　工場ではどのように自動車をつくっているか？

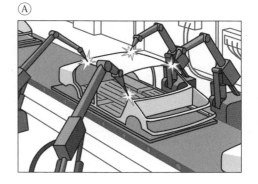

——Ⓐを提示して気づきを発表させたい。

児童：人がいない。ロボットがやっている。車体をつくっている。

——溶接という鉄板と鉄板を熱でくっつけてつなぐ仕事はロボットが行うのだ。

つくりかけの自動車がベルト（コンベア）に載って進んでいくことも分かる。

機械は定位置に置かれ、ベルト（ライン）の上を車体が次々と流れてくるのを待ち受けて次々と溶接。これが流れ作業というシステムである。

先生：ラインの長さはどれくらいか。

——予想。会社や車種によっても違うが、**157ｍ、あるいは700ｍ等と長大だ。**自校の運動場の幅と比べたい。多くの工場には、他にエンジン、車体の組み立てや色塗り（塗装）のライン等もあるので広い面積が必要なのであった。

3　大量生産のためのしくみとは？

先生：では、ここに見えないたくさんの人間の仕事は何か。

——意見が出れば選択肢に入れ、出なければ例えば次の３つを提示する。

①ロボットの操縦　②部品の取り付け　③ロボットと一日交代

どれに賛成するか挙手をさせ、理由も発表させたい。

先生：答えを教科書の写真から探そう。〈教科書の資料的活用〉

——**１冊の教科書を隣りの人と見る。自然に対話が生まれる。**

児童：エンジンの取り付け。部品の取り付け。組み立てている。検査も。

——それらの複雑な仕事に膨大な人手がかかる。答えは①②であった。

先生：ロボットと人間の仕事はどう違うか。

児童：**人間はロボットにできないビミョウな仕事をしている。**

先生：組み立てと検査は同じ人？

児童：別の人。

つまり、**個々の労働者は受け持つ仕事だけを何千回も繰り返す。これが分業だ。**

先生：分業するとスピードは？

児童：慣れて速くなる。能率がいい。

—— **10秒に自動車1.6台ができるのは、分業と流れ作業のためだ。**こうした方法で同じ**製品を速く多くつくることを大量生産といい、**自動車工業の大きな特色であった。

自動車ができるまで

▶**授業のねらい**

①⑦〜⑰に適切な語句を記入して、自動車の組み立てにはどんな仕事が必要か理解する。

②ペアでカードを並び替えて自動車組み立ての順序を考え、労働の内容に関心を高める。

▶**授業の展開：明確な指示と黒板貼付カードへの集中で、作業と学習をてきぱきと切り替え。**

1　どんな仕事があるのかな？

——大量生産の自動車はどんな順序で組み立てられるかと問い、下のシートを配る。

◆**自動車ができるまで**　　　　　　　　　　５年　　組　名前＿＿＿＿＿＿＿

| ⑦（　　　　　） | ⑦（　　　　　） | ⑦（　　　　　） | 語　句 |

⑦（　　　　　　　）　　⑦（　　　　　　　）　　⑦（　　　　　　　）

語　句

塗装（とそう）

組み立て

出荷

プレス

検査

溶接

⑦（　　　　　　　）　　⑦（　　　　　　　）

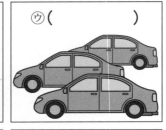

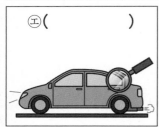　　　　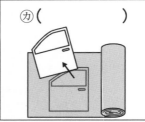

①右上の語句を⑦〜⑰の（　）に正しく入れよう。

②意味の分からない語句があれば書き出し、手を挙げて質問しよう。

③⑦〜⑰の記号を、自動車ができる順序にしたがって下の〈　〉に記入しよう。

　1〈　　〉⇒2〈　　〉⇒3〈　　〉⇒4〈　　〉⇒5〈　　〉⇒6〈　　〉

④いちばん大変な仕事は何だと思うか。理由も考えよう。

先生：教科書を見ずに①の問題に取り組み、分からない語句は質問しよう。

　　——相談・作業。しばらくたつと手が挙がる。

児童：プレスって何ですか。

　　——深く頷いて**プレス**と板書する。

先生：ハイ、一時ストップ。いい質問が出ました。他に意味の分からない語句は？

児童：**塗装**。

先生：では、プレスの意味が分かる人は？　　——何人かが挙手。

先生：すばらしい。塗装の意味が分かる人は？

　　——また何人かが挙手。2、3名を指名して説明させ、補説を加える。

　　このように子ども⇔子どもの対話をつくって答えあわせにつなげたい。

　　〈㋐・溶接　㋑・組み立て　㋒・出荷　㋓・検査　㋔・塗装　㋕・プレス〉

2　㋐～㋕を正しい順序に並びかえ

先生：㋐～㋕をはさみで切り離してバラバラにしよう。

　　2人ともできたら、相談しながら㋐～㋕を自動車のできる順序に並べよう。

　　その答えを③の〈　　〉に書き入れよう。

　　——子どもは次々とペア作業に移っていく。

先生：あのペアはいつも以上によく相談。このペアはすばやく並べ替えている。

　　——進行を見守りながら優れた表れを響く声で評価したい。早くできたペアには、④の答えを考えさせておく。3分の2以上のペアが終わったところで…。

先生：ハイ、やめ。

　　——手は机の下と指示。拡大した㋐～㋕のカード（事前に作成）を黒板の右側に縦2列で貼付し、子どもの視線を集中させる。

先生：○○さんたちのペア、いちばん最初の答えは？　　児童：㋕です。

　　——前半は、途中まで終わっているペアを指名して成就感を味あわせる。

先生：いいと思う人は？

　　——サッと挙手させ他の子も引きこむ。教師は㋕のカードを選んで黒板の中央に貼っていく。以下同様に並べていくと、**自動車のできる順序は次のように視覚化される。**

先生：本当にこれでいいね？　ノートに貼って間違っていたら、もう直せないよ。

児童：えー、ちょっと待って。　　先生：では、教科書で最終的に確認しよう。

　　——自ら確かめさせることで定着率はさらに高まる。〈教科書の検証的活用〉

3　労働の内容に関心を高める

先生：教科書を見て、一番大変な仕事は何だと思うか。

児童：組み立て。仕事を立ったまま1日中続けるから。

児童：検査。間違わないよういっしょうけんめいやるから。

先生：では、次の時間は自動車工場で働く人たちとその仕事について学習しよう。

　　——残りの時間で㋐～㋕のカードを順次ノートに貼らせる。

　　次時等に、自動車の組み立ての様子をDVD等で視聴させるとさらに理解が深まる。

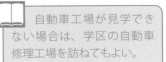

自動車工場が見学できない場合は、学区の自動車修理工場を訪ねてもよい。

働く人の苦労と工夫

▶授業のねらい

①自動車工場の労働者は週ごとに２交代で働くことを資料から学び、その苦労に気づく。

②工場での仕事にはどんな努力や工夫があるかを探り、さらに聞きたいことを考える。

▶板書例―２、３の板書は子どもの発言を生かして自由に改変したい。

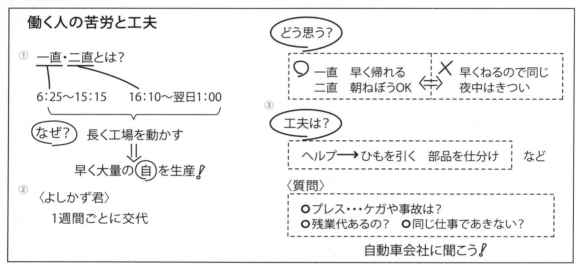

働く人の苦労と工夫

① 一直・二直とは？

　6:25〜15:15　　16:10〜翌日1:00

（なぜ？）　長く工場を動かす
　　　　　　⇓
　　　早く大量の㉛を生産！

② 〈よしかず君〉
　　　1週間ごとに交代

（どう思う？）

🙂一直　早く帰れる　　✕早くねるので同じ
　二直　朝ねぼうOK　⇔　夜中はきつい

③（工夫は？）

　ヘルプ→ひもを引く　部品を仕分け　など

〈質問〉

❍プレス・・・ケガや事故は？
❍残業代あるの？　❍同じ仕事であきない？

自動車会社に聞こう！

▶授業の展開：カレンダーに○をつけ交代勤務の苦労を想像。談話は線を引いて読みとる。

1　一直と二直はどこが違うか

──導入に右のⒶⒷを
配布する。

先生：Ⓐの一直・二直の
□に違う色の斜線
を引こう。一直・
二直とは何か。

児童：働く時間だと思
う。一直は始まり
が朝早い、二直は
夜中も働く。

先生：それぞれ何時から
何時まで働くの？
── 一直は朝６時25
分から午後３時

Ⓐ

午前
6
7
8
9
10
11
12

10分の休み
45分の休み

10分の休み

一直（ファーストシフト）

午後
1
2
3
4
5
6
7
8
9
10
11
12

10分の休み
45分の休み

10分の休み

二直（セカンドシフト）

午前
1
2
3
4
5
6

Ⓑ 2015年8月〜9月へ

日	月	火	水	木	金	土
						1
2	3	4	5	6	7	8
9	10	11	12	13	14	15
16	17	18	19	20	21	22
23	24	25	26	27	28	29
30	31	1	2	3	4	5

働いているよしかずくんの場合
一直は3〜7、17〜21、31〜4で、
二直は10〜14、24〜28である。
カレンダーを違う色の○でかこもう。

15分まで。二直は午後4時10分から夜中の1時まで…これが正解である。近い答えが出ればよしとしたい。

先生：この自動車会社で働くよしかず君（担当教師名に変更）は、家から仕事場まで1時間30分かかる。一直の時は何時に家を出るか。　　児童：朝の4時55分。

先生：二直の時は何時に家に帰るか。　　児童：夜中の2時25分。

──**自動車を早く大量に生産するため、2交代で工場を長時間動かすしくみに気づかせる。**
（教科書に勤務表があれば、代わりに活用しても可）

2　カレンダーに○をつけて分かることは？

先生：一直の人が次の日も二直で働くの？　　児童：違う。交代する。

先生：**よしかず君はどう働くか。Ⓑの指示に従ってカレンダーに○をつけよう。**（作業）

先生：分かることは？　　児童：一直・二直が1週間交代。

先生：こうした働き方をどう思う？

──反応があれば『なぜ？』と問いかける。反応が乏しければ次のように問う。

先生：いいと思う人は？　　──挙手⇒指名。

児童：一直は早く帰れるからいい。

先生：いやだと思う人は？　　──挙手⇒指名。

児童：早く帰れるけど早く寝るから同じ。夜明けに起きるのが大変。テレビが見られない。

──一直だと、朝早く出るので家族と一緒の朝食は無理。二直は帰るのが夜中なので夕食が家族と食べられない。家族が朝食の時も寝ているだろう。一直も二直も**1週間ごとの生活リズムの切りかえが大変だ。自動車をつくる労働者には、こうした苦労があること**に気づかせたい。

3　工夫を知り、さらに聞きたいことを出す

──自分たちと自動車づくりとの距離が縮まったところで、

先生：工場での仕事にはどんな努力や工夫があるか。予想の後、教科書にある働く人の話に線を引いて発表しよう。

──2、3分後に発表。関連写真も参照。「つける部品の仕様書を1台ずつ貼る」「部品を仕分けする」「問題が起きるとひもを引く」等の工夫が見つけさせる。

最後に、**自動車工場の仕事についてさらに聞きたいことを出させたい。**

・プレス等で機械にはさまれることはないか。
・流れ作業で急にトイレに行きたくなったら交代してもらえるか。
・残業したら、残業代をくれますか。
・同じ仕事していてあきませんか。別の仕事に移ることはあるの？
　子どもからは例えばこうした質問が出る。自動車工場に聞いて答えてもらったり、見学の事前学習として尋ねたりして、労働生活をさらに具体的につかませたい。（労働組合への取材も1つの方法。会社とはまた違う答えが示される）賃金については期間社員募集のサイトが1つの参考になる。
　キャリア教育の必要性が叫ばれる現在、様々な角度から工場労働のありさまをイメージ豊かにとらえさせる実践が小学校でも求められている。

がんばる関連工場

▶授業のねらい

①自動車会社とシート工場の相互関係を知り、生産の様子を組み立て工場と対比する。

②自動車生産を支える工場間の多様なつながりを学び、在庫減少と輸送の工夫を考える。

▶板書例

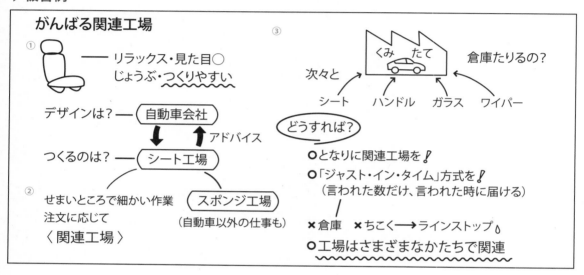

がんばる関連工場

① ── リラックス・見た目○
　　じょうぶ・つくりやすい

デザインは？ ── 自動車会社

つくるのは？ ── シート工場　　アドバイス

② せまいところで細かい作業
注文に応じて　　　スポンジ工場
〈関連工場〉　　（自動車以外の仕事も）

③　　くみ　たて　　倉庫たりるの？

次々と　シート　ハンドル　ガラス　ワイパー

どうすれば？

○となりに関連工場を♪
○「ジャスト・イン・タイム」方式を♪
　（言われた数だけ、言われた時に届ける）
✗倉庫　✗ちこく──→ラインストップ♪
○工場はさまざまなかたちで関連

▶授業の展開：「座りたいシート」で盛り上げ、「工場比べ」で対話促進、最後は考えさせる。

1　どんなシートに座りたい？

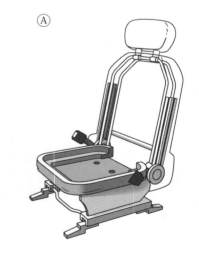
Ⓐ

先生：**これはなあに？**　　──Ⓐを提示。

児童：自動車のシートです。シートの骨組み。

先生：**いいですか？**　　──全員に確認。

先生：**これがないと？**

児童：座れないので不便。自動車に乗れない。

先生：では、君たちの座りたいのはどんなシートかな？

　──相談⇒発表。

児童：座りやすい。（疲れない）

　　　丈夫、見た目がいい。（デザイン・色）

　──どれにも大きく頷き…。

先生：**つくる人にとって大事なことは？**

　──それはつくりやすさである。そのことが価格の安さにもつながるのだ。

先生：**座席のかたちやデザインを考えるのはシート工場である。ホントかウソか。**

　──どちらかに挙手して理由の発表へ。

児童：ホント。つくる人が考えた方がつくりやすい。

児童：ウソ。考えるのは自動車会社で、工場はそれをつくる。

　　——実際は、**自動車会社の考えをもとに、それをつくる立場からシート工場が意見を言って決めていく。これはハンドルやタイヤ等も同じ。自動車会社やその組み立て工場とこうした関係を持つ工場を関連工場という。**

2　関連工場の網の目に気づく

先生：シートはどうやってつくるのかなあ…。

　　——軽く投げかけ、みなが考え始めたところで…。

先生：シートをつくる様子と自動車の組み立てを比べよう。

　　——隣の者どうし教科書のそれぞれのページを開いて対比。

児童：自動車の組み立ては大がかり。シートの方は工場が狭い…等。

　　——働く人数は愛知県のMシート工場では180人ほど。

　　　先に学んだ組み立て工場の7391人よりずっと少なかった。

先生：違いだけでなく共通点もありそうだね。

児童：両方とも細かい作業が多い。大量生産は同じ…等。

先生：**シートに使われる座り心地をよくするスポンジはどんな工場でつくられるか。**

　　——間をおいて⑧を指名読み。　　　⑧

　　　〈　　　〉は70人が正解。

先生：この会社のすごいところは？

児童：自動車以外の仕事もする。

　　　しかもたった70人で。

　　——自動車生産ピラミッドに入っていないこうした関連工場にも着目させる。自動車工業の裾野はさらに広がっていた。

> ⑧　T社は東京にあるゴム・スポンジのメーカーで、50年ほど前につくられた。最初はビルの防水や自動販売機に使うゴム材等をつくっていた。その後は自動車や電気製品に使うスポンジやゴム部品も生産。今はアメリカにも工場を持っている。
>
> 　国内の工場で働く人は約〈　　　〉人。自動車部品だけでなく、他の仕事をしながら自動車に必要なものもつくる。そうした多くの工場が網の目のようにつながってはじめて、自動車の生産ができるのであった。

3　広い倉庫はいらないよ

先生：組み立て工場に集められて1つの自動車になる部品を思い出そう。

児童：シート。タイヤ。ハンドル。エンジン。…等。

　　——子どもに言わせながら板書。大量の部品の集中を確認して、次のように問う。

先生：ためておく倉庫をつくらず、でも足りない部品がないようにする方法はあるかな。

　　——1分間相談。様々なアイデアが出る。どの意見も否定しない。

先生：では、教科書で正解を探そう。〈教科書の検証的活用〉

　　——**「組み立て工場の隣に部品工場をつくる」「ジャスト・イン・タイム方式」**（指定された時刻に指定された数をトラックでぴったり届ける。遅れたらラインが止まるので遅刻厳禁。届ける方は大変。工場前の道は待ち車が並ぶ。）等の工夫が見つかる。

　　　最後は、教科書でシート工場の人の話を読んで気づいたことを発表させたい。

買った人まで届けるしくみ

▶授業のねらい

①写真をもとに運搬船の広さを思い浮かべ、自動車の輸送がどう行われるかを理解する。

②日本の自動車がどれだけ輸出されるかを知り、主な相手国の変化を表から読み取る。

▶板書例

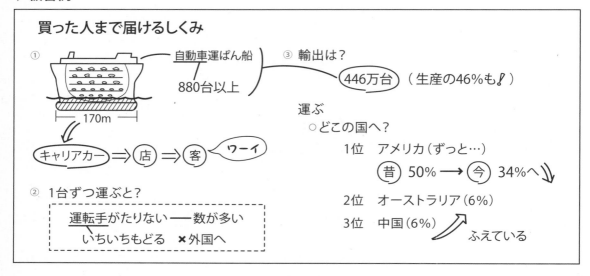

▶授業の展開：まさかの運搬船から輸送・輸出へ進み、国々との関係の変化に目を開く。

1 つくった自動車はどこへ？

　　——黙って Ⓐ を提示。

児童：柱が上にいっぱい。天井低い。人がなにかしている。床にでっぱり。

　　——笑顔で頷いて問う。ここはどこ？

児童：駐車場？ ビルの地下？ 船の中？

　　——正答が出ても表情を変えない。

先生：本当は…。

　　——子どもを見渡し、間を5秒おいてから Ⓑ を提示。

児童：やっぱり船だ。船の中だ。前にある自動車を全部船に積むの？

　　——この日王丸は自動車運搬船で長さは169.95 m。乗用車だけでも880台を収容する。（5000台積む船もある）Ⓐのように、船がゆれてもぶつからないように1台1台を突起にワイヤーで固定する。作業員が車間30〜50㎝で次々船内に停める技を映像で見せると驚嘆する。

自動車はつくって終わりではない。
大量に製造した後は、たとえばこうし
た運搬船に積まれて世界各地に運ばれ
ていった。
各社の教科書にある運搬船の写真・作
業員の談話等も参照させたい。

Ⓑ

2 なぜキャリアカーを使うか

先生：では、工場や港から店（販売店・営業所）まではどうやって運ぶの？

児童：キャリアカー。教科書に写真がある。　先生：ほお〜、どこに？

児童：○○ページです。（各社によって相違）

　──教師が指示せず、子どもに言わせる。

先生：そのページを開こう。こうした車を見た人は？

　──挙手と指名・発表により、身近な体験を引き出したい。

先生：なぜ、工場から１台１台運ばないの？

児童：台数が多すぎ。運転手が足りない。１台ずつだと運んだ先から戻ってくるのが大変。
　　　まとめて運んだ方が安い。…等。

　──そこで、大量生産される自動車を運搬船とキャリアカーで運び、買った人にまで届け
　るしくみがつくられたのであった。（離島等の場合は、島まで届くしくみを探らせたい）

3 輸出はどこへどれくらい？

先生：外国へは何台くらい自動車を輸出するか。それはつくった自動車の約何％か。

　──自由に予想。2019年の輸出は460万911台で、国内生産台数921万5478台の約半数・
　　49.9％を占める。（日本自動車工業会）運搬船はその膨大な自動車を運んでいた。

先生：日本はどこの国に多く自動車を輸出しているか。金額でベスト３を当てよう。

　──ここも１位から気軽に予想。アメリカや中国が挙がることが多い。

先生：答えはここにある。

　──Ⓒを提示。

先生：表から分かることは？

　──２分間の思考。
　　メモも可⇒発表へ。

児童：アメリカがずっと１位。
　　　でも、％は下がった。オー
　　　ストラリアは３位か２位。
　　　ドイツやロシアが外れて中
　　　国が入ってきた。金額が倍
　　　以上になった。

Ⓒ　日本の自動車輸出先の国ベスト３の移りかわり

	1995年 49797億円	2006年 122995億円	2019年 119712億円
1位	アメリカ （41.5％）	アメリカ （42.9％）	アメリカ （35.8％）
2位	ドイツ （6.6％）	オーストラリア （5.5％）	中国 （6.6％）
3位	オーストラリア （4.9％）	ロシア （5.0％）	オーストラリア （5.9％）

(財務省貿易統計)

　──つくった自動車の行き先がさらにはっきりして、国々とのつながりや時代による変化
　も分かってくる。日本の輸出入について学ぶ際の伏線としたい。

広がる海外生産

▶授業のねらい

①海外生産が急増して国内生産を超えた事実をつかみ、アメリカを例にその理由を考える。

②日本車の海外生産が多い国を予想し、アジアを中心に広く世界に広がることに気づく。

▶板書例

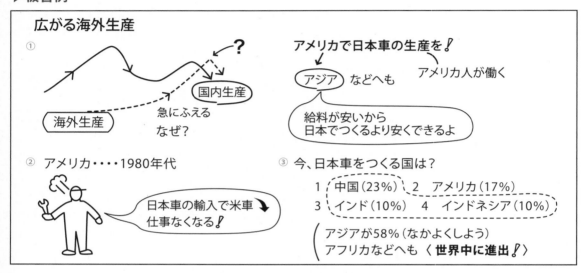

広がる海外生産

① ？

国内生産

海外生産　急にふえる　なぜ？

アメリカで日本車の生産を！

アジア　などへも

アメリカ人が働く

給料が安いから
日本でつくるより安くできるよ

② アメリカ‥‥1980年代

日本車の輸入で米車
仕事なくなる！

③ 今、日本車をつくる国は？

1　中国（23%）　2　アメリカ（17%）

3　インド（10%）　4　インドネシア（10%）

アジアが58%（なかよくしよう）
アフリカなどへも〈世界中に進出！〉

▶授業の展開：グラフは順次提示。広がる生産を付せんと世界全図で視覚的に理解させる。

1　三つのグラフを重ねると？

　　——Ⓐ日本の自動車生産グラフを提示。

　　　気づきの発表へ。

児童：〈ア〉が増えると〈イ〉も増加。

　　　山のかたちが似ている。

　　　——２つのグラフの関係を読みとれたら次に

　　　Ⓑを提示。Ⓐに〈ウ〉を重ねて投影して

　　　も可。一度に３つ示すより読みやすい。

児童：急に増えていく。ついに〈ア〉を抜く。

　　　〈ウ〉の答えはなあに？

先生：何だと思う？（切りかえす）

児童：外国でつくる日本車かなあ？

先生：みんなはどう思う？（戻す）

　　　——半信半疑の顔もある。

先生：日本の会社は国内より外国で多くの自動

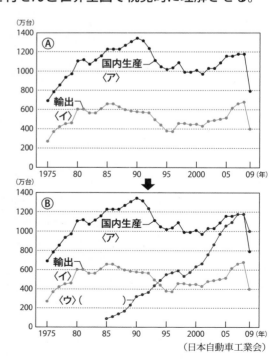

（日本自動車工業会）

車を生産…本当にいいですね？

　　　──ゆさぶった後、どちらかに挙手させさらに関心を高める。

先生：では正解は？…みなの顔を見渡し、サッと 海外生産 のカードを示したい。

2　なぜ日本車をこわすのか

先生：なぜ海外生産は急に増えたか。そのきっかけは？

1980年代にアメリカの自動車会社で働く人々が行ったパフォーマンスを知ろう。

　　　──Ⓒを提示。

児童：日本車を壊している。なぜ？

　　　──ここでⒷを再提示。

先生：80年代に日本からの輸出は？

児童：伸びている。

　　　──安くて性能がよく小型で米車よりガソリンを使わないか
　　　　らよく売れるようになったのだ。

先生：すると米車の売れ行きは？　　児童：減る。

先生：自動車関係の人たちの仕事は？　　児童：減る。

　　　──そう考えた人たちがⒸを行ったのであった。

先生：でも、アメリカでアメリカ人を雇って日本車をつくれば？　　児童：文句なし。

　　　**──他方でアジア等の地域は、働く人の給料が日本より安いのでつくる自動車の値段も安
　　　　い。そこで日本車の海外生産が急増し、ついに国内生産を上回った。**

3　海外生産はどこの国で多いか

先生：では、日本の自動車海外生産ベスト4の国を自由に予想しよう。

　　　──1分間待つ。その間に世界全図を教室前面に掲示。

先生：10人だけ指名します。　　児童：アメリカ。中国…。

　　　──挙がった国の位置を地図上で確かめ、仮に付せんを貼っていく。

先生：正解はこれです。分かることは？

　　　──右のカードを提示。

児童：やっぱり**中国が1位**だ。インドもすごい。インドネシアも。

　　　──これらの国に異なった付せんを再貼付。

先生：1、3、4位はアジアの国だね。**アジアは海外生産全体
　　　の57.9％を占めている。**

1位	*中国* 22.7%
2位	アメリカ 17.3%
3位	*インド* 10.5%
4位	*インドネシア*
	10.0%

（2011年 12社計 自工会）

📖 5位メキシコ・イギリス（5.1%）7位カナダ（4.8%）8位マレー
シア（3.2%）9位台湾（2.3%）10位ブラジル（1.7%）11位南ア（1.6%）
12位パキスタン・ハンガリー（1.2%）

※斜字はアジアを表す。マーキングさ
　せても可。

　　　──続いて教師は、12位までの国々の位置に順次付せんを貼っていく。

児童：すごい。**世界中に広がっている。**

先生：だから、国内生産より増えた。だから、〈ウ〉の折れ線がどんどん伸びた。

　　　──グラフの背景にある事実を確認して授業をまとめたい。

安全でやさしい自動車を

▶授業のねらい

①自動車が増えても事故死者が減った理由を考え、安全性向上のための多様な工夫を知る。

②自動車の激増がどんな問題を生んだかを知り、人々の願いに応える解決策を考える。

▶板書例―１、３の板書には、とくに子どもの発言を活かしたい。

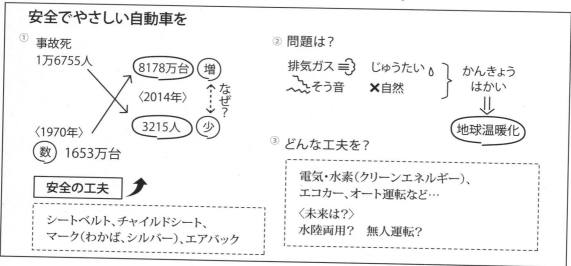

安全でやさしい自動車を

① 事故死
1万6755人
8178万台 増
〈2014年〉
なぜ？
〈1970年〉
数 1653万台
3215人 少

安全の工夫 ↗

シートベルト、チャイルドシート、
マーク（わかば、シルバー）、エアバック

② 問題は？

排気ガス じゅうたい
そう音 ✕自然 } かんきょう
はかい

地球温暖化

③ どんな工夫を？

電気・水素（クリーンエネルギー）、
エコカー、オート運転など…
〈未来は？〉
水陸両用？　無人運転？

▶授業の展開：自動車数↑・事故死者数↓を視覚化して対比。教科書は検証と知識獲得に活用。

1　さらに安全な自動車を！

先生：自動車は物も人も遠くまで楽に速く運べる。
　　　1970年に約1653万台あった日本の自動車は、
　　　2019年には何台になったか。

　　――数人に思いつきを言わせ、一呼吸おいてから⒜
　　　を提示する。

児童：すごく増えた。

　　――答えは約8178万台。（自動車検査登録情報協会）

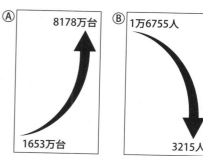

⒜ 8178万台 1653万台

⒝ 1万6755人 3215人

先生：**1970年の交通事故死者は１万6755人。2019年はどうなる？**

　　――「増えた」「減った」「同じくらい」とのつぶやきが聞こえる。
　　　どれかに挙手させ、10秒後に⒝を提示したい。⒜の画像に⒝をクロスさせても可。
　　　答えは3215人である。（1948年の統計開始以来最少）

先生：分かることや疑問は？

児童：**自動車はグンと増えたのに、事故死者はガタッと減った。**

児童：普通なら増えるはず。**なぜこんなに減ったのか。**

──Ⓐ↔Ⓑのゆさぶりにより、子どもの側から課題が出てくる。

先生：交通ルールを守る人が増えた。信号・歩道等が整ったのも理由の１つだ。

でも、自動車自体も進歩した。今の自動車には安全のためどんな工夫があるか。

──エアバック、シートベルト、チャイルドシート、わかばマーク、シルバーマーク、等気づく範囲で発表させる。詳しい子がいれば、自動ブレーキ、衝突安全ボディ、車間距離制御機能、等も出る。

現代の自動車には、安全のための工夫がぎっしり詰まっていることに気づかせたい。

2　自動車が生む問題とは？

先生：**自動車が増えると、事故の危険の他にどんな問題が起きるか。**

──相談⇒発表。

児童：排気ガスで空気が汚れる。（大気汚染⇒地球温暖化）道が混む。（渋滞）音がうるさい。（騒音）どこでもやたらに走って自然が壊れる。（環境破壊）

──個々の意見に対応して、右のような画像を示す。

すると、「○○へ行った時に渋滞で困った」等、自己の体験も思い起こす。問題点が相互に関連していることにも気づかせたい。

3　新しい自動車の工夫とは？

先生：このままでいいの？　　児童：だめ。

先生：**では、人々の願いに応えて会社はどんな自動車をつくり始めていると思うか。**

──相談⇒ノート記入⇒発表。

児童：電気自動車。水素自動車。エコカー。ハイブリッドカー。自動運転カー。バリアフリーのクルマ。絶対ぶつからないクルマ…等。

──まずは列挙させ、教師は口をはさまない。

先生：君たちの考えは本当かな？　教科書を開いて確かめよう。〈教科書の検証的活用〉

児童：あったぞ。

──該当部分を読ませ、ここで正答を評価する。教科書に載っていなくても意見が独創的であったり的確なら、教科書以上のことをよく考えたと評価して補説する。

先生：君たちが考えつかなかったアイデアは？

──探した子を指名⇒発表へ。

児童：ブレーキと間違えてアクセルを踏んでも急発進しない。

──**つくる側のいっそうの工夫にふみこみたい。**

最後は、未来のクルマのアイデアを数人に発表させて授業をまとめたい。

「10年後の自動車の企画書づくり」が載る教科書もある。発展学習としてその「設計図」を制作させてもよい。

廃車とリサイクルの「？」

▶授業のねらい

①大量生産された自動車は大量の廃車になることを再認識して、そのゆくえを考える。

②車体がエコプレスになるまでの過程を知り、便利さと引きかえに生じる課題に気づく。

▶板書例—1については①⇒②の順で板書。□□□内の板書は子どもの発言を生かす。

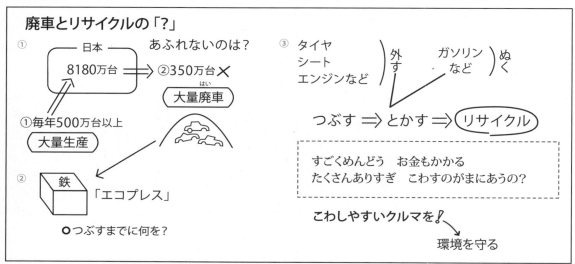

廃車とリサイクルの「？」

① 日本　　　あふれないのは？
8180万台 ⇒ ②350万台✕

①毎年500万台以上
大量生産

大量廃車（はい）

鉄　「エコプレス」

○つぶすまでに何を？

③ タイヤ　シート　エンジンなど　外す
ガソリンなど　ぬく

つぶす ⇒ とかす ⇒ リサイクル

すごくめんどう　お金もかかる
たくさんありすぎ　こわすのがまにあうの？

こわしやすいクルマを

環境を守る

▶授業の展開：廃車の山や車体のブロックをいつ示すかが重要。記入作業にも集中させたい。

1　大量生産の先に何がある？

——□部分は紙で覆い④を提示。子どもの視線が集中する。

先生：8180万台あるところに毎年500万台以上増える。**なのに、なぜ日本には自動車があふれないの？**

児童：廃車にする。中古で外国へ売る。

——ここで⑧を提示。

児童：廃車の山だ。

先生：日本では毎年何台くらい廃車になるか。

④
①2019年の日本の自動車
　　　約8180万台
②2019年の国内販売台数
　　　約520万台
③毎年廃車になる台数
　　約350万台

⑧

——自由に予想。サッと紙を外すと約350万台だ。京都市の人口約256万人より100万近く多い。いかに膨大であるかイメージできる。

毎年大量生産される自動車は毎年大量に廃棄される。便利さと引きかえに生じる多くの廃車。「大量生産⇒大量廃棄」の問題は他の工業生産にも通じることに気づかせる。

2　車体を固めて「ブロック」に

先生：このままでいいの？　　　児童：よくない。

先生：では、大量の廃車をその後どうするか。

児童：ばらす。つぶす。リサイクル…等。

　　——ここで©を提示し、疑問を引き出す。

©

児童：何これ？　自動車のブロックだ。1台がこんなに小さくなる、どうすればこうなるの？。機械でつぶす。何に使うの？。またとかして鉄にする…等。

　　＜子どものどうしの対話を育てる＞

——この固まりはエコプレスとよばれ、**製鉄原料としてリサイクルされる。**

3　リサイクルまでのプロセスは？

先生：廃車をいきなりつぶす？　　——挙手はほぼゼロ。

先生：その前に何かすると思う人は？　　——挙手多数。

先生：その通り。何をする？

児童：鉄でないガラスとかタイヤを外す。

先生：他の人はどう思う？

　　——問題をクラス全体に戻したい。

先生：どんな順序でエコプレスにするか。〈　〉に□から正しい語句を入れよう。（©を配布）

　　——記入後、答え合わせの際は自動車のプラモデルを使うと効果大。

　　　〈①タイヤ　②ガソリン　③シート　④エンジン　⑥プレス〉

先生：感じたことは？

児童：リサイクルもかんたんじゃない。

　　——解体会社の数は約6200。1社が年に平均565台を処分する計算だ。

　　　壊れにくいが壊しやすく、有害物質をあまり出さないことも自動車の大切な要素であった。

　　　提出された感想は次時に読んだり、環境学習の際に生かしたい。

©

自動車を解体する順序とは？（下から選ぶ）

①〈　　　　〉等、まだ使える部品を外す。

②オイルや〈　　　　〉等をぬきとる。

③〈　　　　〉等を車内から取り外す。

④車体を倒し〈　　　　〉や下の部品を外す。

⑤残っている鉄以外のものを外す。

⑥〈　　　　〉機で車体を四角く押しつぶす。

> ガソリン・プレス・シート・タイヤ・エンジン

〈感じたこと〉　名前

この授業を3学期の環境学習の中に位置づけてもよいが、大量生産に続けて大量廃棄を学ぶと両者の関連が深く理解できる。

町の工場を探れ！

▶授業のねらい

　①２つのグラフを比べて違いをつかみ、中小工場と大工場のそれぞれの役割に気づく。

　②東大阪の町工場がもつ高い技術と工夫に気づき、地域の中小工場の姿に目を向ける。

▶板書例

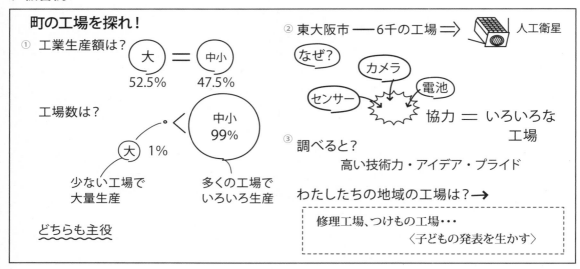

▶授業の展開：グラフの対比で発言を活性化。東大阪から視点を移し地域の工場を再発見。

1　「大」と「中小」を比べると？

　先生：工業製品は工場でつく
　　　　る。**働く人が300人以上**
　　　　のところを大工場、それ
　　　　以下を中小工場という。
　　　　「大」と「中小」、どちら
　　　　の工業生産額が多いかな？

| Ⓐ | 大工場　52.5% | 中小工場　47.5% |

| Ⓑ | 中小工場　99.0% |

└─ 大工場　1.0%

（『日本国勢図会』2020/21）

　　——全員がどちらかに挙手。理由があれば発表させ、Ⓐを提示したい。

　児童：大工場の方が少し多い。でも、ほとんど同じ。

　　　　2017年の工業生産額319兆円を産み出す上で、両者はほぼ同じ役割を果たしていた。

　先生：では、大工場と中小工場ではどちらの数が多いか。今度は当てよう。

　　——予想の後にⒷを提示。ただし、いっぺんに全てを見せず、覆った紙を右から左へ順に
　　　　開いていく。

　児童：？？…オー！中小工場、すご～い。大工場、少な～い。

　先生：でも、大工場の生産額は？　　　児童：中小より多い。

——中小工場は数が多く、その多様性で日本の工業生産を支える。大工場は、数は1%以下だがその巨大な生産力で生産額の半数強を産み出す。その違いを認識させたい。

2　なぜ人工衛星がつくれたか

　　——次に、黙って「東大阪市」と板書。口に出して読む子を褒める。
先生：どこにあるか地図帳で探そう。気づくことを3つ見つけたらすごい。
児童：大阪の東（笑）。色で見ると市街地。鉄道が通る。高速道路も…等。
　　——人口は約49万人。6千の中小工場（町工場）があることを補説し、地図帳を閉じる。
先生：この市にある様々な工場が協力してつくったものです。これなあに？
　　——©を提示。覆った紙を左から開示。

©

児童：人工衛星だ！　どうして小さな工場で人工衛星がつくれるの？
先生：自動車工場は自動車1つを大量生産。でも、6千の中小工場が集まる東大阪市には、カメラ、センサー、太陽電池等をつくる工場があちこちにある。みんなで協力すれば人工衛星だって…。
児童：できる。
先生：つまり、中小工場がまとまれば技術力はとても…。
児童：高い。優秀。
　　——東大阪では、町全体が1つの巨大な総合工場になっていること気づかせたい。

3　中小工場の工夫調べから近所の工場へ！

先生：東大阪市での中小工場の様子を教科書で調べ、気づくことを言おう。
　　——線を引きながら5分間ほど読ませて発表につなげる。
児童：身近なものを便利にする工夫がすごい。つくる人が一生懸命。100分の1mmの正確さなんて想像できない…等。

> 📖 **教科書が東大阪市を取り上げていない場合**
> 「中小工場ががんばっているのは東大阪市だけだろうか」と投げかける。教科書ではどこの工場を取り上げているか調べさせ、気づくことを言わせる。（以下は同様に進める）

先生：ならば、**君たちの地域にはどんな中小工場があるか。**　　——相談。
　　——思いつかない場合は、自動車修理工場、水産物加工工場、パン工場等、学区にある工場を例示する。『今日の帰り道に探そう。家の人にも聞こう』と投げかける。保護者がそれらの工場で働いている場合もある。次時の冒頭に発表させ、子ども自身の調査につなげたい。

> 📖 **地域の工場を子ども自ら探し学年ぐるみで見学する場合**
> 「近所の工場、みーつけた！」（P 180）を参照。身近にいる働く人たちと対話してその仕事を調べることは、小学校におけるキャリア教育にもつながっている。

高炉のヒミツを探れ

▶授業のねらい

①身近には多くの鉄製品があることに気づき、鉄は何からとれるかを３択問題で考える。

②高炉での製鉄法を図から学び、鉄の原料は海外に依存していることを地図からつかむ。

▶板書例

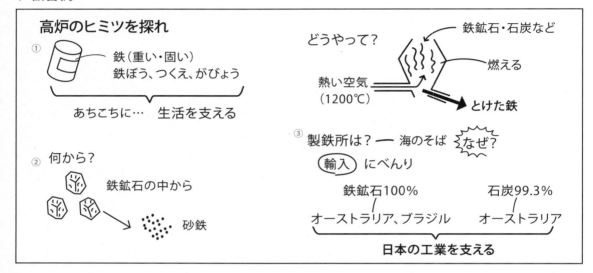

▶授業の展開：缶の対比で引きつけ３択学習へ。主題図をチェックして読む楽しさも体感。

1 鉄は何からとれるのか

先生：鉄はどっちだ？

── １人を前に出し２つの飲料缶を手に持たせる。重くて固い方が鉄＝スチール缶、軽く
て柔らかいのがアルミ缶だと気づかせる。

先生：**校庭にある鉄の製品は？** ──間をあけてから両手を挙げてつかまる真似。

児童：鉄棒。ブランコの鎖も…。 先生：教室にある鉄の製品は？

── 机やいすのパイプや金属板、がびょうやコンパスの針先までが鉄である。

多くの工業製品に使われ、**私たちのくらしを支える鉄は"産業のコメ"といわれる。**

先生：鉄は何からとれるか。

── 予想を踏まえて次の３択を示す。

①鯨の骨（巨体を支える） ②火山の中の溶岩（石と鉄が溶けて真っ赤） ③石や砂

── 磁石で砂鉄をとった経験も出される。教師は、①②の「本当らしい」理由づけには特
に力を入れる。**子どもを騙す中で騙されない力を育てる**のだ。正解は③。

鉄を多く含む石を**鉄鉱石**とよぶことを教える。砂鉄はそうした石が細かく割れてできる。

2　鉄はどうやってつくるのか

先生：これを鉄鉱石とすると、中からどうやって鉄をとりだすか。

　　——石を提示しながら。　　児童：？？？

先生：熱して鉄だけをとりだす。

　　——ここで⒜を投影。（日本で一番古い高炉）

先生：これは**高炉**と言い、溶けた鉄をとりだす。大き
　　いものは高さ100ｍ。その中は…。

　　——⒝を投影。①②③は何をするところかと聞いて
　　から説明。

　　①から鉄鉱石やむし焼きにした**石炭**を入れる。

　　②から1200℃の熱風を入れると高温ガスが発
　　生して炉内を吹き昇る。

　　燃えてできたガスはろ過され再利用される。

先生：こうすると石炭や鉄鉱石は？

児童：熱くなる。燃える。

先生：その通り。そこで、反応をおこして溶けて鉄となる。
　　それはどこから出てくるの？

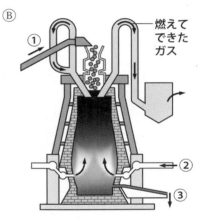

　　——③である。できた鉄は棒や板に加工される。

　　こうした高炉は今の日本に28ある。**高炉を使って鉄
　　をつくる工場が製鉄所**だ。ここで教科書を参照さ
　　せ、製鉄についてのイメージをさらに豊かにした
　　い。製鉄業について扱っていなければ、製鉄所の画像等の提示が必要だ。

3　原料はどこの国から来るか

先生：日本の製鉄・鉄鋼業はどこにあるか。地図帳「日本の産業のようす」の地図にマーク
　　しよう。

児童：東京近くに多い。瀬戸内海も。

先生：共通点は？　　児童：みな海の近く。ほとんどが太平洋ベルトの中。

先生：なぜ海のそば？　　児童：鉄の原料を輸入しているから。

先生：ほお〜、石炭や鉄鉱石はどの国から輸入？

　　——自由に発言した後、これも地図帳「日本の貿易」の地図でチェックさせる。**石炭はカ
　　ナダ、オーストラリアから。鉄鉱石はオーストラリア、ブラジルから。**

先生：では、日本で使う鉄鉱石と石炭の何％が輸入かな？

　　——**鉄鉱石が100％、石炭が99.3％で、ほとんどが輸入**であった。

　　気づいたことを発表させ、**私たちのくらしを支える製鉄業は、外国からの輸入によっ
　　て支えられていることを理解**させたい。他にはどんな産業が輸入と関係しているだろ
　　うか。

石油・はるかな旅

▶授業のねらい

①提示されたモノの共通点を考え、多くの身近な製品が石油からできていることを知る。
②膨大な石油が中東から運ばれることをグラフや図で学び、日本の輸入品の特色をつかむ。

▶板書例

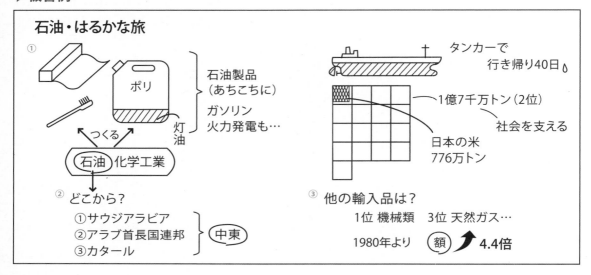

石油・はるかな旅

① 石油製品
（あちこちに）

ポリ

つくる

灯油

ガソリン
火力発電も…

石油 化学工業

② どこから？
①サウジアラビア
②アラブ首長国連邦　中東
③カタール

タンカーで
行き帰り40日

1億7千万トン（2位）

社会を支える

日本の米
776万トン

③ 他の輸入品は？
1位 機械類　3位 天然ガス…

1980年より　額 ⬆ 4.4倍

▶授業の展開：共通点探しで適度な負荷。グラフは作業と結合。マス図では予想を覆したい。

1　石油は何に使われる？

　——**引き出したラップと歯ブラシ1本を黙って提示**。共通点は？と問う。

　　食事だ、家で使うモノだ等と騒ぐのを無視。今度は教室の外に置いていたポリタンク
（少量の灯油入り）を持って来る。

先生：**3つの共通点は？**

　——子どもは混乱。

　　ヒントは『**原料が同じ!!**』どれも石油から
できた（プラスチック、ポリエチレン、灯
油等）ことに気づかせたい。

先生：**他にどんなモノが石油からできるか。**

　——予想の後に Ⓐ を提示。石油が各分野で広く
使われることを再発見。その生産に関係す
る工業が**石油化学工業**であった。

　　牛乳パックを見せ、1日1人当たりの石油
使用料はこの6本分・6ℓだと教えよう。

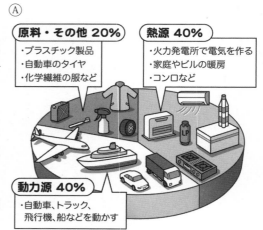

Ⓐ

原料・その他 20%
・プラスチック製品
・自動車のタイヤ
・化学繊維の服など

熱源 40%
・火力発電所で電気を作る
・家庭やビルの暖房
・コンロなど

動力源 40%
・自動車、トラック、
飛行機、船などを動かす

2　石油はどこからどのくらい？

先生：**日本は使う石油の何％を輸入するか。**　　——予想。**99.6％**でほとんど輸入だ。

先生：輸入する国ベスト5は？

——つぶやきを受けて⑧を提示。地図帳「世界の国々」で国名をマークさせる。

⑧	1 サウジアラビア 38.6%	2 アラブ首長国連邦 25.4%	3 カタール 7.9%			その他 15.6%

4 クウェート　7.7%　　　5 ロシア　4.8%

（2018年財務省）

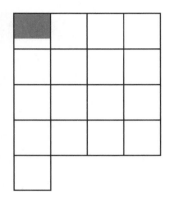

児童：あったー。4つの国がかたまっている。

——その一帯を中東とよぶことを確認。1マス1000万tとして左のように輸入石油量を板書する。

先生：日本で1年間につくる米の量はこれに対してどれくらい？黒板に斜線で書こう。

——希望者数名に板書させ、教師が黙って正答を記入。

米の収穫量は2019年で約776万tなので重ねると1つ弱の大きさにすぎない。

金額では**石油は全ての輸入品額の10.8％を占める。**その遠距離輸送と石油化学工業の発展が日本社会を支えていた。（2018年・経産省）現在のガソリン1ℓ当たりの価格をペットボトルの水と比べるとその安さがわかる。

> 📖 **石油の輸送**
>
> 　石油（原油）はタンカーが往復約40日をかけて運ぶ。日本の最大級のタンカーは47万tで高さは22階建てのビルなみの75m、長さは東京タワーとほぼ同じ330mだ。輸送量は1年間にこのタンカー377杯分で1億7704万tに達する。（2018年経産省）

3　他の輸入品は？

先生：2017年、石油は日本の輸入品の第2位だ。では第1位は？

——地図帳等には過去と現在の輸入品のグラフが載る。予想の後、まずは現在のグラフで確認させる。

2017年でいえば機械類の輸入額が2位の石油より多くて1位を占める。3位は化学製品。食料品、化学品、衣類がそれに続く。

これを1975年等と比べると、第1に輸入額が約4.4倍に増加した。電気・情報機器を含む機械類は5位から1位になるが、石油の割合は36.3％が11.5％になる等、日本の輸入品の大きな変化に気づかせたい。

> 📖 **時間があればさらに**
>
> 　『では、私たちの身の回りから輸入製品を探してみよう』文具、日用品、衣類等を片っ端から点検。アジアからの輸入品が多いことが分かってくる。
> 　"ＭＡＤＥ　ｉｎ…"—Ｃｈｉｎａ／Ｋｏｒｅａ／Ｖｉｅｔｎａｍ／Ｔｈａｉｌａｎｄ／Ｓｉｎｇａｐｏｒｅ／Ｉｎｄｏｎｅｓｉａ／Ｍａｒａｓｉａ等の国名表示も提示し、地図で位置を確認させる。英語活動や6年生での「世界学習」につながるであろう。

輸出と輸入の今

▶授業のねらい

①日本の主な輸出品を地図帳から調べ、その多くが機械等の工業製品であることを知る。

②国旗を並び替えて日本の輸出・輸入相手国の順位を考え、日本の貿易の特色をつかむ。

▶板書例—国旗はそのまま写す必要はない。□に国名を記入してノートに書かせる。

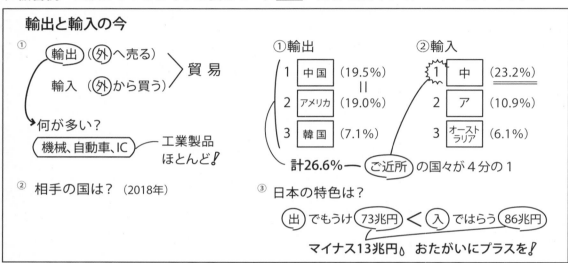

▶授業の展開：記号調べ⇒国旗並べ⇒損か得か 少しの資料から多くの気づきを引き出したい。

1　記号をチェックして主な輸出品を調べよう

——輸出・輸入と黙って板書。つぶやいて読む子が出れば迷わず褒める。

先生：どう違うの？

児童：**輸出は外国へ売る。輸入は外国から買う。**

先生：その通り。両方合わせて？　　児童：輸出入。**貿易。**

——貿＝とりかえる・易＝変わるという意味である。モノがお金に変わるのだ。2018年の日本の貿易額は約164兆円。国が1年間に使うお金98兆円の1.7倍もある。(日本貿易会)

先生：次に、地図帳「日本の主な輸出相手国・地域」の地図を見よう。品物は何が多いか。マークをチェックしてベスト3を見つけよう。〈作業〉

——作業・つぶやきを拾う⇒発表。「機械が12で1位」「電気機械9つで2位」「自動車が7つで3位」全て工業製品だ。

先生：ウの「日本の輸出」の帯グラフの「製品」に色をぬろう。分かることは？

——合計で89.7％もある。**日本の輸出のほとんどが機械類等の工業製品だと再確認**したい。

先生：どこの国や地域に多く輸出するの？

児童：中国。アメリカ。東南アジア。

2　相手国の国旗を正しい順序で並べよう

先生：2018年には、**日本の主な輸出相手国・輸入相手国はどこになるか**。

——まず輸出相手国ベスト3に入る国の国旗カード3つを提示。続いて輸入相手国ベスト3のカードも提示する。旗をみて分かることは？

Ⓐ輸出相手国ベスト3　　　　　　　　Ⓑ輸入相手国ベスト3

児童：中国とアメリカが両方にある。日の丸に似たのは韓国だ。
　　　イギリスの国旗が入っているのはオーストラリア。

先生：それぞれの1位〜3位を予想してノートに書こう。

——出された予想順位に沿ってその都度国旗を入れ替え、理由があれば発表させる。賛成する意見に各自挙手をさせた後、黙って正しい順序に国旗カードを並べ直す。

先生：これらの国は日本の輸出額や輸入額全体の何％を占めるか。

——黒板の各国旗の右側に（　）を書いて記していく。

　　Ⓐ＜輸出＞　中国（19.5）・アメリカ（19.0）・韓国（7.1）
　　Ⓑ＜輸入＞　中国（23.2）・アメリカ（10.9）・オーストラリア（6.1）

先生：Ⓐ気づくことは？

児童：**輸出相手国も輸入相手国も1位は中国。アメリカより深いつながりだ。**
　　　中国と韓国はどちらも日本の近く。

先生：輸出は中国と韓国を合わせて26.6％。アメリカよりずっと多い。ご近所さまさまだ。②の輸入では中国からがダントツだ。知りたいことは？

児童：なぜ中国からの輸入がこんなに多いのか。

——中国製は安い。日本の工場が中国に進出し（約4万社）、つくった製品を日本に送る場合も多い。①②を合わせると**最も輸出入の関係が深い国は中国であった**。

3　日本の貿易の特色は？

先生：日本の貿易（輸出入）の現状はⒸⒹのどちらだろう。

——表を提示して問う。全員どちらかに挙手させる。

先生：正解は？

——Ⓒを○で囲む。輸入は輸出に比べて1.7兆円のマイナス。いわゆる貿易赤

	Ⓒ	Ⓓ
輸出して得るお金	76.9兆円	78.6兆円
輸入して払うお金	78.6兆円	76.9兆円

（2019年　財務省）

字である。それなら、得るお金をさらに増やすには何を輸出すればよいか？　と問いかける。最後は教科書の関連部分を読んで、様々な努力に気づかせ、その差は以前より縮まっていると授業をまとめたい。

（図中）
Ⓐ　　Ⓑ
（中国）　（中国）
（アメリカ）　（アメリカ）
（韓国）　（オーストラリア）
（日本貿易会）

様々なメディアの特色を知ろう

▶授業のねらい

①身の回りには、さまざまな情報伝達手段があることに気づき、学習への関心を高める。

②普段利用しているメディアの特色（長所・短所）を知り、学習の見通しを立てる。

▶板書例

様々なメディアの特色を知ろう

Ⓐテレビ　　Ⓑラジオ　　Ⓒ新聞
（動画）　　（音）　　　（字・写真）

① どうやって情報を？

〇やりとり・広がり ── Ⓓインターネット

```
自転車のベル ➡ 音　 信号機 ➡ 色
看板・ポスター➡ 絵・文字
```
⬇
```
時計 ・ 点字ブロック ・ カレンダー
道路標識など…
```

③ 問題は？

㋐㋑㋒── 流す➡受け取るだけ
㋓─── あやしい情報も

　必要な情報を探すのが大変
《調べたい》
　情報を伝える人は？受け取る人は？

② 情報を伝えるメディア
〇多くの人に・いっせいに

▶授業の展開：探してみると情報だらけ！その驚きを各メディアの特色を学ぶバネとする。

1　情報を伝えるものを見つけよう

先生：これから情報について考えていきます。情報とは、物事のお知らせを表現したもののことです。

この中に情報が隠れています。分かるかな？

──少し間を置いてⒶを提示。

Ⓐ

児童：あ！自転車のベルだ。

鳴らして危険を知らせる！

先生：ベルでは何を使って情報を伝えている？

児童：音を使う！

先生：では、「色」で情報を伝えるものは？

児童：信号機、看板、ポスター、指示器！

先生：すごいね。でも、情報を伝えるものは他にもあるよ。教科書から探してみよう。

──看板やバスの時刻表、新聞やテレビ等も、すべて私たちに情報を伝える手段であることに気づかせたい。〈教科書の資料的活用〉

2　様々なメディアの違いを知ろう

先生：みんなが挙げたもののうち、多くの人へ一斉に情報を伝えられるものは？

児童：インターネット、テレビ、ラジオ、新聞！

　　──児童から出た言葉を板書に残しておく。

先生：広く情報を伝えるこれらのものをメディアと呼びます。

　　では、次の４つのメディアについて答えを調べよう。

1 当てはまる記号を下の□から選んで書き入れよう。（何度使ってもよい）

Ⓐテレビ	Ⓑラジオ	Ⓒ新聞・雑誌	Ⓓインターネット

⑦音や声を伝える　⑦文字や絵・写真を伝える　⑦動画を伝える

2 それぞれのメディアのよい所を探そう。

①テレビやラジオ　　　　　　　　②新聞・雑誌

③インターネット

3　各メディアの良さや問題を挙げ、学習の見通しを立てよう

　　──Ⓑの答えを合わせよい所を挙げる。〈Ⓐ─アイウ・Ⓑ─ア・Ⓒはイ・Ⓓ─アイウ〉

先生：みんなが調べたメディアは、良いことばかりかな？

児童：そうじゃない！

先生：では、たとえばインターネットは？

児童：あやしい情報がある！

　　あぁ～、飲んだら痩せるサプリメントとかね。

先生：テレビやラジオ、新聞について気になることは？

児童：テレビは放送されるものが決まっている！

　　ラジオは映像がないし、チャンネルが分かりにくい。

　　新聞は、文字が多くて読むのが大変。

先生：それでも多くの人が利用しているよね。

児童：はい。生活の中で使うメディアはたくさんある。

先生：これから色々なメディアを調べ、情報に関わる仕事や課題について考えていこう。

　　──教科書を読んで学習したことをノートに整理する。〈教科書のまとめ・定着的活用〉

（儀間盛顕　南城市立馬天小学校）

テレビの果たす役割は？

▶授業のねらい

①ニュース番組を視て気づいたことを発表し、そのつくり方を教科書等で調べる。

②災害時の番組表を通常時と比べ、速報性を生かしてテレビの果たす役割を考える。

▶板書例

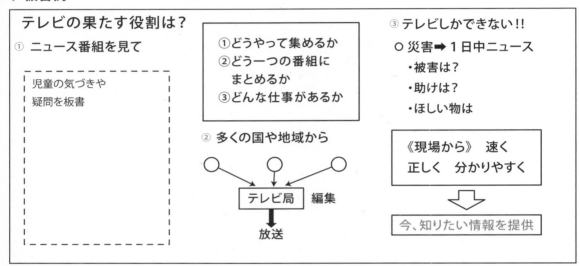

▶授業の展開：ニュースを視聴し、通常時と災害時のテレビ欄を比べてテレビの役割を実感。

1　ニュース番組をみて学習課題を立てよう

　　——登場した国や都道府県名をメモしながら、ニュース番組を4分程度視聴。

　　　（できれば、あらかじめ録画しておきたい）

先生：どんな国や都道府県の出来事が報道されていたか。

児童：アメリカで起きた出来事。

　　　大阪や東京、九州で起こったことも。

先生：ニュースを視て、気づいたことや疑問に思ったことは？

児童：外国の出来事をどうやってすぐ日本で知るか。

　　　ニュースの内容は誰がどのように決めているか。

　　——気づきや疑問、知りたいこと等をもとに例えば次のような学習課題を立てる。

①いろいろな国や地域の情報をどうやって集めるか。

②集まった情報から何をどのように選び、1つの番組にまとめるか。

③情報を分かりやすく伝えるため、どのような仕事をするか

2　ニュース番組はどのようにつくられているか

先生：ニュース番組ができるまでどんなことをするか。課題を調べよう。

　　　──かんたんに予想⇒教科書等を活用して調べ、分かったことを発表する。

　　　児童が発表した内容を例えば次のようにまとめる。

---

①いろいろな国や地域の情報を現地の記者等が集める。

　『事件や事故が起きた地域から中継で報道する場面をテレビで見た人はいますか。』

・いろいろな国や地域で起こった出来事について、すぐに知ることができることについて

　考えさせたい。

②集めた情報から放送する内容を選んだり映像を編集したりする。

　『テレビでニュースを伝えるためにどんな仕事をしている人がいますか。』

・ニュース番組に出演する人以外にどんな仕事があるのかも考えさせたい。

③原稿を読んで情報を伝える。

　『アナウンサーやニュースを放送する人たちは、分かりやすく伝えるためどんなことに気を

つけているのかな。』

・何台もカメラを使って映像を切りかえ、情報を正しく分かりやすく伝えていることに気

　づかせたい。

3　テレビにしかできない仕事とは？

先生：Ⓐ Ⓑを比べ気づくことを言おう。

児童：Ⓐは普段の番組。Ⓑはずっと地震
　　　のことだけ放送している。大災害
　　　の時は他の番組を休むと思う。

先生：こうした時にテレビにしかできな
　　　いことは？

児童：被害の現場からすぐに中継。言葉
　　　も映像もあるから分かりやすい。
　　　台風が近づくと新しい情報を教え
　　　る。

　　　──災害や事故が起きた時、テレビの
　　　ニュース番組からの情報が役立っ
　　　たことを想起させる。

児童：他の番組を視ている時も、画面の
　　　上に文字が流れることがあるよ。

　　　──児童の発言を補整して、いざとい
　　　う時、テレビがその速報性を生か
　　　して必要な情報を人々に伝える役
　　　割があることを理解させたい。

Ⓐ通常のテレビ欄　　　Ⓑ災害時のテレビ欄

沖縄タイムス2020,10,4

琉球新報2011,3,13

（三橋絵里奈　豊見城市立座安小学校）

新聞の果たす役割は？

▶**授業のねらい**

①実際の新聞を調べてその情報量の多さに気づき、どうやってつくるか関心を高める。

②新聞が出来上がるまでの過程を調べ、被災地の新聞を見てその果たす役割を考える。

▶**板書例**

新聞の果たす役割は？

①新聞が1位　　なぜ？

→　情報源として

　調べると？

・いろいろな情報──お悔やみも

・文字が多い──写真も

・地域の情報も

○本1冊分──10万字!!　毎日発行

　新聞はどのようにつくられるか

②5つの仕事とは？

取材➡原稿書き・編集➡原稿確認➡印刷
11時　　5時　　　　　9時　　　　12時

③発行部数は？

　X新聞　700万部➡400万部へ

○新聞はいらない？
〈東日本大震災〉
手書き新聞

正しい情報➡早く
停電でも・誰でも
何度も読める

○役割＝大きい

▶**授業の展開：実際の新聞を調べて気づき、手書き新聞に驚く中で新聞の役割を考える。**

1　新聞を廊下（プレイルーム）に広げ、その内容を調べよう

先生：このグラフは何だろう？

　　──題名は隠してⒶを提示

児童：何かで新聞が1位だ。

　　──さまざまに予想⇒間をおいて題名
　　　を示す。

児童：「情報源として欠かせない」もの
　　　の1位だった。

先生：なぜ新聞がトップか。廊下で広げ
　　　て調べよう。〈作業〉

　　──同じ新聞を2部用意。裏面・表面
　　　を並べて広げると情報量の多さを
　　　感じやすい。

児童：いろいろ情報が載っている。文字
　　　が多い。

Ⓐメディアの印象・評価

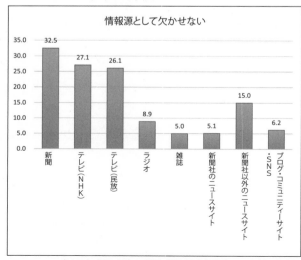

情報源として欠かせない

新聞	テレビ(NHK)	テレビ(民放)	ラジオ	雑誌	新聞社のニュースサイト	新聞社以外のニュースサイト・SNS	ブログ・コミュニティーサイト
32.5	27.1	26.1	8.9	5.0	5.1	15.0	6.2

（2015年全国メディア接触・評価調査報告書　日本新聞協会）

地域のコーナーもある。お悔み情報もある。

——他にも気づいたことを出しあい、新聞への関心を高める。

先生：多くの情報が載っているね。朝刊24ページの文字数は約10万字。ハードカバーの本1冊分になるそうだ。それが毎日発行される。知りたいことは？

児童：多くの情報が載る新聞はどのようにつくられるか。（意見を補整して課題化）

2　新聞ができあがるまでを調べる

先生：できるまでに行う5つの仕事を調べよう。

——ペア等で相談し、教科書等で調べる。

先生：気づいたことは？

児童：取材や編集が大変。　編集会議で記事を決めている。間違いのチェックも大変。

——発言を生かし、新聞が出来上がるまでの時系列を板書しながらまとめていく。

3　新聞の果たす役割を考えよう

先生：Ⓑのグラフから分かることは？

児童：だんだん減っています。

先生：情報源では1位なのになぜ減るの？

児童：スマホ・インターネットの時代で読む人が減った。
電子化？　料金が高い。

先生：そうだね。では、2011年にいちばん喜ばれたのはどんな新聞かな？

——予想⇒Ⓒを提示

児童：手で書いてある。なぜ喜ばれたの？

——東日本大震災で印刷機が壊れたため手書きで発行したことが分かる。

先生：見出しを読もう。
この時、新聞のどんな良さが分かったか。
周りの人と相談して発表しよう。

児童：知りたい情報や正しい情報を伝えてくれる。
停電でも機械がなくても読める。

——誰もが何度も読める・詳しく分かる・身近な情報を載せる等の良さも補説したい。

先生：最近の豪雨災害でも、停電で情報が届かない中、ただ一つの情報源は新聞だったそうです。
最後に、新聞の果たす役割について今日の授業で感じたことをノートに書いて発表しよう。

Ⓑ

単位：万部　Ｘ新聞発行部数の変化

（一般社団法人日本新聞協会）

Ⓒ　石巻日日新聞社の壁新聞

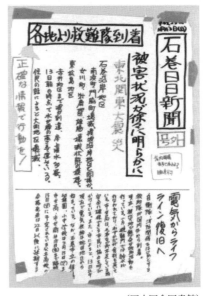

（国立国会図書館）

（東江辰徳　糸満市立高嶺小学校）

メディアにたずさわる人と報道被害

▶授業のねらい

①新聞の誤報に一度は騙されて、報道被害の大きさと当事者の思いを実感する。

②メディアの責任の大きさや、その仕事にたずさわる人々の工夫・努力を理解する。

▶板書例

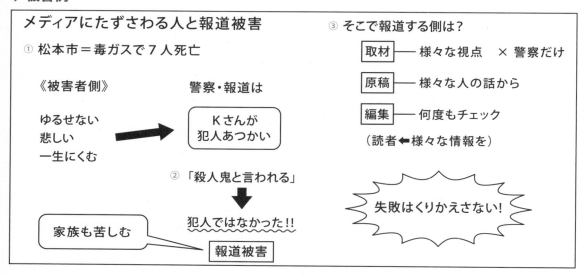

メディアにたずさわる人と報道被害

① 松本市＝毒ガスで７人死亡

《被害者側》

ゆるせない
悲しい
一生にくむ

→

警察・報道は

Ｋさんが
犯人あつかい

② 「殺人鬼と言われる」

↓

犯人ではなかった!!

報道被害

家族も苦しむ

③ そこで報道する側は？

取材 ── 様々な視点 × 警察だけ

原稿 ── 様々な人の話から

編集 ── 何度もチェック

（読者 ← 様々な情報を）

失敗はくりかえさない!

▶授業の展開：「許せない」⇒「無実だ!!」⇒「報道被害を防ぐには？」と起伏をつける。

1　この事件をどう思う？

先生：これはどんな事件ですか。

　　──Ⓐ松本サリン事件の記事を配布

児童：ガスで人が亡くなった。

先生：死者は８人。重軽傷者約600人。1994年のことだ。犯人は誰？

児童：「隣人が関係」と書いてあるから、隣に住んでいる人が犯人だ！

先生：警察は被害者の隣近所に住む第一通報者のＫさんを重要参考人として取り調べ、報道機関も犯人扱いで報道したんだ。

先生：自分や家族がこうした被害にあったら犯人に対してどんな気持ちになるかな？

児童：絶対にゆるせない。

　　──素直な気持ちを自由に言わせたい。

Ⓐ ナゾ急転 隣人が関係

松本ガス死

悲劇招いた除草剤

（朝日新聞　1994年6月29日）

2 被害を受けた人の思いとは？

先生：実はこの事件には続きがあります。

　　　──Ｂを提示⇒指名読み。

児童：え～!!　この人は無実だったの？

先生：犯人は別の人たちだったんだ。

　　　──必要な範囲で真相を伝えるが、

　　　　深入りして焦点をぼかさない。

先生：犯人として新聞やテレビで報道さ

　　　れ、日本中から責められたＫさんを

　　　どう思いますか。

> Ⓑ
>
> ある新聞社の1995年の謝罪文（要旨）
>
> 　「報道の過程で、Ｋさんが有毒ガスを発生させたかのような印象を読者に与えてしまった。Ｋさんや関係者、読者のみなさんに迷惑をかけたことを深くおわびしたい。」
>
> 　2002年には長野県警察本部長が間違った捜査で被害を与えたことを直接Ｋさんに謝罪した。

児童：かわいそう。耐えられない…。

先生：そうだね。Ｋさんは「事件発生からたった２日で、世間から殺人鬼とよばれるように

　　　なった」「間違った報道は、自殺者が出るくらい危険」と話している。

　　　こうして新聞やテレビ等から受けた被害のことを「報道被害」と言う。

　　　でも、みなさんもＫさんを責めていたよね。

児童：それは新聞にそう書かれていたから…。

先生：なるほど。新聞やテレビで大々的に扱われれば信じてしまうよね。

　　　では、多くの人に情報を発信するメディアは何に気をつけたらいいかな。

児童：間違いを絶対に伝えない。

　　　発信する前に何度も正しいか調べる！

3 報道する側の思いを教科書で確かめる

先生：テレビ局や新聞社はそのために何をするか。教科書等で調べて発表しよう。

　　　──教科書や資料集の既習事項をもう一度想起し、メディアにたずさわる人々が誤報・報

　　　　道被害を起こさないためにしている工夫・努力を調べさせる。

　　　〈教科書の資料的・検証的活用〉

児童：「記者は様々な視点で取材する」と書いてある！

　　　「様々な人の話を聞いてデータを確かめる」ともあるよ。

　　　何度も確認をして、さらに最終チェックを行ってから記事にしているよ。

先生：他にも、注意したいことがあれば挙げてみよう。

　　　──みなが気づいたことを出しあえば、誤報を防ぐための細やかさや慎重さに「すごい

　　　　な」と思うはずだ。

先生：二度と「報道被害」を起こさない！このような強い思いがあるのだろうね。

　　　では、あなたたちの反省したり気をつける点は？

　　　──発表を受け、フェイクニュースや記事をうのみにしない大切さ・日常において間違っ

　　　　た情報を拡散しない心構え等を確認したい。

（大城英樹　名護市立久辺小学校）

テレビはいつも正しいか

▶授業のねらい

①テレビの流す情報が、視聴者の行動を左右して大きな影響を与えることを知る。

②メディアから伝えられる情報の真偽を、自分で判断することの大切さを理解する。

▶板書例

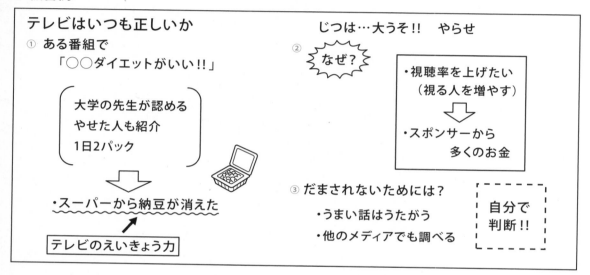

▶授業の展開：「やらせ」が起こる理由を考えてメディアリテラシーの必要性を実感。

1　これがテレビ番組の影響力だ

先生：今日は、身近なものですごくダイエットできる方法をこっそり教えます。

　　　──声をひそめて。

児童：本当に？　ダイエットしたいとうちの人がいつも言ってるよ。

先生：実は、身近な食品をある方法で食べ続ければ効果抜群。何かな？　給食にも出るよ。

　　　──自由に発言させて授業に引き込む。

先生：ある番組が2007年に放送した「食べてやせる食材Xの新事実」で話題になった。それは…これです。（納豆パックを提示）

児童：わあ〜　納豆だあ。

先生：その番組が何を放送したか。紹介しよう。

　　　──Ⓐを指名読み。

Ⓐ

①アメリカの大学教授の話を日本語に直して伝えた後、やせるにはイソフラボンという物質が多くある納豆を食べることが効果的だと説明。

②実際にやせた3人の写真をやせる前と比べて紹介。

③人の体によくない中性脂肪が161→122、172→13へと減った2人の実験結果も図で示す。

④必ずやせる方法を教える…。1日2パックを食べる。よく混ぜて20分間置く。朝晩食べる。

先生：ダイエットしたい人はこの番組を視て何をするだろう。

児童：すぐ納豆を買いに行く。

　　　「1日2パック」だから買いだめをする！

　　——発言を受け黙って⑧を投影。（騒然）

児童：わあー、からっぽだ。おわびしている。

先生：スーパーから納豆が消えたんだね。

　　　納豆の売り上げは実に1.5倍に増えたそうだ。

　　　でも、本当にやせたと思う？

児童：やせなかった！　だって今もダイエットのCMが流れてる！

　　——黙ってうなずき©を投影（再び騒然）

児童：うそだったんだ！

　　　「やらせ」だ！

　　　すぐばれるのになぜ？

　　——つぶやきを拾って板書する。そこから課題をつくりたい。

2　ばれるのにやってしまうのは？

先生：すぐばれるのに、テレビはなぜ「やらせ」番組を放送したか。

　　　近くの人と話しあおう。

（提供　朝日新聞社）

（日刊スポーツ新聞社）

児童：視る人を増やしたいからかな。

　　　視聴率をとって、お金をかせぎたかったから。

先生：視聴率が上がるとテレビ局はなぜお金がかせげるの？

　　——詳しい児童に語らせる。テレビ局がスポンサーや視聴率を気にしながら番組をつくること、そのしくみから「やらせ」が起きやすいことを理解させたい。

児童：だから「やらせ」はなくならないんだな…。

3　「やらせ」にだまされないために

先生：では、テレビの「やらせ」にだまされないためには何に気をつければいいか。自分なりに考えて発表しよう。

児童：「やらせ」かもしれないって思うことが大事かな。

　　　おかしいと思ったら、どんどんテレビ局に言うといい…等。

　　——出された意見を生かし、放送内容を鵜呑みにせず自分で判断する大切さに気づかせて、情報の光とかげを考えることにつなげたい。

（米須清貴　南城市立馬天小学校）

テレビはもう時代遅れか

▶授業のねらい

①個人でも情報を発信できるソーシャルメディアの良さと問題点について理解する。

②必要に応じて複数のメディアを使い分けることの大切さを学びあう。

▶板書例

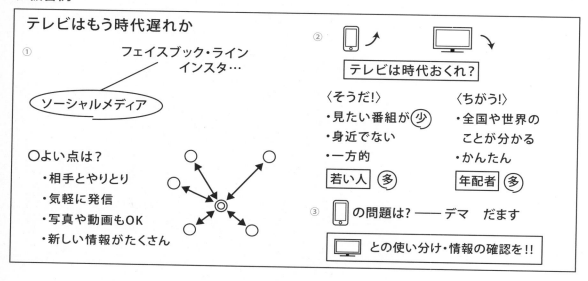

テレビはもう時代遅れか

① ソーシャルメディア ── フェイスブック・ライン インスタ…

○よい点は？
・相手とやりとり
・気軽に発信
・写真や動画もOK
・新しい情報がたくさん

② テレビは時代おくれ？

〈そうだ!〉
・見たい番組が 少
・身近でない
・一方的
若い人 多

〈ちがう!〉
・全国や世界の ことが分かる
・かんたん
年配者 多

③ の問題は？ ── デマ だます

との使い分け・情報の確認を!!

▶授業の展開：グラフの色ぬりから、人々のメディア活用の変化や使い分けに気づく。

1 **ソーシャルメディアの良さとは　？**

　　──Ⓐを提示。

先生：ある情報をインターネットでやりとりしています。何のやりとりかな。

児童：台風！　様子や被害を教えあっている。

先生：そうだね。こうして情報を交流するインターネットのアプリを「ソーシャルメディア」とよぶんだ。今、とても人気があるけど、どんな良さがあると思う？

児童：新しい情報を相手と交換できる。写真や動画も送れる…等。

2 **テレビはもう時代おくれかな？**

先生：では、Ⓑを年代別に色わけしてぬってみよう。
　　　何が分かるかな。

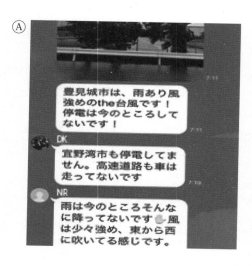

Ⓐ

豊見城市は、雨あり風強めのthe台風です！停電は今のところしてないです！

DK

宜野湾市も停電してません。高速道路も車は走ってないです

NR

雨は今のところそんなに降ってないです🌀風は少々強め、東から西に吹いてる感じです。

──作業学習を入れて全員参加。10代は黄色、20代は緑等と指定してもよい。

児童：若い人のインターネット利用がとても増えている。
　　　　<u>2000年からずっと増え続けている。</u>

先生：年代を言えたのはいいね。（発言の即時評価）
　　　　では、減っているメディアは何だろう。

児童：これまで使ってきたテレビやラジオ、新聞とか。

先生：今度は©を年代別に色分けしてぬってみよう。

児童：テレビを見る人がどんどん減っている。

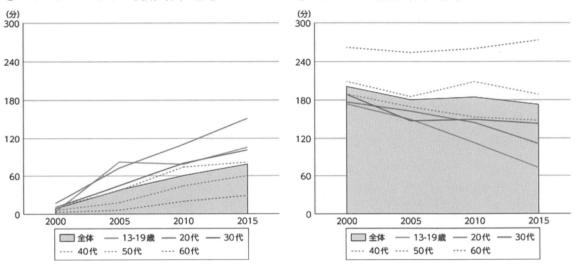

Ⓑ　インターネットの利用時間の推移（総務省）

Ⓒ　テレビの視聴時間の推移（総務省）

先生：テレビはもう時代おくれになってきたのかな。
　　　　──自由に発言させる中で、ソーシャルメディアとテレビの長短を出しあう。
　　　　　また、©における60代のテレビ視聴の高さや、インターネット利用が高まる中でも
　　　　　テレビ視聴がゼロにならない理由を考えさせる。
　　　　　各年代でメディアをうまく使い分けている実態を理解させたい。

3　ソーシャルメディアの問題点とは？

先生：ソーシャルメディアとテレビ、うまく使い分ければ鬼に金棒だ。
　　　　では、インターネットやソーシャルメディアについて心配なことはありますか。

児童：知らない人の情報はちょっと不安。　悪い人にさそわれるかも…
　　　　前の授業で勉強した「やらせ」や「デマ」があるかもしれない。
　　　　──それに関係した事件がテレビで報道されていれば、想起させたい。

先生：多くの人に見てもらいたくて、うそや大げさな情報を発信する人もいるそうだ。
　　　　性格がよくて素直な子は騙されやすいので気をつけよう。
　　　　──まとめとして、ソーシャルメディアの問題点に触れた教科書や資料集の記述を読みあ
　　　　　わせ、さらに確かな理解につなげたい。

（米須清貴　南城市立馬天小学校）

ＩＣＴの広がりと生活の変化

▶授業のねらい

①情報をカードに記録して使うことで、改札が昔よりずっと便利になったことに気づく。

②家、学校、社会での情報活用例を学びあい、生活に与えた変化を知って探究につなぐ。

▶板書例

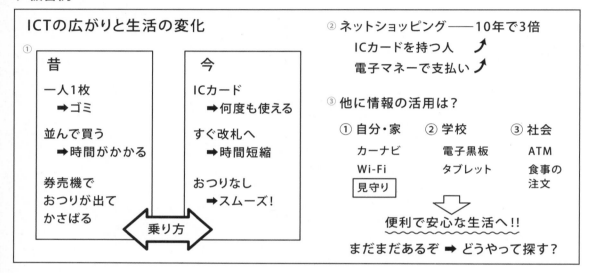

▶授業の展開：昔と比べて「今」の便利さを再発見。意欲を高めてＩＣＴ活用の事例探究へ。

1　電車の乗り方を比べよう！

先生：みなさんはどうやって電車（バス）に乗っていますか？

児童：塾に行くとき、○○○カードでピッてやって改札を通るよ。

　　　田舎のおばあちゃん家に行く時は切符を買う！

先生：昔と今の乗り方の違いを言おう。

　　　比べて分かることは？

児童：今は便利になったし、ごみも減った！

先生：ＩＣカードにはどんな情報があるの？

　　——予想の後に Ⓐ で確認。

　　　さらに、教科書で情報通信技術（ＩＣＴ）の発展によるＩＣカードの普及を確かめる。

Ⓐ ＩＣカードに記録されている情報

> ・乗地の交通系ＩＣカードは全国10社で相互利用
>
> ＊情報の活用について上記の事も話題に挙げたい。

2　生活がどう変化したか、グラフから読みとる。

先生：Ⓑ ネットショッピングのグラフから何が分かりますか？

――全体を隠し、左から順次開けていくと驚きが広がる。（各社の教科書にある類似グラフの活用も可）

児童：ネットショッピングの売上額がどんどん増えている！
10年で３倍になった。

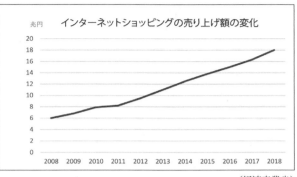

インターネットショッピングの売り上げ額の変化

（経済産業省）

先生：他にも変化したものがある。教科書でグラフを探して読みとろう。

児童：ＩＣカードを持つ人もすごく増えた。
電子マネーの支払い回数も年々増えている！（各教科書に応じて）

先生：なぜ情報技術（ＩＣＴ）を生活の中で活用する人が増えたのかな。

――近くの人と相談して発表。簡単に多くの情報が手に入る等、様々な意見を出して学びあう。ここでの発想を次の展開に活かしたい。

3　私たちは情報通信技術をどう生かしているか

先生：他にはどんなことで情報を生かしていますか？

――間をおいてから①自分・家 ②学校 ③社会 と板書。
相談・書入れタイムを設定⇒できるところから記入。自由な発想を受け入れる。

児童：①カーナビ。Wi-Fi。
②電子黒板。タブレットを使う学習。
③ポイントカード。ＡＴＭ。回転寿司の注文。

先生：いろいろ活用できるね。
先生はこんな風に情報を生かしています。

――①に「見守り」と板書する。

先生：先生のおばあちゃんは遠くで一人くらし。元気か元気でないかを家の電灯がつくかどうかで確認するんです。毎日その情報が先生のスマホに入って、そっと見守る仕組みなんだ。「ＩＯＴ電球の見守りサービス」といいます。

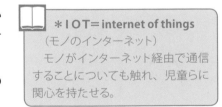

＊ＩＯＴ＝ internet of things
（モノのインターネット）
モノがインターネット経由で通信することについても触れ、児童らに関心を持たせる。

児童：情報は便利なだけじゃない。安心するためにも使えるんだね。

先生：このように情報を生かすことで私たちの生活はどう変わりましたか？

児童：便利になった。家でも色々できるようになった。

――「簡単になった」「早くなった」「安心して暮らせるようになった」等、児童の言葉を使って学習をまとめたい。

先生：でも情報通信技術の活用はこれだけではない。
次の時間からさらに深めていくので、どこに情報を生かした工夫があるか自分の体験を思い出したり家の人に聞いたりしてこよう。

（屋良真弓　南風原町立南風原小学校）

ほしいものがそろっているのはなぜ？

▶授業のねらい

①キャッシュカードの便利さにあらためて気づき、その急速な普及に目を向ける。

②消費者の購入情報を大量に集め、商品の開発や品ぞろえに生かすコンビニの工夫に気づく。

▶板書例

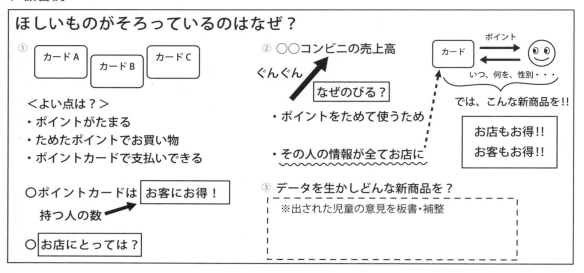

▶授業の展開：ポイントカードを切り口に、コンビニの情報活用戦略を楽しく読み解く。

1　ポイントカードのよさとは？

——子どもに身近なカードを黙って提示。

児童：見たことある。○○カードだ！
　　　お母さんが使っている。

先生：そうか〜、どこで使うの？

児童：コンビニとかで買い物する時に使う。
　　　ポイントがたまると何でも買えるよね。
　　　お金の代わりにカードで払える。
　　　キャッシュレス。

先生：お客さんに便利でお得なんだね。
　　　では、ポイントカードを持つ人は増え
　　　ているか減っているか。

——「増えた」とつぶやく中、グラフを隠
　　して④を投影。左から開けていくと歓
　　声が沸く。

（流通ニュース）

先生：でも、お客がポイントで買うとその分、店は損するよね。（児童を見回す）

　　　ポイントカードを持つ人が増えるとコンビニは大赤字になるんじゃない？（ゆさぶる）

2　ビックデータ（消費者購入情報）の集め方は？

先生：では、実際の売り上げを見てみ
　　　よう。

　──左端から徐々に見せていくと驚
　　　きの声。

児童：ポイントをいっぱいつけるの
　　　に、なぜコンビニの売り上げは
　　　増えているの？

　──相談⇒発表

先生：ここにその秘密がある。

　──再度カードを提示。隣りの人と
　　　相談して発表させる。

児童：ポイントがほしくて何度も店に来る。

先生：（賞揚しつつ全体に問い返す）他には？

　──再び議論させⒸ「カード入会申込書」を提
　　　示。

先生：これに記入するとお店側にどんな情報が渡る
　　　の？

児童：名前や住所。性別や生年月日。電話番号に
　　　メールアドレスも

先生：ポイントカードで買うと、誰が、いつ、どこ
　　　で、どんな商品を何個買ったかという情報がお店に渡る。店ではこうしたデータを
　　　どう活用するの？

児童：売れている商品を置く。売れていないものはお店に置かない。
　　　よく来るお客さんの年齢や性別にあった商品を増やす。

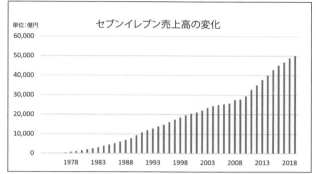

Ⓑセブンイレブン売上高の変化

（株式会社セブンイレブンジャパン）

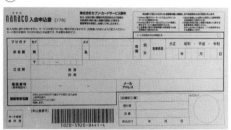

Ⓒ

3　ビックデータを生かして新商品の開発を

先生：Ⓓはあるコンビニで集めたお客の情報だ。
　　　君なら、このお店でどんな新商品を開発す
　　　るか。

　──データを読み、お店の人になったつもりで
　　　考え発表させる。

児童：値段そのままで若者向け大おにぎり。
　　　ケーキを買うとコーヒー２０円安…等。

　──ビッグデータを使った商品開発を疑似的に考えさせ、ふりかえりにつなげたい。

Ⓓ

商品名	年齢	性別	買った人の割合
食パン	６０代	男	５５％
ケーキ	２０代	女	２２％
コーヒー	４０代	女	４０％
おにぎり	１０代	男	３８％
煮物	４０代	女	５０％

（照屋和則　琉球大学附属小学校）

思い出に残る旅行を提供

▶授業のねらい

①多言語の看板を見て、日本へ来る外国人観光客が伸びた理由を考えあう。

②ネット検索やＧＰＳ機能を通して集めた情報が観光産業にどう活かされているか知る。

▶板書例

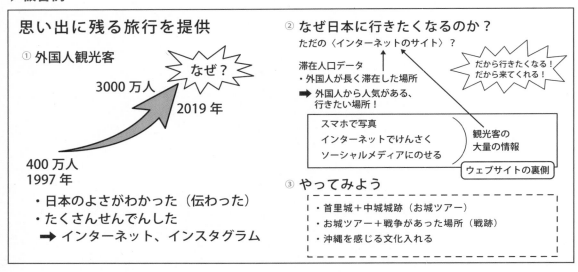

思い出に残る旅行を提供

① 外国人観光客

なぜ？

3000 万人

2019 年

400 万人
1997 年

・日本のよさがわかった（伝わった）

・たくさんせんでんした

➡ インターネット、インスタグラム

② なぜ日本に行きたくなるのか？

ただの〈インターネットのサイト〉？

滞在人口データ
・外国人が長く滞在した場所

➡ 外国人から人気がある、
　行きたい場所！

だから行きたくなる！
だから来てくれる！

スマホで写真
インターネットでけんさく
ソーシャルメディアにのせる

観光客の
大量の情報

ウェブサイトの裏側

③ やってみよう

・首里城＋中城城跡（お城ツアー）
・お城ツアー＋戦争があった場所（戦跡）
・沖縄を感じる文化入れる

▶授業の展開：ウェブサイトの秘密を見える化し、観光へのビッグデータ活用法を知る。

1　外国人観光客の数はどう変化？

—— 黙ってⒶの画像を投影する。

児童：英語がある。漢字もあるね。他の国の言葉も？

先生：なぜ、案内板にいろいろな国の文字があるの？

児童：外国人観光客が増えたから。迷わないように。

先生：これは何のグラフかな？

—— Ⓑを投影。タイトルと2012年まで見せる。

先生：この後どうなると思う？

児童：少しずつ増えるのでは!?　いや、
　　　減っていく！

—— 2019年まで徐々に見せていく。

児童：すごい。13年から一気に増えた。
　　　なぜ？

—— ペアかグループで相談⇒予想を気
　　軽に発表

Ⓐ

Ⓑ

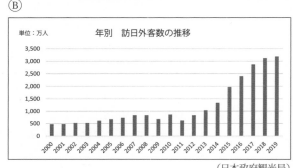

（日本政府観光局）

児童：日本のよさが分かったから。インターネットを使ってインスタ映えするところとか、たくさん宣伝したからじゃないかな。

2　行きたくなるサイトをつくる秘密とは？

先生：遠い外国に居てどうやって日本のよいところを知るか。

児童：インターネットで検索する。（発言を受けて©を投影）

©

児童：きれいな場所の写真だね。
　　　インターネットのサイトじゃないかな。

先生：その通り。これを見て外国人観光客が多く来るんだね。

児童：本当にこれを見ただけで来るの？

先生：ただ適当な写真を載せてもだめだ。外国人が見れば「わあ、行ってみたい」と思うサイトをつくりたい。そういうサイトをつくる秘密を探ってみよう。（まわりと相談させて自由に発言）

先生：秘密は…これだ!!（⑩を投影）

（出典：沖縄観光ブランド Be.Okinawa ホームページ）

児童：何だろう。沖縄のいろいろなところに赤い印がついているよ。
　　　外国人が好きな場所かな。人気のスポットとか。
　　　行ってほしい観光地とかじゃない？

⑩

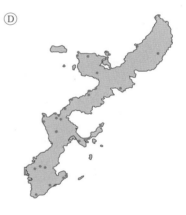

3　ウェブサイトの裏側を見える化しよう

先生：これは多くの外国人観光客が長く滞在した観光地の情報だ。滞在人口データという。

児童：えぇー。じゃあどこに行って、何をしたか分かるの？

先生：スマホで写真を撮ればその場所か記録される。
　　　みんながインターネットを検索したりソーシャルメディアに上げた情報も，そこに行ったり調べたりしたデータも記録される。それらを集めた大量の情報（ビッグデータ）を利用して，ウェブサイトの中身をつくっているんだ。

児童：だからそこに行きたくなって、来てくれるんだね。

先生：では、君たちは沖縄やみんなの地域のどこを宣伝したい？
　　　滞在人口データを見て考えてごらん。

児童：燃えちゃったけど、やっぱり首里城とか。他には、赤い印がついている中城 城 跡かな。
　　　お城ツアーと戦跡を見てまわるツアーをサイトにのせるといいかも。
　　　戦争があった場所や沖縄の文化が感じられるところも人気がある。そこものせよう。

　──滞在人口データを見ることで生まれる児童の自由な発想を楽しもう。その過程で、ビッグデータを活用する観光産業の在り方を実感できるといい。
　　　最後は、子どもの言葉を生かして授業をまとめたい。

〈西竜王　琉球大学附属小学校〉

情報ネットワークは内から外へ

▶授業のねらい

　①医療の情報ネットワークが地域のより広い範囲でも活用されていることをつかむ。

　②今後、情報通信技術（ＩＣＴ）が生活面で果たすであろう役割への理解を深める。

▶板書例

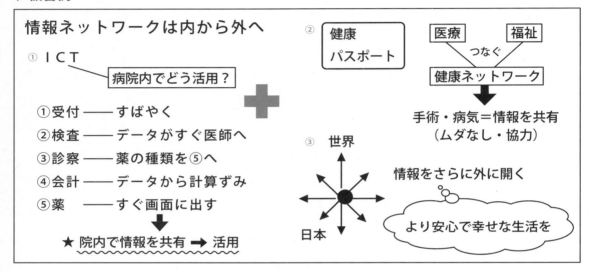

▶授業の展開：情報ネットワークの広がりへの驚きを、ＩＣＴの働きの理解深化につなぐ。

1　病院内の情報ネットワークは？

　　──黙ってⒶを投影。すぐにつぶやきが起る。

児童：病院だ。受付している。

先生：でも、受付の女の人に話していないよ。

児童：診察カードでやる。

先生：機械にカードを入れれば受付はＯＫ？

児童：ＯＫ。持ち主のデータが記録さ
　　　れて、お医者さんにその情報が
　　　行く。

先生：その通り。病院でもそうやって
　　　ＩＣＴを使うんだね。
　　　では、Ⓑの②～⑤ではどうＩＣ
　　　Ｔを使っているか説明しよう。

　　──できるところから自由に説明。
　　　『つけ足しは？』と投げかけ補

完させあう。

②の検査データはすぐ診察に生かされ、会計もはやい。医師が送った情報をもとに薬もすばやく用意される。そのシステムを理解させたい。

2　病院から広がる情報ネットワーク

先生：こうして情報を共有・活用するしくみを「情報ネットワーク」と言う。

そのしくみは現在どれくらい進歩しているだろうか。

──ここで©キビタン健康パスポートを提示する。

©
福島県医療福祉情報ネットワーク
キビタン
健康パスポート
福島県復興シンボルキャラクター
「ふくしまから はじめよう。キビタン」
イベント番号　070701　9999999999
ご氏名
参加確認カード

（福島県医療福祉情報ネットワーク協議会）

児童：診察カードのように個人番号があるね。

「福島県医療福祉情報ネットワーク」と書いてあるよ。何に使うの？

先生：いい質問だね。次の①は加藤さんに起きたことです。©の健康パスポートの情報はどこで使うか考えてみよう。

①

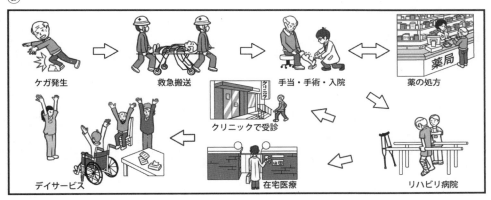

ケガ発生　救急搬送　手当・手術・入院　薬の処方　クリニックで受診　在宅医療　デイサービス　リハビリ病院

──意見が出なければ「医療福祉情報ネットワーク」という語の意味を考えさせる。

児童：分かった！　病院以外や別の病院で患者さんの情報を知る時に使う。

先生：大正解！　そうなるとどんなよい点があるの？（公式紹介動画の視聴も可）

児童：何度も検査したり、同じ質問に答えなくていい。

どんな手術をしたか分かるから、リハビリもやりやすい。

つまり、ネットワークになっている!!

3　外に開かれた情報ネットワークがもたらすものは？

先生：今、外に開かれた情報ネットワークは全国に広がっているんだ。こうしたＩＣＴの活用で私たちのくらしはどうなると思う？

児童：安心してくらせるようになる。幸せになる。

先生：ＩＣＴは売り上げを伸ばし、ほしい商品を手に入れ、楽しい旅行に使うだけじゃない。情報管理に気をつけ、安心で幸せな生活のためさらに活用していこう。

（米須清貴　南城市立馬天小学校）

マイナンバーカードでくらしは向上？

▶授業のねらい

①マイナンバーカードとは何かを知って、賛否それぞれの意見の概要をつかむ。

②その是非を議論する中で、ＩＣＴによるくらしの向上や危険性を多面的に考える。

▶板書例

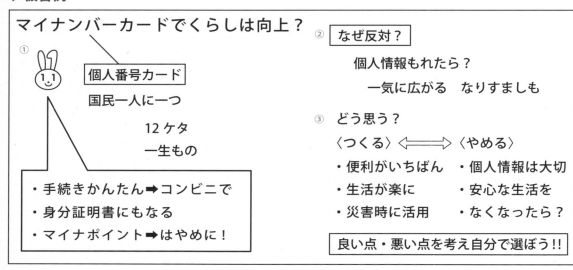

▶授業の展開：情報に関わる１枚のカードの光と影。対立思考の中から理解を深めたい。

1　マイナンバーカードとは？

先生：これを知っている人は？（Ⓐを提示）

　　　——挙手で確認。個人番号カードとある。

先生：マイナンバーカードともいいます。

　　　国民につける１２桁の番号をもとにつ

　　　くられたものだよ。

　　　このカードで何ができるの？

児童：いろいろな手続きがすぐできる。

　　　お母さんがコンビニで使っていたよ。

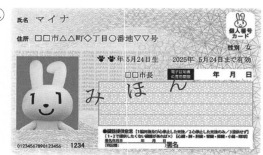

先生：そうだね。これがあれば国や県、市町村の手続きやサービスがコンビニでも手軽にで

　　　きる。将来は図書館や病院でも証明証として使えるそうだ。

　　　——身分証明証にも使える。さらに、新しくマイナポイント制度も始まった。

児童：１枚でいろいろできてお得だね。

2　マイナンバーカードに反対する理由とは？

先生：では、日本の全ての弁護士さんが入る日本弁護士連合会は
　　　この制度に賛成か反対か。

　　──全体を見まわしてから⑧を提示。

児童：「制度から生じる問題点」とあるから反対。

先生：その通りです。なぜ反対していると思う？

児童：うーん…個人情報がもれたら大変だから？

先生：確かにそうだ。

　　　つまり、１枚でいろいろ使えるということは？

児童：一か所で情報がもれたらあちこちに流れる!!

　　──他に日弁連は何と言っているか…（少し間をおいて©を提示）

（日弁連）

Ⓒ

> 「なりすまし」という手法で、借金や高額な買い物をする等、本人に身に覚えのないお金の
> 被害が起こる可能性がある。アメリカや韓国等、マイナンバー制度を先に進めた国で大きな
> 問題になっている。（『マイナンバーって何？』日弁連より）

3　あなたたちはどちらを選ぶ？

先生：ここで賛成反対の意見をさらに紹介しよう。

　　　あなたならマイナンバーカードをつくるかつくらないか。

Ⓓ

①つくりましょう	②やめましょう
マイナンバーカードが広がれば、情報通信技術の活用で災害の時にマスクや品物を国民に確実に渡すことができる。 （内閣府副大臣の発言 2020年3月要旨）	情報が一か所に集まるということは、政府に国民一人一人の個人情報がつつぬけになるということ。個人情報は守りたい。 （自治労連機関紙　2019年8月　要旨）

　　──Ⓓを提示して指名読み。相談タイムの後、ノートに意見を書いて発表する。

児童：私は少しでも便利な方がいい。

　　　①手続きがかんたんになれば時間が無駄にならない。

　　　①このカードも電車に乗る時のＩＣカードも同じと思えばいい。

児童：ぼくはいやだな。今のままだってコンビニでいろいろできるよ。

　　　②私も個人情報を守りたい。

　　　②もし、他の人に使われたらどうするの？

　　──相手の意見をふまえて反論できた子は高く評価する。「対立」の中で、これまで学ん
　　　だ知識を生かして議論を進め、「情報の光とかげ」について理解をいっそう深めたい。

（米須清貴　南城市立馬天小学校）

151

ＩＣＴが世界を救う?!

▶授業のねらい

①ＩＣＴの進歩により私たちの生活が今後どう変化・発展するか。その可能性を考える。

②日本や世界と関わってどうＩＣＴを活用していけばよいか。問題点も併せて考える。

▶板書例

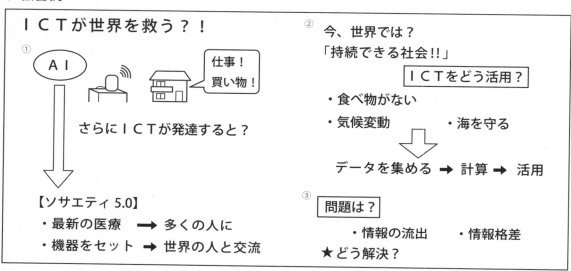

① ＩＣＴが世界を救う？！

AI　仕事！買い物！

さらにＩＣＴが発達すると？

【ソサエティ 5.0】
・最新の医療　➡　多くの人に
・機器をセット　➡　世界の人と交流

② 今、世界では？
「持続できる社会!!」

ＩＣＴをどう活用？

・食べ物がない
・気候変動　　・海を守る

データを集める ➡ 計算 ➡ 活用

③ 問題は？
　　・情報の流出　　・情報格差
★どう解決？

▶授業の展開：近い将来の情報社会の姿に驚いてイメージ化。そこから学びを広げる。

1　ＩＣＴの活用で今後の生活は？

──情報活用に関わるこれまでの学習を振り返りつつ…

先生：さらにＩＣＴの活用が進むと、私たちの生活や社会はどうなるでしょうか？

児童：ＡＩが発達し、人間の仕事が減って楽になる！

児童：家にいて買い物も仕事もできるので便利になる。

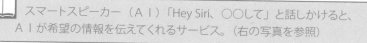 スマートスピーカー（ＡＩ）「Hey Siri、○○して」と話しかけると、
ＡＩが希望の情報を伝えてくれるサービス。（右の写真を参照）

Apple社の「HOME　POT」

先生：ＩＣＴを活用して発展する未来社会・「society5.0」をつくる
　　　研究が日本でも進んでいます。その動画を視てみましょう

経団連によるsociety5.0のイメージ動画（あくまで例示）

＊「society5.0」とは…「サイバー空間と現実空間を高度に融合させたシ
　ステムにより、経済発展と社会的課題の解決を両立する、人間中心の社
　会」教師用指導書　研究編より引用

先生：どうでしたか？

児童：すごかった！　たくさんの人の命を救えそう！

　　　言葉の壁を気にせず、外国の人とも交流できていいな。

　──自由な発言を促し、列挙から相互補完につなげたい。

2　SDGsから見るICT活用の可能性

先生：今、日本や世界には多くの問題があります。そこで国連では、「持続できる社会をつくろう」「誰一人取り残さない」という合言葉で世界の行動目標＝SDGSを17決めて達成をめざしています。

　　　そのためにICTをどう活用できるか。次の問題をやってみよう。

◆ＳＤＧｓの目標達成のために使えるＩＣＴ活用の番号を（　）に記入しよう。（一つ余分あり）

●世界で達成したい１７の行動目標

No.2　食糧に困る人をゼロに（　　　）

No.13　気候変動への対策づくり（　　　）

No.14　海の豊かさを守ろう（　　　）

≪ＩＣＴ　活用例≫

①ＡＩに毎日健康を記録させ異常を発見

②魚の成長のデータを集めてとる量を決定

③売れ方を予測し余分な食品をつくらない

④気温の変化と海面の高さの関係を予想

　──答えを合わせる。ＳＤＧｓを通し、世界的な課題と関連づけて情報通信技術活用の可能性を考えさせたい。（No.2−③・No.13−④・No.14−②）

先生：ＩＣＴは世界の行動目標の達成に生かすことができるんだね。他に日本や世界ではＩＣＴの活用でどんな変化が起きていると思う？

　──予想の後に教科書等で調べさせ、支援用機材等による障害者雇用の広がり・働き方の変化・情報交流を通した世界の一体化等に気づかせたい。

3　情報通信技術の今後の在り方を考える

先生：では、ＩＣＴ活用が急に進むと、何が問題になるかな？

児童：個人情報が流出した事件もあるよ。（Ｎ社は個人情報保護法について記載）

児童：おばあちゃんはスマホとか使えないから…便利になる人とならない人が出てくると思う。（「情報格差」という言葉を提示）

　──こうしたやりとりを通し、自分たちの生活や社会の中での今後の情報活用の在り方や課題を主体的に考えさせて授業をまとめたい。

（屋良真弓　南風原町立南風原小学校）

グリーンマークはなぜ必要か

▶授業のねらい

①グリーンマークの意義を知り、森林資源の膨大な消費の実態に関心をもつ。

②森林が私たちに与える恩恵に気づき、日本の森林の特色を世界と対比して理解する。

▶板書例─3で示す円グラフには、応答に即して順次数値を書き加えていきたい。

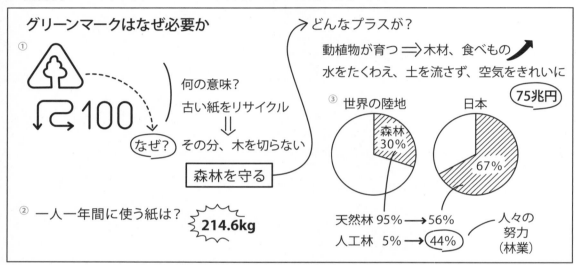

グリーンマークはなぜ必要か

どんなプラスが?

動植物が育つ ⇒ 木材、食べもの

水をたくわえ、土を流さず、空気をきれいに

75兆円

① 何の意味?
古い紙をリサイクル
⇓
なぜ? その分、木を切らない

森林を守る

② 一人一年間に使う紙は? **214.6kg**

③ 世界の陸地 / 日本

森林 30%

67%

天然林 95% → 56%

人工林 5% → 44%

人々の努力（林業）

▶授業の展開：マーク探しにこだわりすぎず森の恵みに関心を向ける。世界との対比も重要。

1　**グリーンマークは何のため？**

　　　──黙って Ⓐ を提示。

児童：あ〜、知ってる。ノートにある。

　　──探し始めた子を称揚すると他の子も続く。

先生：はい、やめ。こんなマークもあった人は？

　　──Ⓑを提示・挙手で確認。

先生：**数字は何を表すの？**

　　──いろいろ話すうち、**使った紙を100％再利用している**
　　意味だと分かる。

　　それに対してⒶは**グリーンマーク**といい、古紙を原則40％以上使う製品に与えられる。

先生：何が描いてあるの？　　児童：木かな？

先生：古い紙を再利用するとなぜこのマークをつけるか。

児童：その分、木を切らないでいいから。紙は木からつくる。

先生：同じ値段なら、このマークのない方を買うかある方を買うか。　　児童：ある方です。

　　──そうやって資源を節約するために、これらのマークは多くの製品につけられている。

Ⓐ

Ⓑ

2　森の恵みはどれくらい？

先生：日本の人ひとりが1年間に使う紙の重さは先生の体重より重い。ホントかウソか。

　　——挙手で予想。2013年度では214.6kg。（日本製紙連合会調べ）体重70kgであれば約3人分にあたる。子どもなら何人分か。ある作家は1人が1年間に使う木の量を次のように述べる。木の高さを想像させたい。

　「それは、直径20cm、高さ18mほどの木の量です。マツならば、樹齢40年ほどの木にあたります。40年もかけて育てられた木を、わたしたちは、毎年毎年、紙にして使っているわけです」（『森は生きている』富山和子 講談社）

先生：いいさ、もっと切ろうという人は？　　——挙手ゼロ。

　　　木や森は大切にしたいという人は？　　——全員挙手。

先生：では、森林があると私たちにどんなプラスがあるか。

　　——相談⇒挙手。動植物に富む森林の絵を投影すると発表も増える。動植物が育つ、空気をきれいにする、水を蓄える、土砂を流さない、人が遊べる、木材がとれる、防風、防雪等たくさんの意見が出る。教科書には、それらの働きを表す絵があるので確認したい。『**これら日本の森林の働きをお金に直すと？**』1年間に約70兆円と計算される。（「森林の有する機能の定量的評価」林野庁）**森は未来につながる国民の財産であった。**

3　世界と比べる日本の森林

先生：では、世界の陸地の約何％が森林か。　　——円を板書・自由に予想。

　　——答えは約30％で3分の1以下だ。森林があるのは世界でも恵まれた地域であった。グラフに記入してさらに問う。

先生：日本の森林は陸地（国土）の約何％か。地図帳で「日本の自然のようす」を見て予想しよう。　　——さらに円を板書・3分間活動。

　　　答えは**約67％**。森林は日本の山地の多くに広がり世界平均の2倍以上もあった。

先生：世界の森林は自然に育った天然林が95％。人間が育てた人工林は5％しかない。**日本では天然林は何％で、人工林は何％か。**

　　——予想の後、黙って答えを板書。天然林56％に対して人工林は44％。**日本の森林の4割以上は、人々が先祖代々育ててきたものであった。**

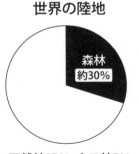

世界の陸地

森林
約30％

天然林95％・人工林5％

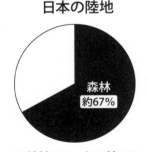

日本の陸地

森林
約67％

天然林56％・人工林44％

先生：森を育てる、そういう仕事を何と言った？　　児童：林業。

先生：次の時間はその林業と日本の森林についてさらに詳しく学ぼう。

地形図の色に注意

　日本の地形図は西欧起源であるため、平地は緑で山地が茶色に彩色されている。実際の日本では山地に森林が広がり緑が多いためとまどう子もいる。留意したい。

林業とはどんな仕事か

▶**授業のねらい**

①杉の姿を比べて枝打ちを行う理由を考え、よい木材を育てるための工夫に気づく。

②作業はどんな順序で進むかを学び、その労苦を知って林業とはどんな仕事かを考える。

▶**板書例**─木の登り方については全発言を板書して評価。カードは文言だけをノートさせる。

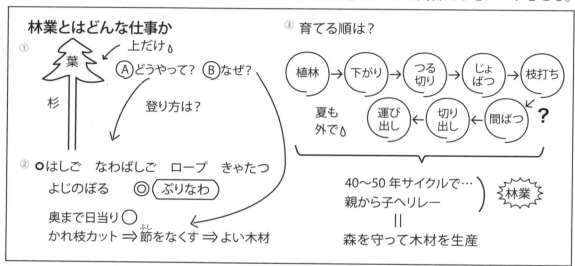

▶**授業の展開：杉の対比⇒木登りの「？」⇒カードの並びかえ。全員をどこかで生かしたい。**

1 杉の木の形はなぜ違う？

先生：林業とはどんな仕事だった？

　　──復習して④を提示。（鮮明な画像はネットで検索可能）間をおいて⑧を示すと驚きが増す。

先生：⑧は④に比べてどんな違いがあるか。

　　──相談⇒発表。

児童：④は枝葉がびっしり。⑧は上の方だけ枝葉がある。④は自然のまま。なぜ⑧はこんな形になったか。

先生：いい疑問だ。なぜ？（全員に戻す）

児童：枝を切った。

先生：この人に質問は？（再び戻す）

児童：いいけど、なぜ切るの？ どうやって切るの？

　　──応答をつなげ、子どもから課題を引き出し子どもに返したい。

2　枝打ちはどのように行うか

　　——続く発問は「なぜ」より「どのように」を先行。

先生：どうやって⑧のような高い木の枝を切るか。

　　——⑧の画像を再提示。子どもは喜々として相談する。ロープ
　　　説、脚立、はしご説等に加え、「スパイク＋登り棒方式」
　　　まで出ることがある。具体的に学ぶので、「ロープをうま
　　　く上の枝にかけられるか」「山奥ではしごを運ぶのは大変」
　　　等の反論も出やすい。

先生：**本当はどうやって登るか**。低い時ははしごでもよいが、高
　　　い木では不可能だ。古くから行っている「ぶり縄」の技を
　　　紹介しよう。

　　——⑥を提示して子どもに説明させるか、ネットで検索した
　　　「ぶり縄」の動画を見せる。下の方の足場のロープを外し
　　　たら上につけ、次はそこに登って枝を切る。終わったらま
　　　た頭の上に足場をつくり、さらに高く登っていく様子を紹
　　　介したい。昔からの知恵のすごさに子どもは驚く。

先生：**こんなに苦労して1本ずつ枝を切る（枝打ちする）のはなぜか？**

　　——発表は数人でも可。他の子にはその意見から学ばせる。奥の木への日当たりもよくな
　　　る。また、枯れ枝が幹に残って節になると板にした時に値が下がるので、それを防ぐ
　　　ためだと補説する。よい木材をつくろうとすれば枝打ちは欠かせない。

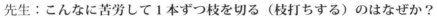

3　林業の順序を知り感想を出そう

先生：林業ではどんな順序で森を育てるか。カードを正しく並べてみよう。

　　——拡大して黒板
　　　に貼付。あれ
　　　これ言いなが
　　　らみなで並べ
　　　かえる中で仕
　　　事の順序が見
　　　えてくる。
　　　（②③④①⑤）

①除伐　じゃまな木を除く

②植林

③下刈り

④つる切り

⑤枝打ち

先生：何が大変か。

　　——暑さの中での
　　　野外労働の労苦等をイメージさせたい。

先生：枝打ちの後は何をする？

　　——つぶやきの後に教科書で検証。弱った木を切り、残る木を丈夫に育てる間伐、40〜
　　　50年後の伐採⇒倒した木の運搬等の作業が分かる。**こうした労働を長期間継続する
　　　ことで木材が生産され、森林が守られる。**
　　　最後に再び林業とはどんな仕事かを問う。それは「木を切るだけの仕事」ではなかった。

昔の知恵・今の工夫

▶授業のねらい

①森林に恵まれた秋田では、どう人工林を育てながら木材を生産しているか理解する。

②秋田では昔から杉材で何をつくってきたかを知り、現代の森林資源の活用法を考える。

▶板書例

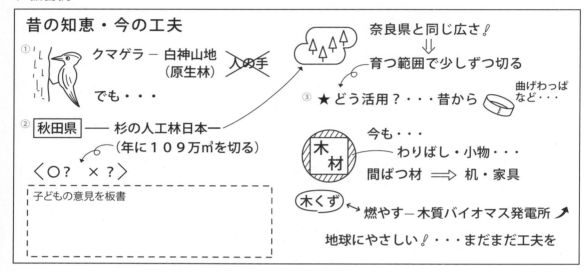

昔の知恵・今の工夫

① クマゲラ－白神山地（原生林）　人の手

でも・・・

② 秋田県 ── 杉の人工林日本一（年に１０９万㎥を切る）

〈○？　×？〉

子どもの意見を板書

奈良県と同じ広さ！
⇩
育つ範囲で少しずつ切る

③ ★どう活用？・・・昔から　曲げわっぱなど・・・

木材　今も・・・
わりばし・小物・・・
間ばつ材 ⇒ 机・家具

木くず　燃やす－木質バイオマス発電所 ↗

地球にやさしい！・・・まだまだ工夫を

▶授業の展開：クマゲラ探し⇒地図帳のフル活用へ。再生資源である木材の価値を再発見。

1　クマゲラは地図帳のどこに？

　　──黙ってⒶを投影。

児童：かわい〜い。キツツキだあ。

先生：その仲間で最大のクマゲラだ。

　　　大きさは50㎝ほど。東北地方のどの山地にいるか。地図帳でその絵を探そう。

児童：見つけた〜!!　え〜、どこどこ？

先生：山地の名は？

　　　どのあたりにあるの？

　　──そこは青森と秋田の県境に広がる。白神山地である。

　　　天然記念物のこの鳥は、世界自然遺産に指定されたその広大なブナ林に住む。

Ⓐ

先生：面積は約170㎢で日本第二の湖・霞ヶ浦とほぼ同じ。あまり人手が入らないこうした森林を原生林という。住む生き物は４千種。地元の人はここで木を切るの？

児童：切らない。木を守る。自然は大切。

2 杉を切ることに賛成？ 反対？

先生：では、秋田県の木材生産は少ないか。（つぶやきを受けて）地図帳の統計で調べよう。

児童：おお、4位だ。

先生：何の木を多く育てるか。東北地方の地図でマークしよう。

児童：杉だ。秋田杉!!

先生：県の杉人工林面積は日本一。2015年には約109万㎥の杉材を生産した。

　──ここで1m尺を使って1㎥の体積を確認。その109万倍だと補説する。

先生：人工林の杉を毎年これだけ切ることに賛成か反対か。

児童：反対。自然が壊れる。白神山地も保護している。

児童：賛成。人工林はまた植えればいい。

　──ここで⑧を提示。（　）に予想を記入して発表へ。

⑧ 秋田県の杉人工林		
面積	3674㎢	奈良（　）と同じ
切る量	109万㎥ (2015年)	東京ドーム （　　　）杯分

　正解は奈良「県」・「0,9」杯分。年々木が育つ広大な森林から、自然を壊さない範囲で少しずつ切るのである。森を育て森の恵みを生かすのが林業であった。

3 森林資源をどう活用？

先生：秋田では昔から杉を材料に何をつくるか。地図帳で絵を探そう。

　　　ⓒ

　──曲げわっぱ・桶樽・かば細工（山桜の皮を張る）を発見。誤答がないので挙手が活発。日ごろ目だたない子を指名する。

先生：プラスチック製よりよい点は？

児童：捨てても自然を壊さない。地球にやさしい。地元でつくれる…等。

　──曲げわっぱには、水分が逃げ空気が通るのでご飯が傷みにくい利点もある。続いて、下のように円を板書して問う。

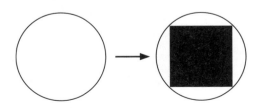

先生：ここから四角い材木をとると残りはどうするか。

　──捨てる、燃やす等のつぶやきを受け割り箸を提示。

児童：そうか!!　頭い〜い。

先生：他にどう木材を利用するか。教科書で調べよう。

　──木くず等を燃やす木質バイオマス発電所も全国60以上に増えた。森林資源をさらに活用する現代の工夫を確認し、教科書の関連記述を読ませふりかえりとしたい。

がんばれ 林業○○

▶**授業のねらい**

①木材自給率の低さや林業従事者の減少に着目し、なぜそれが増加に転じたかを考える。

②林業女子をめぐる論議の中で森林や林業への認識を深め、自然保護活動に目を向ける。

▶**板書例**——○○の中の文字は、２で答えが明らかになってから記入する。

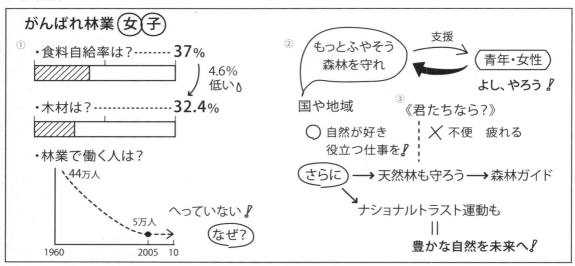

▶**授業の展開：グラフの見せ方がカギ。林業女子に共感する子を軸に話しあいを活性化。**

1　林業で働く人の数はどう変わる？

先生：復習です。2018年の**日本の食糧自給率は何％**？　　児童：え〜？

　——帯グラフを板書し、子どもが発表した割合を記入していく。

先生：正解は…37％。　　児童：やったー。

　——復習は授業自体の中で行いたい。

先生：では、日本で使う木材の自給率は何％か。

　——これも自由に予想させて帯グラフに記入。正解
　　は32.4％である。（2018年・林野庁）

先生：食糧自給率と比べると？

　—— 4.6％低い。**1955年には94.5％もあった木材
　　自給率はここまで減った。**

先生：なぜ？

児童：輸入の方が安い。

　——だが、2000年の自給18.2％からは挽回した。
　　続いて⒜を左端の数値以外を隠して提示する。

Ⓐ **林業で働く人の数の変化**

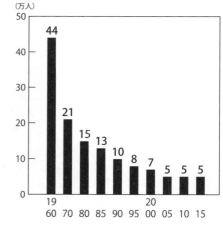

先生：**林業で働く人の数はどうなるか予想しよう。**

児童：減っていく。売れないと生活できない。　　──徐々に数値を明らかにしていく。

児童：すごく減っている。　　──1985年でストップ。31万人も減ったことを確認。

先生：**この先は？**　　児童：もっと減る。今度は増える。

　　──今度は2005年でストップ。ついに5万人になったことを確認。

先生：**次は？**　　児童：もっと減る。ゼロになる。今度こそ増える。

先生：**もっと減ったら手入れができなくなって木が倒れたり土砂崩れが起きるかも…。**

　　──最後の2015年まで数値を示すと減少が止まっていた。

児童：**ええ？　減っていたのになぜ止まったの？**

　　──**以上のようにグラフを示していくと子どもから課題が生まれ、読む力も育つ。**

2　すごいぞ！林業女子

先生：**例えばどんな人が林業で働くようになったと思うか。**

　　──予想があればどんどん発表。
　　　　なければしばらく間をおいてⒷ
　　　　⇒Ⓒの順で提示する。

児童：**女の人だ！　木を切っている。
　　　　機械も使う。**

　　──板書の○○に女子と記入。
　　　　林業を盛んにしたい市町村や国

(提供　朝日新聞社)

は、希望者に仕事を教え山で働けるよう支援する。そこには女子も加わって各地に**林業女子会**をつくり、森林ファンを育てている。それも働く人が減らない理由の1つであった。（ネット等から様々な林業女子会の画像を検索したい）

3　様々な自然保護活動に目を向けよう

先生：**君たちなら林業女子（男子）になりたい？**　　児童：給料はどれくらい？

　　──ある地域では1日1万2千円×200日（晴れの日）＝年間240万円。家賃・ガソリン代・着任費等を入れて年に最高460万円という所もある。

先生：**なりたい人は？**　　──挙手。

先生：**いやな人は？**　　──挙手。

先生：**それぞれの理由を言おう。**

　　──森林や林業に関する既習の知識を大いに活用させたい。
　　　　なりたい人：環境を守る仕事だから、町より自然が好き、田舎くらしがしたい
　　　　いやな人：危険、疲れる、不便、給料安そう、他のことをやりたい

先生：**では、人工林でなく天然林でも木を切っていいの？**　　児童：ダメ。自然が壊れる。

先生：**では、天然林は誰がどうやって守る？**

　　──教科書等からナショナルトラスト運動やラムサール条約、森林ガイド等の事例を挙げさせる。運動と条約と人結びつくところがポイントだ。
　　　　森林・自然環境保護への様々な努力に気づかせ、調べ学習につなげたい。

マスクをつけろ

▶授業のねらい

①小学生たちがなぜマスクをつけるかを考え、工場による公害がその原因であることを知る。

②１人の少女に共感し、工場側の意見も知ってどうすれば問題が解決できるか考える。

▶板書例

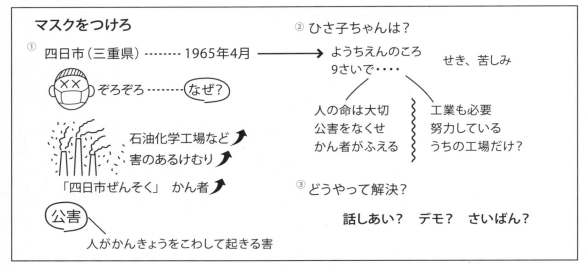

▶授業の展開：「マスク」で関心を高めた後、文章を読み深めて相手の意見も知ることが重要。

1　ぞろぞろ歩くマスクマン

　　——「**四日市**」と板書。

先生：読み方は？

児童：よっかいち。

先生：正解。地図帳で大きく載るページを開こう。

児童：あった。

　　——30秒ほど間をとり読図。発表後に🅐を提示する。

児童：みんなマスクだ。後ろに煙突がたくさん。くもり空。

先生：1965年4月5日の四日市です。

　　——工場が多い地区の3小学校・計3300人に一斉配布。

　　　　町の人は突然のマスクの行列に目を見張った。

先生：**コロナはない時代だ。君たちならつけたい？**

児童：いや。めんどう。

先生：では、そのころの四日市の子はなぜマスクをつけたか。近くの人と相談しよう。

　　——一部の子が正答を先に出すと授業がしぼむ。挙手者を増やして指名したい。

（毎日新聞社　提供）

児童：空気が汚れたから。地図に工場が多い。多くの工場の煙で…等。

　　──**埋立地の多くの工場が有害な煙を出し、1965年には203人のぜんそく患者が発生。四日市ぜんそくとよばれた。海も排水でどぶのよう。背骨の曲がった魚が獲れた。**

先生：**人間の活動によりこうして環境が破壊されて起きる災害を……公害という。**

　　──当時の学校や子どもの様子が教科書にあれば参照させたい。

2　ひさ子ちゃんに寄り添って考える

先生：ぜんそくになったひさ子ちゃんの話を読み、感想や質問を出そう。

　　──シートを配布。（最初に⑦だけを読む）

> ⑦　四日市でぜんそく患者が増えはじめたのは、石油化学工場等の活動がさかんになる1965年ころからだ。しばらくすると、近くの幼稚園に通うひさ子ちゃんも息をするのが苦しいほど咳（せき）こむようになり、小学生になっても治らなかった。
>
> 　「引っ越したら？」と医者に言われ、10kmほどはなれた家に移るが転校はしないでがんばる。でも学校へは半分くらいしか通えなかった。4年生になり、「2学期になったら、グループは女どうしになりたい。係はもう一度、国語係になりたい」と希望を話していたが、家の中でたおれたひさ子ちゃんは1972年9月2日に9歳でこの世を去った。
>
> 　公害が原因と国が認めた四日市のぜんそく患者は1966年に353人であったが、翌67年には399人に増える。ひさ子ちゃんの亡くなった1972年には955人になっていた。
>
> ④　工場を動かす人の考え（例）
>
> 　「煙や排水を減らせ」という人も、石油からつくる製品をたくさん使っている。だから生産は止められない。だが、できるだけの努力はしているつもり。私たちの工場の煙がぜんそくの原因だというが、他の工場も害のある煙を出している。どこの煙で病気になったか分からない。一方的に私たちのせいだと決められては困る。

児童：かわいそう。でも患者は増えていく。工場は反省しないの？…等。

先生：次は④工場側の考えも読んでみる？

児童：読んでみる。

　　──**共感の上に、立場の異なる意見にも出あわせ思考をゆさぶりたい。**

3　どうすれば解決できるか

先生：公害・四日市ぜんそくに苦しむ人たちは、どうすればこの問題を解決できるか。

　　──2分間相談。

児童：話しあう、デモする、工場にのりこむ、国に言いつける、警察に言う、工場をうったえる、裁判する、…等。

　　──反対意見や質問もどしどし言わせる。出ない場合は教師の側から切り返す。『デモしても効き目がなかったら？』『どこの煙か分からないのに警察が工場に命令できる？』**長引かせはいけないが、大いに迷わせたまま本時を閉じる。**

　　時間があれば感想を提出。共感的な意見や論理的な意見を次に紹介したい。

マスクをはずせ

▶授業のねらい

①新聞の見出しを順次読みとり、公害解決のために多様な住民運動が起きたことを学ぶ。

②裁判を機に対策がとられ、青空は戻るが患者は残ったことを知って今後の課題を考える。

▶板書例

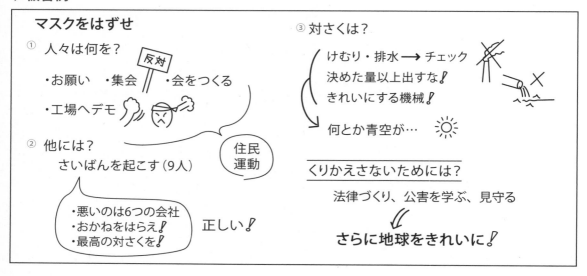

マスクをはずせ

① 人々は何を?

　・お願い　・集会　・会をつくる　反対

　・工場へデモ

② 他には?

　さいばんを起こす（9人）　　住民運動

　・悪いのは6つの会社
　・おかねをはらえ！
　・最高の対さくを！　　正しい！

③ 対さくは?

　けむり・排水 ⟶ チェック
　決めた量以上出すな！
　きれいにする機械！

　何とか青空が…

くりかえさないためには?

　法律づくり、公害を学ぶ、見守る

　　さらに地球をきれいに！

▶授業の展開：最初は見出しだけ。紙面から見出しを読みとり初歩的なＮＩＥへ。

1　苦しむ人々は何をしたか

先生：公害に苦しむ人はどうするか。いろいろ意見が出たね。

　　——子どもたちが、前時を想起してつぶやき…。

先生：**実際には何をしたか**。新聞の見出しを読んで気づくことを言おう。

　　——Ⓐの①だけを提示。

児童：市に**お願い**した。

先生：お願いがダメだと何をするかな?　　——②も示す。

児童：**集会**を開いた。1500人も集まった。

先生：集まるだけでいいのかな?　　——③も提示。

児童：**会をつくった**のか。

Ⓐ

① 市へ公害などで要望
1963・1・22

② 公害に怒りの市民集会 四日市
公園に千五百人が参加
1967・6・17

③ "命守る輪広げよう"
四日市 公害患者の会設立
1968・12・8

④ 公害工場へ直接抗議
四日市 住民、押しかける
1970・7・9

先生：集まる＋まとまる。そこで何をする？　　──問いかけて④を提示。

児童：ホントに工場に押しかけた。デモもしたと思う。

先生：①～④を並べて分かることは？

児童：いろいろやっている。長い間やっている。

　　──人々によるこうした取り組みを住民運動とよぶことを押さえたい。

2　裁判の結果を知ろう

先生：他には何をする？　　──Ⓑを提示。

児童：万歳している。裁判？

先生：何が起きたか。みなで見出しを読もう。

　　──相談⇒発表。断片的な気づきを教師がまとめる。

　　患者（9人）が6つの会社を訴えて裁判に勝ち、会社側が8800万円支払うことになったのだ。裁判所は、「うちの工場」も他の工場も共に「不法」をしたと判断した。《人の命は何より大事。世界最高の技術で四日市の公害をなくせ》と言われて会社はその実行に努力し、国や市も協力する。四日市の公害に苦しむ人々は、**住民運動＋裁判という道を進んで問題解決を目指したことを押さえたい。**

Ⓑ

大気汚染は企業責任

四日市訴訟　患者が全面勝利

六社が不法行為
損害　八千八百万円払い、コンビナート立地に誤り

（毎日新聞　1972年7月24日）

3　再び公害を起こさせない

先生：**現在の四日市に青空は戻ったか。**

児童：戻ったと思う。昔ほどひどくない。

先生：その通り。どんな対策をしたと思う？

　　──教科書を調べて簡単に発表させる。または右の資料で代替。

先生：**これで公害は解決したと思う？**

児童：…。

先生：2005年になってもぜんそくで苦しむ人は500人ほど残っていた。**病気はすぐには治らない。**

先生：二度とこうした公害を起こさせないためにはどうすればよいか。

　　──ノートに記入⇒発表。「法律をつくる」「罰を厳しくする」等いろいろ出る。その通り。ここで〈四日市公害と環境未来館〉等の画像を提示すると、「みんなに公害の恐ろしさを伝える」といった意見も出る。

先生：**もし、四日市の被害を忘れて世界に公害が広がったら？**

児童：また病気が増える。地球が滅びる。

　　──ＰＭ2.5に悩む中国からも四日市へ視察に来ることを伝えて授業を閉じたい。

> ①けむりや排水の内容をチェック。害になるものは、決めた量以上出させない。
> ②けむりや排水をきれいにする機械をつくって取りつける。
> ③工場と町の間に緑の公園をつくり、けむりが流れるのをおさえる。（空気もきれいに）
> ④患者の生活や病院の費用を助ける。

ネコがおどる？

▶授業のねらい

①猫に続いて人間にも異変が生じたことを知り、水俣病が起きた原因について考える。
②病気発生のしくみをつかみ、環境は改善しても未解決の問題が残ることに気づく。

▶板書例

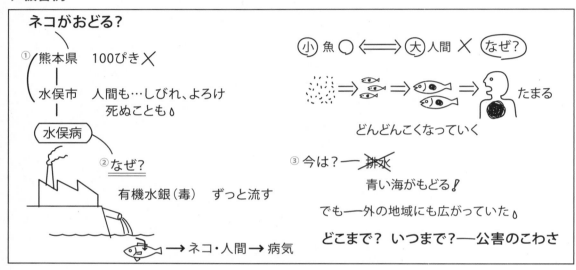

▶授業の展開：動物好きな子を引きこむ。　2 はゆっくり学び 3 は簡潔にして時間配分に留意。

1　猫の次は人間だ

先生：猫を飼っている人は？

　──数や名前も聞く。賑やかになったところで表情を引きしめて Ⓐ を提示。気づくことを言わせて次のように話す。

先生：熊本県のある市では、1953（昭和28）年の6月初めから、海辺の120軒ほどの地区で、猫がふらふらした後にキリキリ舞いしておどり狂い、死ぬようになった。100匹近い猫は全滅。貰ってきても次々死に、ネズミが増えて魚を食べ荒らした。その市の名は最初が「み」。地図で探そう。どんな所か。　　──作業。

児童：あった。水俣だ。前が海…等。

先生：正解。では、猫の次におかしくなったのは？　また、水俣で発生したこの病気を何というか。

　──知っている子もまず友達と確認⇒発表へ。　児童：人間がやられた。水俣病です。

2 小さいものから大きいものへ

先生：**なぜ水俣病が起きたのか。**

──断片的なことでも発表させる。それらをつなぎ次の３つを確認する。

①水俣にある大工場が、有機水銀という毒の混じった排水を長い間流し続けていた。
②その海にいる魚に毒が移っているのを知らず、猫も人間もずっと多くの魚を食べていた。
③その毒が体に入ってまず小さな猫が、次に大きな人間が中毒になる。それが水俣病。

先生：患者は手足がしびれ、視力が下がる。よろよろ歩くようになり、重くなれば命を失う。
　　　でも、小さい魚が死なないのになぜ人間が命を失うのか？

──予想の後にⒷを提示し、分かることを発表させる。

児童：小さい魚は毒の量が少ない。それを
　　　大きい魚が食べると毒が多くなる。そ
　　　れをまた人間が食べて毒がどんどん濃
　　　くなって溜まっていく。

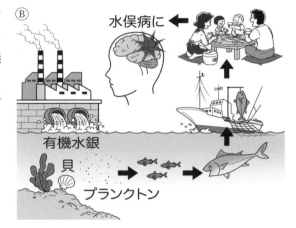

Ⓑ

──猫は人より体が小さいので少しの毒で
　　発病した。**猫の狂い死には、次に来る**
　　人間の運命の先取りであった。

先生：人間の中で体の小さいものは？

児童：子どもだ！

──教室は騒然。問題は自分事であった。

3 魚は泳ぐ・運ばれる

先生：現在の水俣はどうなっているか。気づくことを言おう。

──教科書に美しい水俣湾の写真があればそれを参照。ネット等の画像を示しても可。

先生：では、**これで水俣病は解決したか？**

──「完全に解決したわけではありません」「問題
　　が残っています」と記す教科書もある。
　　なぜか。ここで©を提示。

先生：上天草市を探そう。そこに住むＫさんも水俣
　　　病と同じ表れがあるので助けてほしいと言う。
　　　国は患者として認めるか？

児童：■の外だから関係ないのでダメ。

先生：でも、**水俣の魚がそこまで泳いできたら？**

児童：そうか。食べるね。

先生：鹿児島県伊佐市（地図参照・海がない）に住
　　　む女性２人は、売りに来た水俣の魚を食べてい
　　　て病気になったことを熊本県が認めた。

──どこまでいつまで**被害は続くのか。**公害問題解決の難しさを感じさせて『**では、君た**
　　ちは公害を出していないね？』と最後に問う。

167

びわ湖を救え

▶授業のねらい

①琵琶湖の果たす役割や地形の特色を知り、その汚染と人々の生活との関連に気づく。

②琵琶湖の環境改善は人々の努力によることを知り、自らの地域の問題に関心を広げる。

▶板書例──1の板書はⒶからⒷに進める。

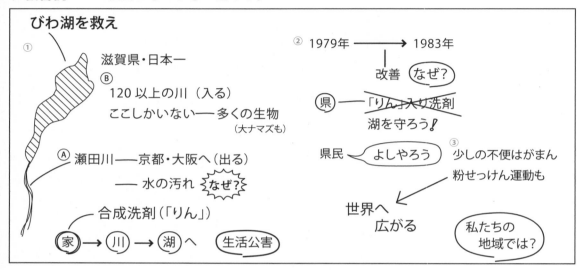

```
びわ湖を救え

①                                    ② 1979年 ──────→ 1983年
        滋賀県・日本一                        │
      Ⓑ                              改善 （なぜ？）
        120以上の川（入る）
        ここしかいない── 多くの生物       県  ──「りん」入り洗剤
                    （大ナマズも）          湖を守ろう！

      Ⓐ 瀬田川── 京都・大阪へ（出る）      県民 （よしやろう） ③ 少しの不便はがまん
        ── 水の汚れ （なぜ？）                              粉せっけん運動も

        合成洗剤（「りん」）                世界へ
                                        広がる          私たちの
      家 →  川 →  湖 へ   生活公害                        地域では？
```

▶授業の展開：2では逆転と驚きで子ども側から課題を出させ、討議の活性化につなげたい。

1　琵琶湖を汚したのは誰か

先生：日本で一番広い湖は？　　児童：琵琶湖。　　先生：何県？　　児童：滋賀県。

先生：**地図帳で琵琶湖を探し、瀬田川をマーカーで辿ろう。**何が分かるか。

　　──作業・つぶやき。

児童：京都や大阪に流れて海に出る。淀川になる。

　　──**流れ出る川は1つだけ。京都や大阪の飲み水はこの琵琶湖水系から主にとられている。**

先生：逆に、琵琶湖に入る川はいくつ？ 30秒でできるだけ数えよう。　　児童：9本

　　──地図にないものも入れれば、1級河川だけで120本ある。

先生：琵琶湖には他にいない動植物が50以上いる。

　　　その1つビワコオオナマズの大きさは？

　　──間をおいてⒶを提示。最長120㎝、20㎏。日本の

　　　川や湖にいる最大の魚だ。そうした魚が住める豊か

　　　な自然は貴重である。

先生：湖が汚れたらナマズは？　　児童：滅びる。

先生：ならば、琵琶湖で公害は起きただろうか。

――挙手で賛否を問い理由を発表。

児童：起きない。近くに工場地帯がない。起きた。汚れた水が川から流れた。

先生：**なぜ水が汚れたの？**　　児童：みんないろいろ流すから。　　先生：その通り。

――洗剤の箱を提示。とくに「りん」（白い輝きをつくる成分）が入った合成洗剤が水を汚した。

先生：**流れ出る川と流れこむ川の比率は1：120。海なら薄まる汚れも湖ではたまる一方だ。**四日市ぜんそくや水俣病が産業公害ならこちらは生活公害。**便利な生活で汚れやゴミを増やす私たちもその公害に関係していたんだね。**

2　琵琶湖はなぜきれいになったか

――Ⓑを配布。

先生：（汚れ小）の部分を水色でぬろう。⑦と④ＡとＢどちらが1979年と1983年か。予想を（　）に入れよう。

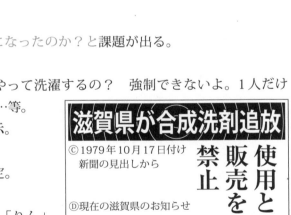

――圧倒的多数は⑦を1983年にする。汚れが年々ひどくなったという。

先生：⑦は1979年で④は1983年。

児童：え〜！きれいになったの？…等。

先生：そうです。知りたいことは？

――子どもの側からなぜ琵琶湖はきれいになったのか？と課題が出る。

先生：みんなで話し合って考えてみよう。

児童：合成洗剤を使わない、じゃあ、どうやって洗濯するの？　強制できないよ。1人だけやっても意味ない。法律つくればいい…等。

――**話し合いが詰まったところでⒸを提示。**

児童：ホントに禁止したんだ。

――県議会はどの党の人も全員一致で決定。

児童：洗濯どうするの？

――ここで隠していたⒹを明示。禁止は「りん」の入った洗剤なので、「りん」の入らない洗剤や洗濯石鹸は使える。

先生：**滋賀県の人々は、自分の洗濯物を光らせることよりみんなの琵琶湖を守ることを大事にしたんだね。**君たちはどう思う？

児童：いいと思う。自分たちも協力するから湖がきれいになる。

3　私たちが学ぶことは？

先生：でも、その後また琵琶湖は汚れ始めた。**公害で環境を汚すのも人間なら、環境を守るのも人間だ。**今、私たちの地域の川や海、湖はどうなっているだろうか。

――川や湖等の環境を改善した事例が自地域にあれば、次時はそこから学習を広げたい。

自然はまわる

▶授業のねらい

①人間が使う水の量を視覚的につかみ、その大切さを感じて流した水の行方を考える。

②自然のサイクルと人との関係を学び、既習事項をつなげて環境保全への意識を高める。

▶板書例—水色（川や海）・緑色（山）・茶色（汚れ）等の色チョークを活用したい。

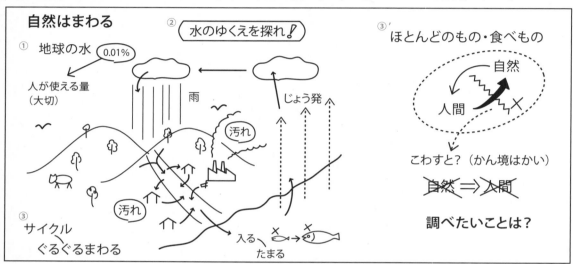

▶授業の展開：応答を通して板書図を描き、視覚に訴えて全員参画。調べ学習の意欲を高める。

1　使える水はどれくらい？

先生：先生は魔法使いです。（反応を受けてから）

先生：魔法使いなので、**地球上にある13.5億ℓの水を、これだけにギュッと縮めました。**

　　——**水を入れた1ℓのペットボトル4本を次々と教卓に並べる。**（ボトル1本から想起させたり、画像を提示しても可）

先生：海水も川や湖の水も地下水も雪や氷も全部入っています。このうち私たち人間が使える水はどれくらいか。前へ出て、予想した量をカップに入れよう。

　　——大小の透明計量カップ5つを取り出す。希望者が次々と出てきて水を入れる。

先生：正しいと思うものに手を挙げよう。　　——順次挙手。

先生：正解は…。

　　——ここでポケットからスプーンを取り出し、1杯の水をすくう。

先生：これで終わり。　　児童：え〜！

──その割合は地球の水全体のわずか0.01％である。（『日本の水資源』平成25年度 国土交通省）

先生：このわずかな水が汚れたり使えなくなったら人間は？

児童：生きていけない。

先生：琵琶湖の水を守ることは、その大切な水を守ることだったんだね。

2 「水のサイクル」とはどのようなものか

先生：私たちが流した水はその後どうなるか。水の行方を追究しよう。

──相談。個々の発表をつなぎ図化しながら板書を完成させると、使われた水が蒸発して空に上り、また雨や雪になって地上に降り注ぐ「水のサイクル」が見えてくる。

先生：図を見て分かることを言おう。

児童：水はぐるぐる回っている。人間はその少しだけを使う。使ったら戻す…等。

──水だけではない。**人が使うもの・食べるものも自然から生まれ、かたちを変えて自然に戻っていく。人間は、その自然のサイクルの中で自然の一部として生きていた。**

先生：水はどこで汚れるの？　　児童：人間の使うところ。

3 これまでの学習をまとめよう

先生：その汚れや毒が少しずつ海に流れていくとどうなるか。

──板書図の海を指し示す。

児童：溜まっていく。海が汚れる。魚が死ぬ…等。

先生：どこかで似たことを勉強したね。　　　──触発。

児童：あっ！ **琵琶湖と同じだ。湖を大きくしたのが海だ。魚が減ると人間も困るよ。**…等。

先生：**もし、海に流れた毒が小さい魚に入ると？**　　児童：大きな魚が食べる。

先生：それから？

児童：それを人間が食べる。**水俣だ！**

先生：今度は空だ。最初の授業を思い出そう。**地球を１m30cmに縮めると空気の厚さは？**

児童：ああっ、勉強した。（忘れていたらノートを見直す）　１mmだ。

先生：**そこに、汚れた煙がどんどん出ていくと？**

児童：空気が汚れる。**四日市だ！ みんな関係していた。そういうことか**…等。

──**様々な既習事項が地球環境という大きな視点から意味づけられ、関連づけられる。今までなぜ各種の公害を学んだか、その理由が分かってくる。これがまとめの授業である。**

先生：これまでの公害の学習を通して分かったことや感じたことを書こう。

──配布した用紙またはノートに記入。

　　　最後の５分間で、できれば全員にひとことずつ感想を発表させ、授業をまとめたい。

　環境や公害・森林等への関心が高まったところで、さらに調べ学習に入るのもよい。エネルギーや原発問題への発展もOKだ。「はがき新聞」を作成させ、宛先を決めて実際に発信する実践もある。また、「はがき新聞」を最低１枚作ることを学習課題とし、できた子には２枚３枚と次々つくらせていけば作業の進度差に悩むこともなくなる。では、自然を守りながらその自然が起こす災害にどう対応していけばよいのだろうか。

つながって何が起きるか

▶授業のねらい

①東日本大震災での津波の恐ろしさを知り、それを引き起こした地震への関心を高める。

②他にはない地震の怖さを知り、そこからどんな災害が起きるかを図に表して理解する。

▶板書例—矢印をどんな順で書き加えていくかを考えておきたい。

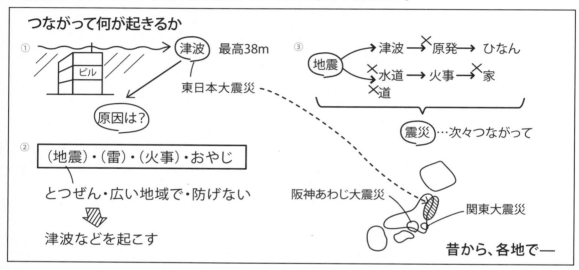

▶授業の展開：ⒶⒷは並列すると効果的。図化の作業では本人も気づかないよさを評価する。

1 津波はビルのどこまで来たか

先生：これなあに？　　　——Ⓐを提示。

児童：つくりかけのビルだ。こわれたビルだよ。

先生：屋上にアンテナがある。　　児童：ホントだ。

先生：場所はここです。

　　——南三陸と板書。

先生：地図帳で探して○で囲もう。気づくことは？

児童：海の近くだ。ああ、もしかして…？　津波で壊れ
　　　たビルだ。東日本大震災だ…等。

先生：正解。

　　——これはその際に全壊した南三陸町の防災対策庁
　　　舎であった。

先生：津波はビルのどのあたりまで来たと思うか。

　　——数人を指名。前に出て、予想する高さのところに付せんを貼らせる。

先生：どの予想に賛成するか手を挙げよう。津波が来たのは…ここまでです。

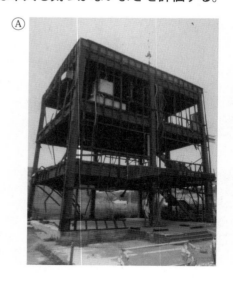

——手で屋上アンテナの半ばあたりを指す。

児童：おお〜、まさか。

——屋上の高さは12ｍ。それに対して津波
　　の高さは15.5ｍ。アンテナにしがみつ
　　いて助かった人たちもいた。

先生：9.4ｍの津波が来た気仙沼港では？

——Ⓑを提示、Ⓐに並列してイメージ化。

先生：次は地図で福島第一（原発）を探そう。
　　ここでの津波の高さは14ｍ。宮古を探そう。その田老地区の津波の高さは…38ｍ。

——ここには高さ10.45ｍ・長さ2433ｍの堤防があったが被害を防げなかった。
　　原発もこわれて、大きな放射能災害が起きた。

先生：なぜ津波が起きたのかだろうか。

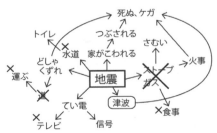

（提供　朝日新聞社）

2　地震とおやじを比べよう

——ここで、（　）（　）（　）おやじと記した短冊を貼付する。（　）には語句が入る。

先生：このことわざを完成させよう。　　児童：**地震・雷・火事・おやじ**です。

先生：一番怖いのは？　　児童：地震。おやじ（笑）。

先生：地震はなぜおやじより怖いのか。　　——対比的発問。

児童：親父と違って津波を起こす。いつ起きるか分からない。親父の被害は家の中だけ。
　　地震は多くの人が死ぬ時もある。親父はそこまでしない…等。

——**大地震は突然広い地域で起き、人間の力で防ぐことができない。さらに、津波等の大
　災害を続けて起こす。だからことわざでは、恐ろしいもののトップに挙げられてい
　た。**地図帳で世界の地震の分布の図を参照させ、日本列島が地震だらけであることに
　気づかせたい。

3　地震から起きる災害を図に表す

先生：地震があると津波の他にどんな困ったことが起きるか。シートに記入しよう。

——シートはＡ３。2〜3人に1枚配布。地震と津波は記入しておく。
　　矢印を使って太字で次々つなげていく。教師は
　　机間巡視して質問に答える。㋐いくつもつなげ
　　れば関連性を褒める。㋑多く書けば量を褒め
　　る。㋒ユニークな発想があればそのアイデアを
　　褒める。5、6分で終了。黒板に貼付してそれ
　　ぞれのよさを発見させる。

先生：**こうして地震から起きる災害をまとめて何というか。**ひらがな4文字。

児童：**しんさい（震災）。**

先生：東日本以外で知っている震災は？　　児童：**阪神淡路大震災、関東大震災、**…等。

——地図帳の主な自然災害の表で地域や年代を確認。
　　この学習を通して、事象のつながりをとらえる力を育てたい。

進んで逃げろ

▶授業のねらい

①被災者の心情と被害者数を知り、大震災で最も多くの人命を奪った津波の脅威に気づく。
②釜石の子がどうやって津波から逃れたかを〇×で考え、避難上大切な点を確かめる。

▶板書例

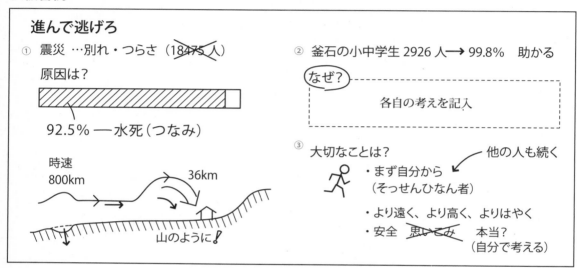

進んで逃げろ

① 震災 …別れ・つらさ （~~18475~~人）

原因は？

92.5% ── 水死（つなみ）

時速
800km　　　36km
山のように！

② 釜石の小中学生 2926 人 → 99.8%　助かる

なぜ？

各自の考えを記入

③ 大切なことは？
　　　　　　　　　　　← 他の人も続く
・まず自分から
（そっせんひなん者）

・より遠く、より高く、よりはやく
・安全　~~思いこみ~~　本当？
（自分で考える）

▶授業の展開： 1 では静かに被災者の気持ちを推し量り、 2 はクイズと切実性で盛り上げる。

1　津波の怖さを知ろう

──Ⓐを配布して黙読。**心に残った箇所に線を引かせ、思ったことを発表させる。**命の重さを感じさせたい。
その上で人数にふれる。

先生：この震災で亡くなったり行方不明になった人は 18475 人です。

（2015 年 3 月 11 日・警察庁）

先生：何が原因だと思う？

児童：地震、津波、火事、土砂崩れ、…等。

先生：その中でいちばん多くの人が亡くなった原因は何か。

──理由を発表させ、挙手で各自の考えを確認。続いて棒グラフを板書する。左から右へ斜線を引いて **92.5%** のところでストップ。黙って「水死（津波）」と

Ⓐ

東日本大震災で生きのびた人は…

　「おふくろが体育館の裏に避難（ひなん）しているはずだったが、不明になっていた。犬だけが体育館裏にぽつんといた。いちばん長生きしてほしい人に会えないのがつらい。会えたら『何て言おうか』と思って必死に来たのに…」　（宮城県東松山市のＩさん・38 歳）

　「幼なじみの 4、5 人と連絡（れんらく）が取れない。地元の人と会うと『生きていたか』があいさつになっている。不明の友人はまだ生きていると信じている」

（宮城県女川町（おながわ）のＫさん・47 歳）

記すとざわめきが起きる。

津波は最初ジェット機並みのスピードで進む。だが、岸近くで急減速するため、後ろから押された海水が山のように盛り上がって一気に襲いかかる。震災で犠牲になった小学生178人もほとんどは津波が原因だ。犠牲者数を自分のクラスの人数と比べたい。

2　津波からの避難・君の考えは？

先生：だが、釜石市では小学生1927人・中学生999人のうち99.8％の命が助かった。欠席して家にいた5人は残念ながら救えなかったが、学校にいた子は全員無事。

その子たちはなぜ津波に巻き込まれなかったのか？

児童：すぐ逃げた。高い所へ避難した。勝手な行動をしなかった…等。

──「なるほどねえ〜」　と共感した上で…。

先生：では、次の4つのうち正しいと思う文には○、間違いだと思う文には×をつけよう。

全部正解なら、君の命も絶対助かる。もしも間違えば…。（騒然）

──各自にシートを配布または電子黒板等に投影。

---

①釜石の子は先生の合図ですばやく集合し、みんなそろって高い所へ逃げた。　（　　　）

②釜石の子はみな学校の屋上に集まり、親が迎えに来るのをおとなしく待った。（　　　）

③中学生と小学生は速さが違うので、となりにある小・中学校は別々に逃げた。（　　　）

④市指定の避難場所に行ったが、そこも危ないと思うとさらに高い所へ逃げた。（　　　）

○か×か1つずつ挙手させて理由を言わせ、正答を確認していく。（①× ②× ③× ④○）1問25点。「うわ〜、ぼくは助からない」切実感が高まる。全問正解は何人いるか。

3　釜石の出来事から何を学ぶか

──釜石では本格的な津波・防災教育を2010年から行い、子どもはそれを実行した。

---

①③海から500mの釜石東中。学校・校庭にいた生徒たちは、強い地震を感じると隣の鵜住居小学校の子に「逃げろ」と声をかけ全速で山の避難所に向かう。泣いている子がいればその手を引いて、いっしょに逃げる。こうした**「率先避難者」**をみて校舎にいた子も逃げ出す。先生たちはその動きを支援した。

②屋上に行けば津波がそこまで来たかもしれない。遠くて高い所へ速く逃げるのが鉄則だ。

④**「想定にとらわれない」**──子どもたちはそう教わっていたので、避難所でも危ないと判断するとさらに上へ逃げた。津波はその後に避難所まで押し寄せてきた。

先生：津波からの避難では何が大切か？

──子どもの発表を整理し下の3点を確認する。

> ア　声をかけ弱者を助けながら、まず自分から進んで逃げる
> イ　遠くて高い所まで速く逃げる
> ウ　「ここは安全」との想定にとらわれず状況をよく考えて動く

先生：私たちの学校では、地震が起きたり津波の危険があるとどう行動するのかな？

──応答の中で、自地域の防災計画への関心も高めたい。

日本の各地に目を向ける

▶**授業のねらい**

①噴火の危険が各地にあることを知り、台風被害や雪害が多い地域を地図帳でつかむ。

②様々な自然災害の怖さを学びあい、被害を防ぐための人々の努力に関心をもつ。

▶**板書例**─貼付した新聞見出しはノートに筆記しなくてもよい。

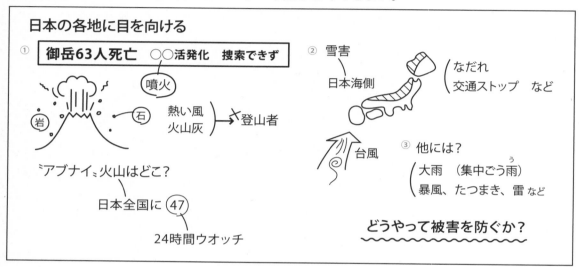

▶**授業の展開：自地域と関わる災害を重視。教科書・地図帳は資料として学習に活用する。**

1　被害者の捜索もできない災害とは？

先生：日本では地震や津波以外に災害はないの？

児童：いや、いろいろある。

先生：では、これは何の災害か。○○に漢字２文字（ひらがな３文字）を入れよう。

　　──新聞の見出しⒶを提示。質問があれば「おんたけ」「そうさく」等の読みを教える。

> ## 御嶽63人死亡　○○活発化　捜索できず

数時間のうちに63人が死んでも捜索さえできない悲惨。その原因の○○とは何か。
正答が出てもすぐには頷かず、挙手で全員の賛否を問う。

答えは「**噴火**」。高さ3067ｍの御嶽山は長野と岐阜の境にあることを地図帳で確認。
2014年９月27日の噴火は多くの登山者を巻きこみ、戦後最悪の火山災害につながっ
た。あえてページを示さず、地図帳で御嶽山噴火写真を発見させると熱心に読みとる。

先生：では、**24時間監視をしている火山はどこにどれくらいある**か。

　　──自由に予想。間をおいてⒷを提示する。

児童：ええ！　こんなにあるの？　　──強い反応を示す子を順次指名して感想を言わせる。

2　地図帳から読み取る災害

先生：でも、監視する火山がない所もある。
　　　それらの地域には災害が起きないの？
　　──想起させる時間を与えてから…。

先生：地図帳・自然災害のページを見よう。

児童：**台風**だ。台風が多く来る。
　　──四国・沖縄に多い。

児童：**雪が積もる**ところもある。
　　──その写真も地図帳や教科書にある。

先生：140cmというと…。
　　──１ m尺で演示。

先生：すごいところは200cm以上。

児童：暮らせないよ。

先生：**雪が積もりすぎると雪害が起きる。**
　　　例えばどんな問題が起きる？

児童：なだれ。交通ストップ。物が運べない。病院に行けない。雪の重さで建物がつぶれたり。電線が切れて停電することもある…等。

先生：スキーができる、豊かな水を提供してくれる等、雪にはよい点も多いけどね。では、200mm以上積もるところを赤くぬろう。

児童：日本海側に多い。北海道は全部。
　　──４分ほど作業。作業の中でつぶやきが生まれる。教師はそれを復唱して個から全体に気づきを広げる。**豪雪地帯（年に合計50m以上の積雪）・特別豪雪地帯（150m以上）を合わせると、国土の52％に達する。**日本は世界屈指の積雪地帯でもあった。

3　教科書から様々な自然災害に目を向ける

先生：これ以外に日本ではどんな自然災害が起きるか。
　　──「**洪水**」「**大雨**」「**暴風**」「**竜巻**」「**雷**」等いろいろ出る。原発事故等の人災が出れば、それが津波という自然災害に関連して生まれたことを押さえる。

先生：そうした自然災害の写真が教科書にないかな？
　　──真っ先に手を伸ばした子を褒めると他の子も続く。各社とも教科書の見開きページ等に各種の災害写真を掲載。

先生：その中で、いちばん引きつけられたものに印をつけよう。
　　──選択を通して読み取りを深める。
　　　「雪で新幹線が埋まっている」「学校の近くで噴火」「高速道路が倒れている」等、気づいたことを順次発表。各地に起きる様々な自然災害の怖さ・特色をリアルに学びあわせたい。

先生：そのような災害で日本は滅びたの？

児童：滅びない。がんばって防ごうとしてきた。

先生：では、**災害から命を守るためどんな努力をしているか。**次の授業で勉強しよう。

命を守るために

▶授業のねらい

①想定される３大地震の被害予想を知り、起きていない地震になぜ名前があるかを考える。

②どうやって被害を軽くするか。多様な意見を出し、教科書と対照させて認識を深める。

▶板書例──（　）内の語句はそれぞれの種類ごとに同一の色チョークで記す。

命を守るために

① 地震はどこで？

予想

南海、東南海
東海

人 ── ×24700人

家 ── ×940200けん

なぜ
名前が？

★必ず起きるから！

② 命を守り、被害をへらすには？(地震)

◎ すぐにげる(活動)　　起きる時を知る(予知)
　　　　＝
◎ 練習しておく(訓練)　◎ 通学路のがけをチェック
　　　　　　　　　　　　　　(事前調査)
◎ 津波タワー(対策)
　　助けあう(活動)　　◎ ていぼう(対策)

- - - - - - - - - - - - - - - - - - - -

体験を聞く(学習)　家をじょうぶに(対策)
食料をじゅんび(対策)

○他の災害へは？‥‥ダム、保安林なども…

▶授業の展開：『いいの？』「いやだ」『それなら』と、応答を通して授業への参画者を増やす。

1　もしも大地震が起きたなら？

先生：これから日本で巨大地震は起きるか？　　児童：起きる。

先生：なるほど。同じ考えの人は？　　──ほぼ全員が手を挙げる。

先生：どこで起きると思う？　　──あれこれ出た後、

先生：太平洋側では例えばここだ。

　──と言って Ⓐ を提示。㋐㋑㋒はそれぞれの地震の名称である。

先生：３つの地震が同時に起きたら死者の数は？

　──午前５時であれば24700人と想定。

先生：完全に壊れる家の数は？

　── 940200軒と想定される。（中央防災会議の試算）

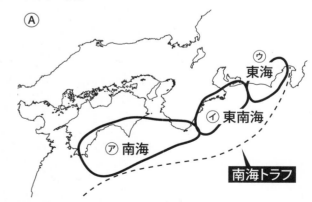

Ⓐ

㋒ 東海

㋑ 東南海

㋐ 南海

南海トラフ

──沿岸の道路や鉄道・浜岡等の原発は地震や津波でどうなるか。人や家の被害の様子を想像させたい。ここで問題。

先生：起きてもいない地震になぜ名前があるか？

——子どもには想定外。疑問が膨らむ。大いに迷ったところで答えを示す。

——それはその**地震が必ず起こると考えられる**からだ。2010年1月1日時点の発生確率は30年以内で60－70％。50年以内では90％程度以上。（政府の地震調査研究推進本部の予測）対策を立てるためには、まず予想される地震を名づける必要があった。

——南海トラフに沿って周期的に地震が起きる理由については、かんたんにふれたい。

2 どうやって命を守るのか

先生：この地震をなくせるか。　　　児童：無理。

先生：では、大災害になってもいいね？　　　児童：いやだ。

先生：**それならこれなあに？**　　——Ⓑを提示。

児童：地震の時に津波が来る高さを教える看板。すごい高さだ。逃げる時に役立つ。被害が減る…等。

先生：ならば、他にはどうやって命を守り被害を軽くするか。

——小グループでの相談も可。筆記⇒発表へ。

全ての発言を板書し終わったところでその1つ1つを次の語句等を使って意味づけ一般化する。

㋐予知・予測（大きさ・ゆれ・津波の高さ等）㋑学習・訓練（避難や救助法・早期避難・消火等）事前調査（危険個所等）㋒表示（電柱等）㋓対策（食料・防災品・津波タワー・耐震補強等）

《例》「すぐ高い所に逃げる」（対応）、「いつ起きるかを予想する」（予知）、「危ない場所をチェックしておく」（事前調査）等。

---

3 意見を教科書と比べよう

先生：実際はどんな防災の努力をしているか。教科書で探そう。

——見つけたところで、命を守り被害を軽くする方法が書いてあれば、そこに線を引こうと指示する。作業は5分程度。まとめは次のように行う。

先生：最初は地震について。まず、君たちの意見で教科書と同じものに○をつけよう。

——指摘を受けて、整理して板書した意見に次々○をつけていく。**教科書と合致したものはその共通性を褒め、合致しないものはその独創性を認めればよい。**

その後、自分たちは気づかないが教科書には記されている方法を発表させる。Ⓒを示し、震災遺跡保存の活動にもふれたい。

続いて、地震以外の災害の防災についても探させ、最後は教科書の該当箇所を音読させ、まとめにつなげたい。＜教科書の整理・定着的活用＞

地域の工場を子ども自らが探し、学年ぐるみで見学

「近所の工場、みーつけた!」

ねらい

①工場は大工場だけじゃない。地域の中に工場を見つけてその生きた姿を見学しよう。
②まとめ方は人それぞれ。学びあって労働への認識を深めキャリア教育へつなごう。

　いきなり学校から大工業地帯へ出かけ、"騒いで疲れて見てびっくり"の物見遊山で終わるのはもうたくさん。子どもが地域で生き生きと学習に参画する方法を模索したい。

着眼点

①身近なものにふれる　　②体でわかる　　③自ら発見する

●探してくれば、見学に行くよ

　工場見学は現場学習だ。"ふれあって対話して発見できる"身近なところから子どもたち自身の手で始めたい。クラスを越えて学年の社会科係や学級委員を集め、次のように働きかけようではないか。

先生：毎日教室の中で勉強するのでなく、給食の後にグループで工場見学をしたいね。

児童：やったー。　　先生：でもね。　　——声を落とす。

　先生は他から来ているので、この地域にどんな工場があるか残念ながらよく知らない。

児童：え〜。　　先生：しかし。　　——力強く。

　君たちが地域からたくさんの「工場」を見つけてきたら、午後授業をせずに見学に行く。

児童：やったー。

先生：見つけられなければ、もちろん行けない。どうだ。見つけられるか？

児童たち：それなら探します、おもしろそう、でも、工場なんてあるのかなあ、…等。

　　——とくべつな工業地域でもない住宅地、ましてや農漁村地域であれば、見学に値する工場等まるでないと子どもも教師も思いこんでいる。まずは、その思い込みを子ども自身にひっくり返させるのだ。

児童：先生、どんな工場でもいいんですね。

　　——校外学習に出かけたい一心の子どもたちは、聞いたり尋ねたりして必死に見つけてくる。1つ2つ見つけると情報交換、次第に何が工場なのか分かってくる。探すのは子ども、褒めるのは教師。

　静岡県熱海市多賀小学校での私の実践では、発見された工場数は20弱。自動車修理工場は言うに及ばず、まんじゅうをつくる工場も、パン屋さんのパン工場や米屋さんの精米工場もある。そこからバランスを考えて次の12を選び、以下のようなねらいで学年ぐるみの「行って調べる」地域工場見学に取り組んだ。あなたの学区で地域工場見学を進める際の参考にしてほしい。

〈網代地区〉　間瀬製菓　菊貞ひもの工場　丸藤かつおぶし工場　高橋鉄工所（漁船修理）
〈和田木地区〉　加藤プラスチック工業（ひもの箟）　佐藤ロープ工場（漁網）
〈中野地区〉　熱海ランドリー　小松製菓
〈下多賀地区〉　青木パン店（自家製造）　小松製材
〈上多賀地区〉　ゆつぼ（まんじゅう工場）　福田つけもの工場

目標

①学年の児童全員が分担して地域の12の工場をグループ調査し、中小工場の生きた姿と役割を働く人とのふれあいを通して自ら"発見"する。

②まとめの作業を通して結果を個性的にまとめ、クラスで報告しあい廊下に展示、大工場見学に生かす多様な視点をつくる。

③午後の2時間を配当、教師たちは担当工場を巡回、児童は見学後そのまま下校。

④電話で見学の内諾を得た後は、日時・目的・内容を記した依頼状を子ども自身に届けさせる。一方、子どもたちはクラスを解体して1工場当たり15人以内のグループを編成し、班長に名簿を提出させたい。

事前学習の視点

①原料について　②製品について　③製品のできるまで　④働く人たち

事後はこれらを視点として予想や質問事項をB4判1枚にまとめさせたい。

●身近だからこその驚きと発見

　見学の当日は、給食を終わった子どもたちに地域の地図（必需品）を持たせて校庭にグループごとに集合させる。すべて自分たちだけの調査活動であるため、あいさつ・礼儀・事故防止について再度注意をした後、意気揚々と各工場へ向かわせたい。

　小人数なので当事者意識も高く、見学態度はどこも良好。すべてのグループから「活動終了」の電話が学校へ入るのは、4時30分過ぎになるであろうか。教師は携帯電話等で連絡を取りながら気を抜かずに対応したい。

　さて、身近な工場の仕事を知ると、子どもたちはまず機械化のすごさに驚く。

　「ぼくは学校の帰りにいつもここを通ります。外からはなんだか変な工場に見えていたけど、入ってみるといろいろあってびっくりした。だっ水機やコンピュータでたたむもの、ベルトコンベアーまであった」（岡本）

　この熱海ランドリーでは26人が働いて1日1万枚のシーツを処理している。その自動機械の値段は何と1台2300万円。この仕事が、観光地熱海の旅館・ホテル業を支えていた。

　まんじゅうをつくるゆつぼ工場に行った子はこう記した。

　「いちばんおどろいたのは、おじさんやおばさんの仕事があまりありません。やるとしても機械のボタンをおしたり、まんじゅうを焼く機械のところに鉄板を持ってったり、箱をくみたてることだけ」（水野）

"中小工場＝細々・手作業・暗い"というイメージは完全に砕け散った。

次に子どもが驚いたのは、それらの中小工場が地域はもちろん、日本や世界と強く結びついているという事実であった。

「小松製菓では、できた和菓子を国内だけに送ると思ったら、ハワイにまで送っていた。私はそのことを全然知らなかった」（渡辺）

「加藤プラ工業では、原料のナフサは京浜工業地帯から届く。つくったひもの篭は地元はもちろん伊勢・房総地方にまで出荷」

「菊貞ひもの工場では、原料のカマスは台湾、むろアジは紀伊半島、えぼだいはスペインから。製品は地元や５大市場（東京・横浜・名古屋・大阪・福岡）まで」（以下略）

形式的な教科書的課題をことばだけで学ぶのではない。豊かで重みのある事実そのものに圧倒されて各自の知見が深まるのである。

さらに、働く人にじかに接したことは、子どもの労働観・労働者観に質的な変化をもたらした。

「福田つけもの工場は、福田君のお父さんとお母さんがやっています。びっくりしたのは、月に１度しか休まないこと。週１回ならふつうの店と同じだけど、月１回では大変だ」（川口）

「魚の冷蔵庫に入った時はすごくふるえた。もっと冷たい中に何時間もいるなんて信じられません。苦労するのは、魚を切るところではなく天気が悪くて魚をほせない時だった」（新崎）

「今までフランスパンがなぜかたいか、あんパンのへそは何か知らなかった。何も知らずに食べていたパンにすごくいろいろな意味があり、おじさんやおばさんがいっしょうけんめいつくっているのを知らなかった」（滝本）

顔見知りである近所の働く人たちと親しく話し、いろいろの道具にふれ、作業させてもらったからこそ、このような共感が生まれる。それが以後のキャリア教育につながる。

●調査活動の結果を個別作業でまとめる

調査結果は、「原料はどこから」「製品はどこへ」「○○のできるまで」「○○工場の人たち」という４つを柱にＢ４判１枚にまとめる。作品はクラスで報告した後に廊下に展示して、他クラスの子とも相互に学びあえるようにした。

４つの柱が印刷された用紙にまとめるか白紙に自由に記入するか、それは各自の裁量に任される。実行委員たちはできあがった力作をコピーして手づくりの表紙をつけ、校長名のお礼状をそえて各工場へ届けにいった。

それぞれの作品は、予想と実際との落差が驚きを持って綴られている。作文が苦手なA君は、かたちをつくる機械・焼く機械をスケッチする。さらに吹き出しで説明を加えて、この工場の主役は機械であることを示した。

これに対してB君は自分の予想と現実とのギャップを図で対比する。またCさんは働く人に焦点を当てて自己の認識の深化を述べる。互いの作品を対比させてそれぞれのよさに気づかせ評価につなげたい。

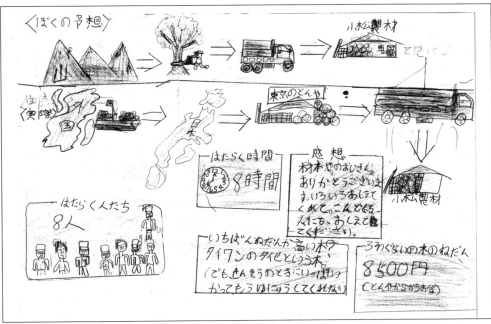

〈Cさん〉

○熱海ランドリーについて

ランドリー　工場の人たちへ

おじさんおばさん、私たちは、何にも工場などの仕事はぜんぜんしりませんでした。私は、近くてときどき見ているからといってバカにしてました。私は、おわって家にかえっておじさんたちにあやまりたい気持ちになりました。私は名前ではんたんしていたようです。この苦しい気持ちがだんだんわかってきました。これからは、名前や、いろいろのことをきいただけではんだんしないようにつとめていきます。おじさんおばさん私たちは、心からお礼をいいわせてもらいます。どうもありがとうございました。ほかの人たちがきたら私たちみたくよくおしえてあげて下さい。

小さいのホリプトン　　大きいの約10トン

熱海ランドリー　工場の人たちへ

私は、工場というのは、ただ、おかしとかならおかしなど、つくってほかの所へだしたりそこでうるのかと思っていた。でも、熱海ランドリーは、どうやってあつめ何であらいなにでかわかすなど、しらなかった。私は社会がたのがってて、社会の勉強がすきじゃなかった。でもおじさんたちのせつめいとかなどきいてまとめたりするのはすきになった。こんなことをしらなかった私が、おじさんやおばさんの少しの時間のせつめいで、たくさんのことがわかりました。みんなもこのせつめいなどとか機械をみたら、きっと社会のきらいな人もすきになるでしょう。どうもありがとう。

ぬれたシーツは、機械で自然にかわかし、機械がシーツをたたむ

1時間約千枚

- ぬれたゆかたは機械で自然にかわかしきかいでたためないのでおじさんやおばさんたちが1人でたたむ。
  1時間約250～300枚　1時間交代1つ約6秒間

- 10枚たばになったシーツとかは、機械でだんだん上へ上へとあがっていく
  約10枚のたば

- よごれたタオルとかシーツなど、あらうとき大人が2～3人ぐらいはいれるようだった
  30分間であらう

- 熱海ランドリーはできて39年

- あらってかわかしたゆかたは、機械でもうペシャンコ！

- 1日に何枚あらう？
  1時間約1000枚　　1日約10000枚

- 男8人　女18人　計26人

- 1日に何時間働くか？
  約8時間

- 朝何時から始め夕がた何時に終わる？
  朝7時～夕がた4時頃　朝5時～夕がた5時頃

- ここで働いている人の平均年令は？
  40～45才

- この機械全部をうごかしているだいじなきかいは、1ヶ月に1回ちょうさをする。

- この工場を作るのに何年かかった？
  約1年

かっぽう着もらったぼうし　長いズボン　黒いくつ　よそう

●身近に感じた調査活動を、遠くの大工場見学につなぐ

　「菊貞ひもの工場さんはプリントもつくってくれて話もくわしく、おかげでしっかりメモできました。これで京浜へ行って小さい工場と大きい工場を比べてみます」（伊勢）

　私は子どものこのような問題意識をふまえ、次の3つのねらいで京浜工場見学をこの実践の発展として実施した。離島等で実際の大工場見学に行けない場合はDVDで代替したい。

・宮田自転車工場──1本の鋼管から製品に至る流れ作業の理解
・森永製菓工場──オートメ化した大量生産のしくみ
・船による海からの工場地帯見学──コンビナートの様子の理解と地図との対照

　地域に学び、地域を越えて学びを拡げる学習が5年生には求められる。それは、たとえばこういう学習ではないか。地図活用力や表現力・発表力の向上、またキャリア教育を、その中に位置づけたい。

この実践のメリット

①事前・事後をふくめて計5時間配当で、学年ぐるみの実践が可能。
②工場探し・調査・まとめと報告・事前事後学習を通して児童の総合的学習力が高まる。
③積極的な意欲と確かな視点をもって京浜等の大工場見学に臨めるようになる。

小４から小５へつなげる都道府県の学習

◆地図ぬり絵のねらいとは？

　小４の都道府県名の学習は、白地図に名称を書き入れて覚える。様々な都道府県の"かたち"と名前を結びつけるのだが、具体性がないので忘れやすいのが欠点だ。そこで小５では、楽しい地図ぬり絵を使って、各都道府県にはそれぞれ異なった特色があることに気づかせたい。

　「へえー、この県はうどんで有名なのか」、「やっぱりリンゴは青森だ」…ぬり絵をしていくと、"かたち"と名前がモノ（具体）を介していっそう強く結びつきイメージ化される。

　こうした作業をいやがる子はいない。日ごろ集中しない子の頑張りを見つけて称揚したい。作業を通してその都道府県への関心が高まれば、地理や産業の学習にも大きなプラスとなる。

　だが、いっぺんに47都道府県を学ぶのは大変だ。そこで６枚に分けて各地方ごとに地図ぬり絵を作成した。これなら学習者の負担も減るし、まとまった時間をとらずに順次活用できる。

◆「地図帳を開け」と言わない

　各都道府県から各地方へ、さらには日本全体へと地図ぬり絵を使って地理的関心を広げる。最初は、自分たちの地方の地図ぬり絵から始めてはどうか。『自分の住む都道府県の名を地図ぬり絵に記入しよう』これさえとまどう子がいるかもしれない。『では、その東西南北の県は？』怪しい子はさらに増える。『本当にそれで正しいね？』、「う〜ん。地図帳で確かめていいですか？」、『しょうがないなあ…いいよ』、「やったー！」──はじめに教師が『開きなさい』と指示しては誰も地図帳に飛びつかないが、こうすれば誰もが進んで調べようとする。

　『Ａくんはもう県名を見つけた』、『Ｂさん、もう書いている』負けじと頑張る子が増える。それをまた褒めると評価と学習の好循環が始まる。次は（　）に当てはまる記号を記入する。相談可。全てできた子にはぬり絵を行う。それもできたら名所・名産を付け加えさせてもいい。

◆実態に応じ朝学習や家庭で

　では、６枚全てをやる時間がない時はどうするか。産業学習に関連して各地の市町村を取り上げる際に使ってもよい。朝学習の時間に活用したり、宿題にしてもよい。シートは両面刷りにすると復習に使うことができる。ぬり絵をＢ４画用紙の左に貼り、調べたことや観光チラシの切り抜き写真等を右に貼れば立派な自主学習だ。６枚背中合わせに綴じれば「本」となる。

　では、ここからさらにどう学習を発展させるか。

◆都道府県名を極める

　『動物・生き物のいる都道府県名は？…地図帳に印をつけよう』こうしたクイズに夢中になる子はどのクラスにもいる。熊・馬・鹿・鳥をたちまち「発見」。『では、植物のある都道府県名は？』根・葉・木・森・梨にイバラまであるので盛り上がる。

　『おめでたい福のある県は？』（笑）「分かったー！　福井、福岡、福島だ」海なし県探しもいいが、【山】【川】【岡】【島】【野】【海】等の語句に着目させれば種は尽きない。地図帳の統計資料の読み方を学べば面積や人口の順位等が５年生らしい関心の対象となってくる。

　「チャレンジ！日本の都道府県！」のシートには、こうして関心が高まった後に挑戦させよう。

チャレンジ! 地図ぬり絵① 北海道・東北地方

□ には下から当てはまる語句を、
（　）には記号を入れなさい。

名前 ＿＿＿＿＿＿＿＿＿＿＿

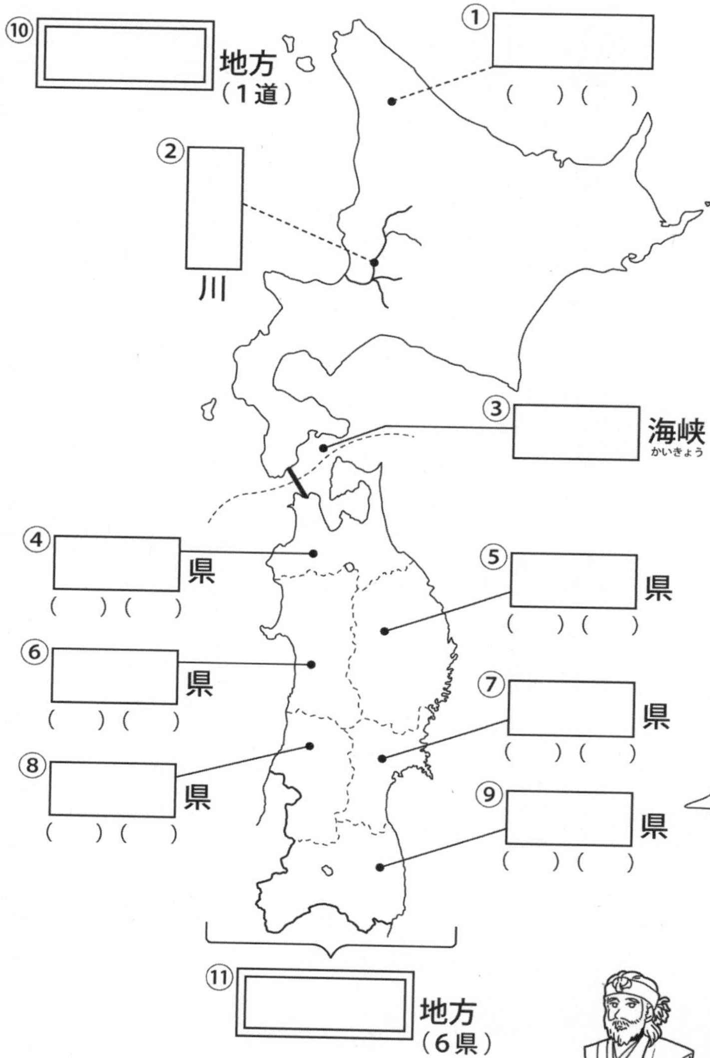

⑩ □ 地方
（1道）

② □ 川

③ □ 海峡
　　　かいきょう

④ □ 県
（　）（　）

⑥ □ 県
（　）（　）

⑧ □ 県
（　）（　）

① □
（　）（　）

⑤ □ 県
（　）（　）

⑦ □ 県
（　）（　）

⑨ □ 県
（　）（　）

⑪ □ 地方
（6県）

K 雨ニモマケズ
　宮沢賢治

L 津波に負けなかった
　一本松

I どっさり北の幸
　アイヌの歴史も

M これはなんだろう？

秋田・岩手・北海道・東北・宮城・山形・青森・津軽・石狩・福島　（二度使ってよい）

186

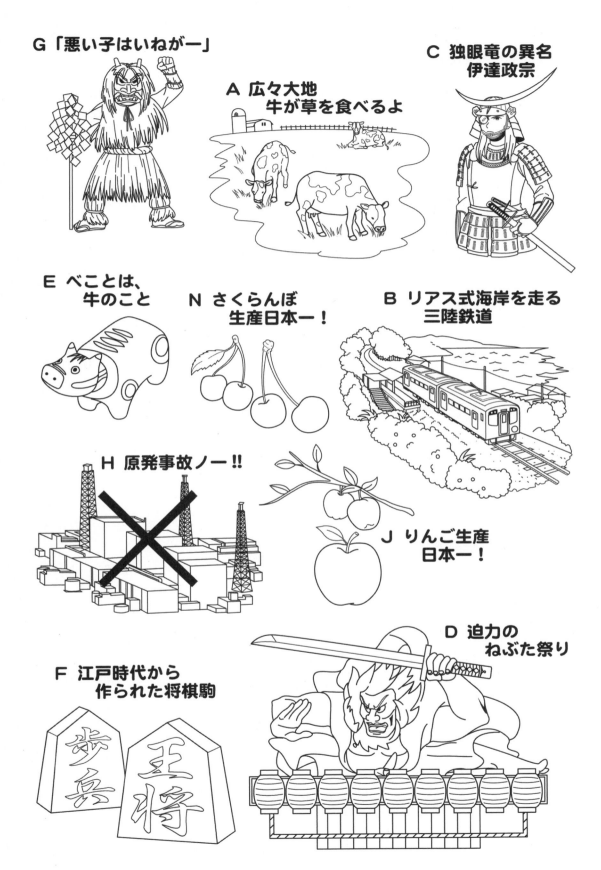

G 「悪い子はいねがー」

A 広々大地
　牛が草を食べるよ

C 独眼竜の異名
　伊達政宗

E べことは、
　牛のこと

N さくらんぼ
　生産日本一！

B リアス式海岸を走る
　三陸鉄道

H 原発事故ノー！！

J りんご生産
　日本一！

F 江戸時代から
　作られた将棋駒

D 迫力の
　ねぶた祭り

チャレンジ! 地図ぬり絵② 関東地方

□には下から当てはまる語句を、
（　）には記号を入れなさい。

名前 ＿＿＿＿＿＿＿＿＿＿＿

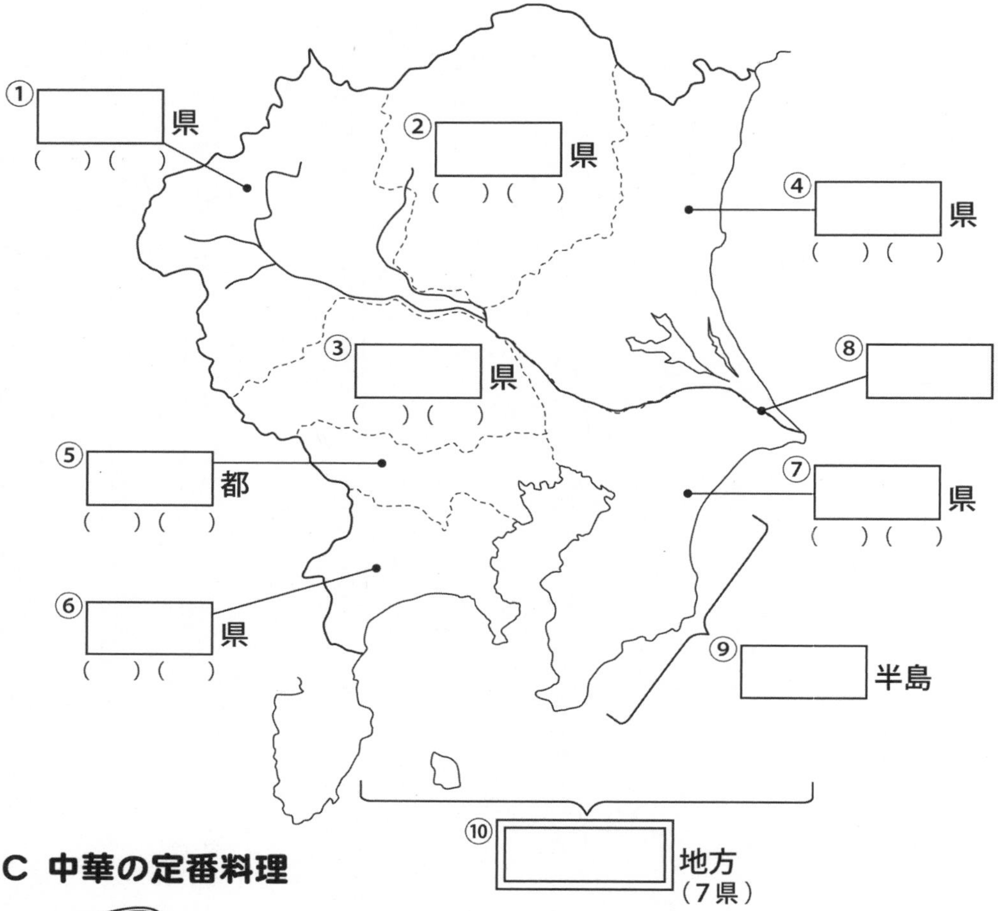

① [　　　　]県
（　）（　）

② [　　　　]県
（　）（　）

④ [　　　　]県
（　）（　）

③ [　　　　]県
（　）（　）

⑧ [　　　　]川

⑤ [　　　　]都
（　）（　）

⑦ [　　　　]県
（　）（　）

⑥ [　　　　]県
（　）（　）

⑨ [　　　　]半島

⑩ [　　　　]地方
（7県）

C 中華の定番料理

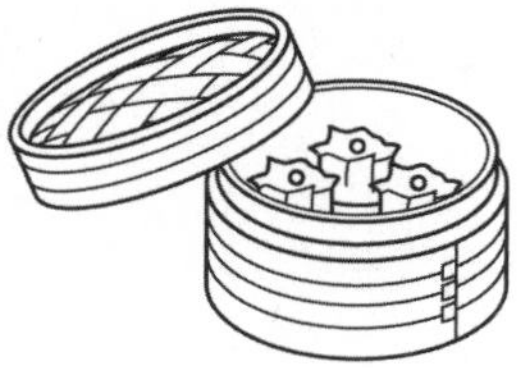

**G シンデレラ城が
　シンボル！**

**B 世界遺産だ、
　富岡だ**

東京・利根・栃木・関東・神奈川・群馬・房総・埼玉・千葉・茨城

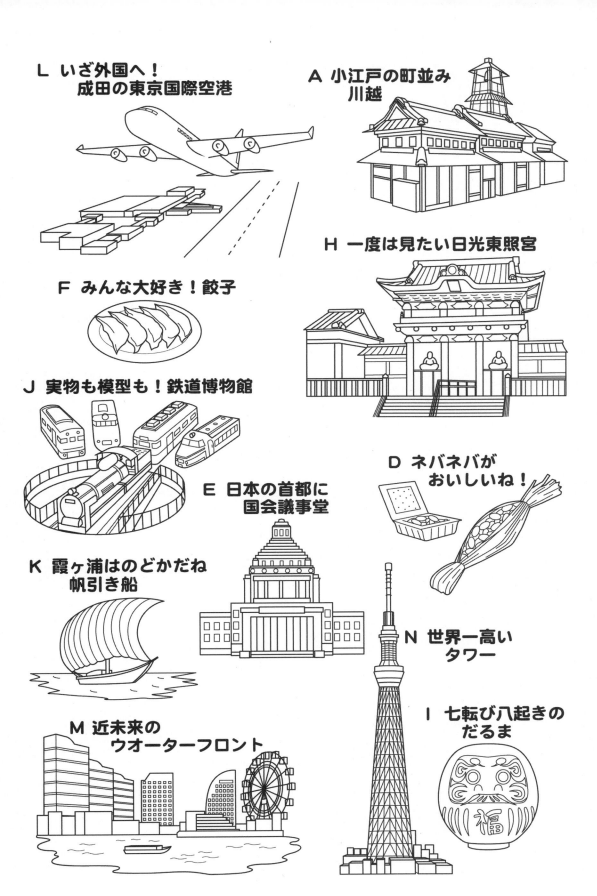

L いざ外国へ！
　成田の東京国際空港

A 小江戸の町並み
　川越

H 一度は見たい日光東照宮

F みんな大好き！餃子

J 実物も模型も！鉄道博物館

D ネバネバが
　おいしいね！

E 日本の首都に
　国会議事堂

K 霞ヶ浦はのどかだね
　帆引き船

N 世界一高い
　タワー

I 七転び八起きの
　だるま

M 近未来の
　ウオーターフロント

チャレンジ! 地図ぬり絵③ 中部地方

□ には下から当てはまる語句を、
（　）には記号を入れなさい。

名前 ＿＿＿＿＿＿＿＿＿＿＿＿＿

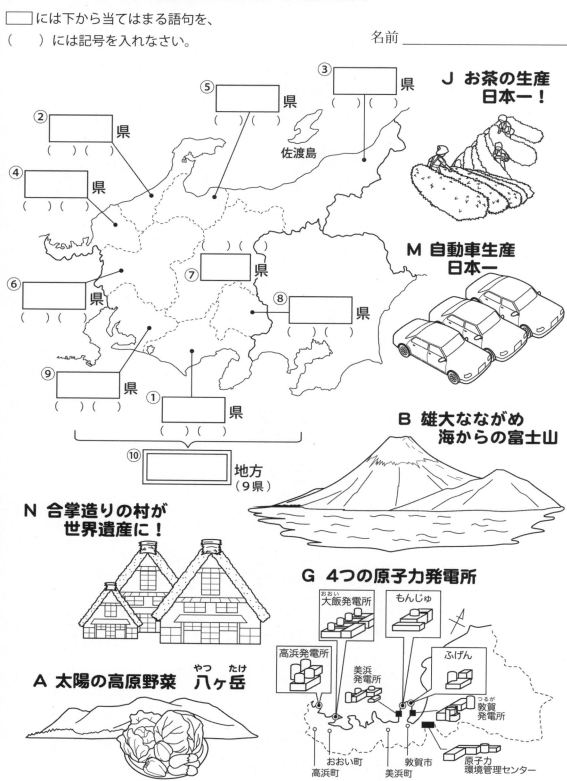

② [　　　　] 県　（　）（　）

④ [　　　　] 県　（　）（　）

⑤ [　　　　] 県　（　）（　）

③ [　　　　] 県　（　）（　）

佐渡島

⑥ [　　　　] 県　（　）（　）

⑦ [　　　　] 県　（　）（　）

⑧ [　　　　] 県　（　）（　）

⑨ [　　　　] 県　（　）（　）

① [　　　　] 県　（　）（　）

⑩ [　　　　] 地方（9県）

J お茶の生産 日本一！

M 自動車生産 日本一

B 雄大なながめ 海からの富士山

N 合掌造りの村が 世界遺産に！

G 4つの原子力発電所

おおい
大飯発電所

もんじゅ

高浜発電所

美浜発電所

ふげん

つるが
敦賀発電所

原子力環境管理センター

おおい町
高浜町

敦賀市
美浜町

A 太陽の高原野菜　八ヶ岳 （やつたけ）

静岡・中部・新潟・愛知・福井・岐阜・富山・石川・長野・山梨

190

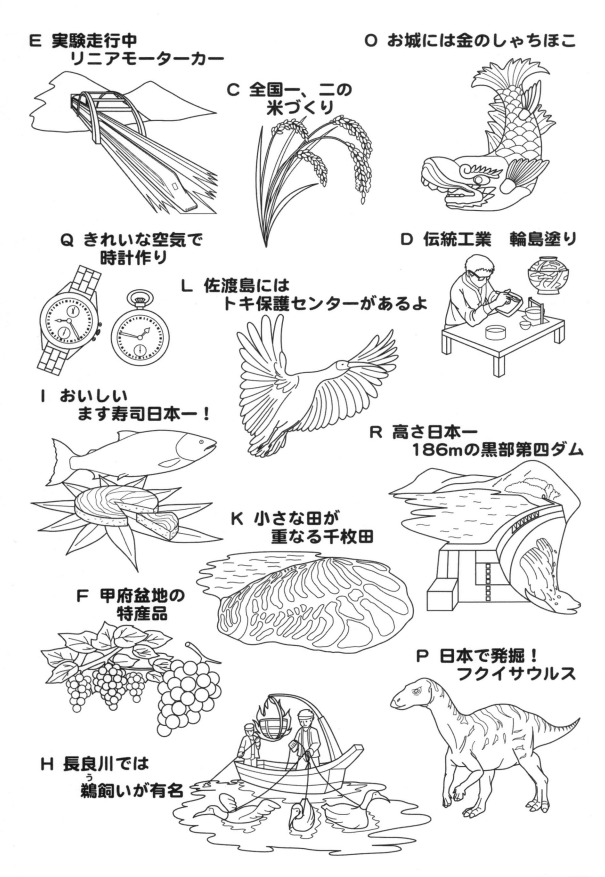

E 実験走行中
　リニアモーターカー

O お城には金のしゃちほこ

C 全国一、二の
　米づくり

Q きれいな空気で
　時計作り

D 伝統工業　輪島塗り

L 佐渡島には
　トキ保護センターがあるよ

I おいしい
　ます寿司日本一！

R 高さ日本一
　186mの黒部第四ダム

K 小さな田が
　重なる千枚田

F 甲府盆地の
　特産品

P 日本で発掘！
　フクイサウルス

H 長良川では
　鵜飼いが有名

チャレンジ! 地図ぬり絵④ 近畿地方

□には下から当てはまる語句を、
（　　）には記号を入れなさい。

名前 ＿＿＿＿＿＿＿＿＿＿＿＿＿＿＿

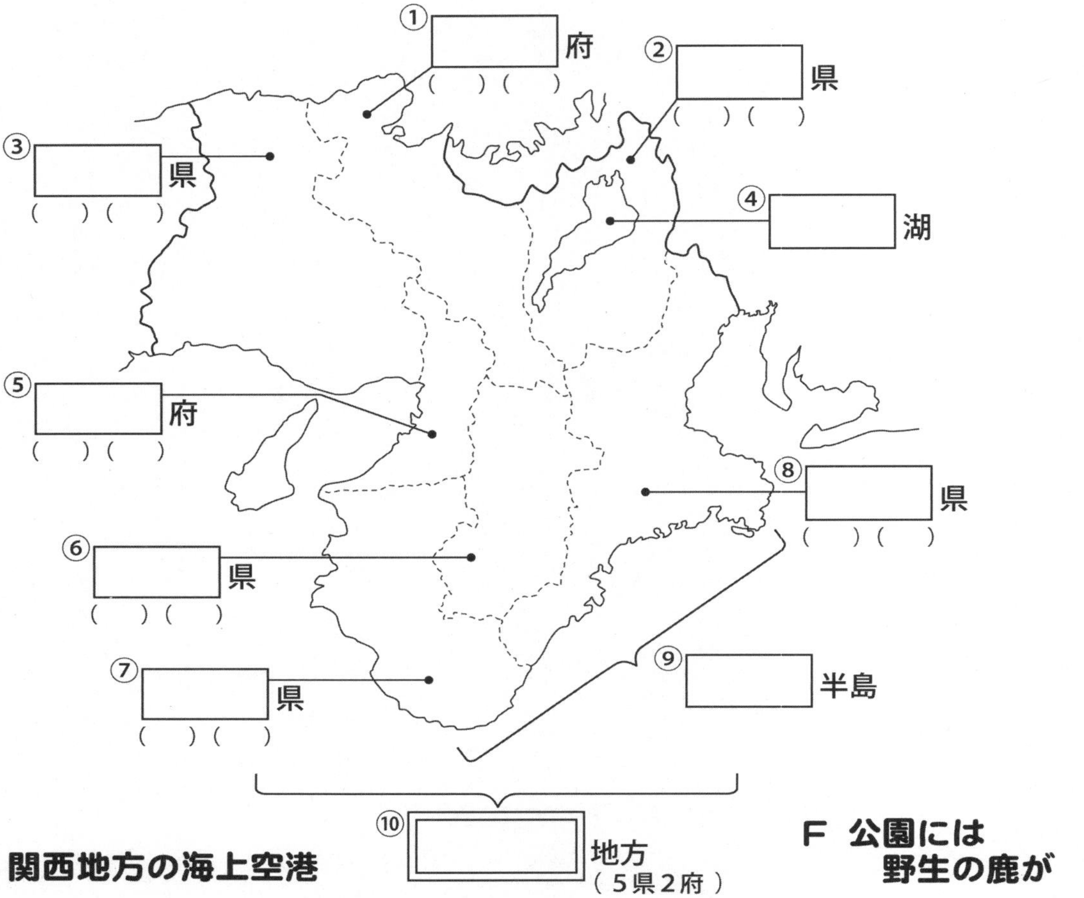

① □□□□ 府
（　）（　）

② □□□□ 県
（　）（　）

③ □□□□ 県
（　）（　）

④ □□□□ 湖

⑤ □□□□ 府
（　）（　）

⑧ □□□□ 県
（　）（　）

⑥ □□□□ 県
（　）（　）

⑦ □□□□ 県
（　）（　）

⑨ □□□□ 半島

⑩ □□□□ 地方
（5県2府）

G 関西地方の海上空港

F 公園には野生の鹿が

L 志摩半島で海女さんが…

紀伊・京都・三重・近畿・大阪・滋賀・奈良・琵琶・和歌山・兵庫

B 清水の舞台で
知られるお寺

C 日本一大きい湖
があるよ！

A みかん＆梅
生産日本一！

H 夏の夜を
いろどる送り火

D 伊賀の忍者

I 日本一大きい仏様

M たこの入った名物
丸い食べ物

K 林業がさかん

E 日本標準時子午線
（東経135°）が通る

京丹後市
豊岡市
福知山市
丹波市
加東市　西脇市
三木市　小野市
明石市　神戸市（西区）
淡路市
和歌山市（友が島）

J 狸の置物が有名
信楽焼

N 高校野球で
もり上がる甲子園

チャレンジ! 地図ぬり絵⑤ 中国・四国地方

□には下から当てはまる語句を、
（　）には記号を入れなさい。

名前 ＿＿＿＿＿＿＿＿＿＿

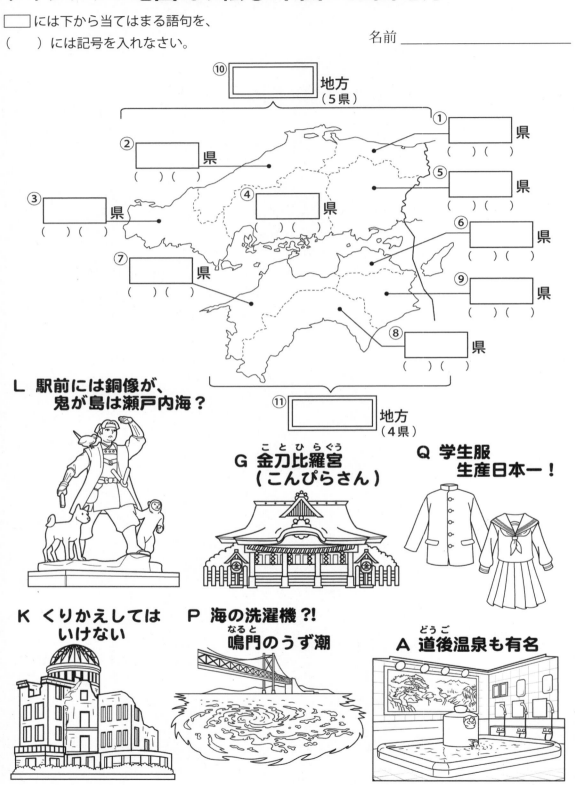

⑩ □ 地方（5県）

① □ 県（　）（　）

② □ 県（　）（　）

③ □ 県（　・　）（　）

④ □ 県

⑤ □ 県（　）（　）

⑥ □ 県

⑦ □ 県（　）（　）

⑧ □ 県（　）（　）

⑨ □ 県（　）（　）

⑪ □ 地方（4県）

L 駅前には銅像が、
　鬼が島は瀬戸内海？

G 金刀比羅宮
　（こんぴらさん）

Q 学生服
　生産日本一！

K くりかえしては
　いけない

P 海の洗濯機?!
　鳴門（なると）のうず潮

A 道後（どうご）温泉も有名

香川・山口・岡山・中国四国・広島・徳島・島根・高知・鳥取・愛媛

194

C 出雲大社は縁むすび

F カツオの取れ高日本一！

M 幕末の武士坂本龍馬

D 砂丘にラクダもいるよ

N 全国で食べられているさぬきうどん

O 宍道湖のおいしいしじみ

B 美しいアーチの錦帯橋

H 妖怪キャラクターがお出むかえ

I シルエットがかわいいフグ

J みんなで楽しく踊ろう！

E みかんのジュースが有名

R 鳥居が海に建っている

チャレンジ! 地図ぬり絵⑥ 九州・沖縄地方

☐ には下から当てはまる語句を、
（　）には記号を入れなさい。

名前 _____

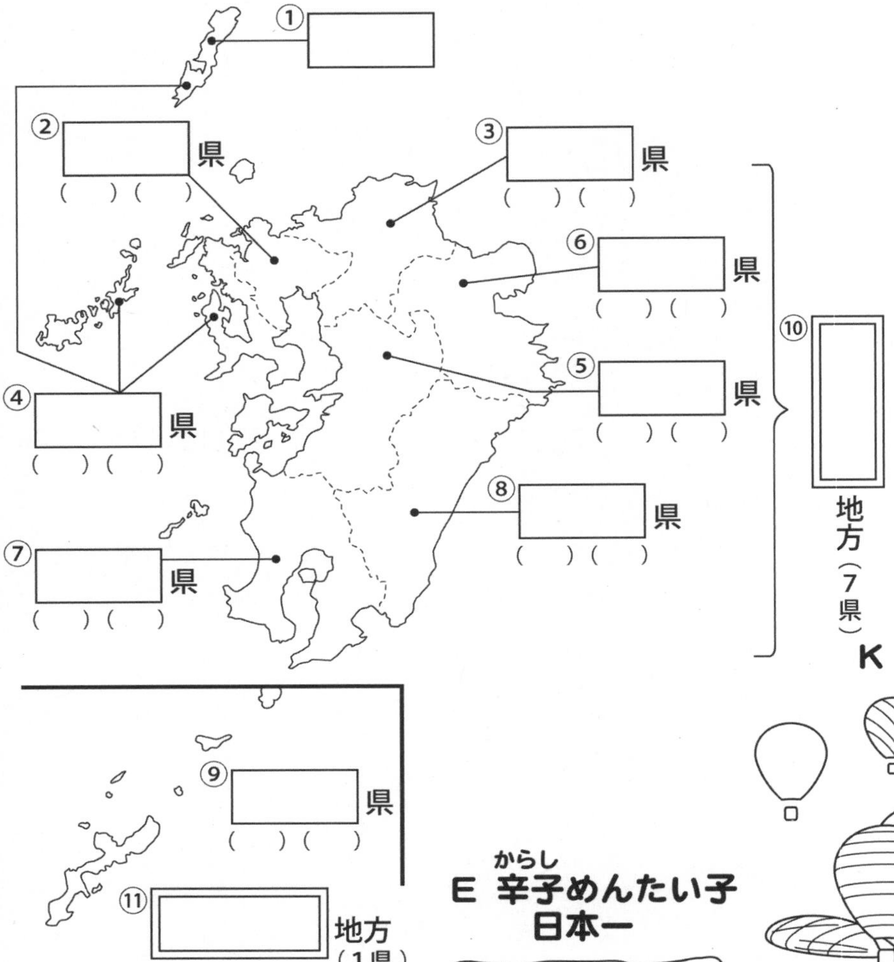

① ☐

② ☐ 県 🏝
（　）（　）

③ ☐ 県
（　）（　）

④ ☐ 県
（　）（　）

⑥ ☐ 県
（　）（　）

⑤ ☐ 県
（　）（　）

⑦ ☐ 県
（　）（　）

⑧ ☐ 県
（　）

⑩ ☐
地方
（7県）

⑨ ☐ 県
（　）（　）

⑪ ☐ 地方
（1県）

**K 大空を彩る（いろど）
熱気球大会**

**E 辛子めんたい子（からし）
日本一**

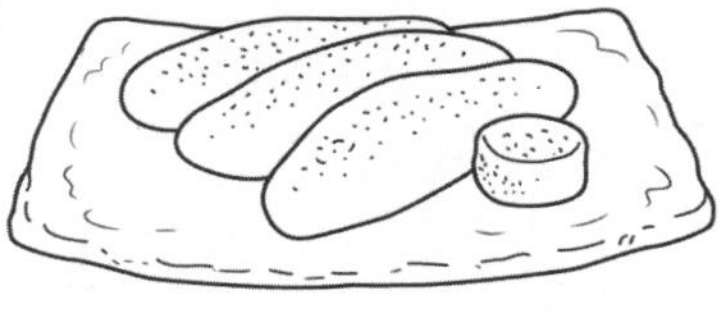

**C 干潟を守れ（ひがた）
有明海**

**B 別府温泉など
温泉が多いよ**

沖縄・九州・大分・長崎・鹿児島・対馬・宮崎・佐賀・熊本・福岡　（二度使ってよい）

196

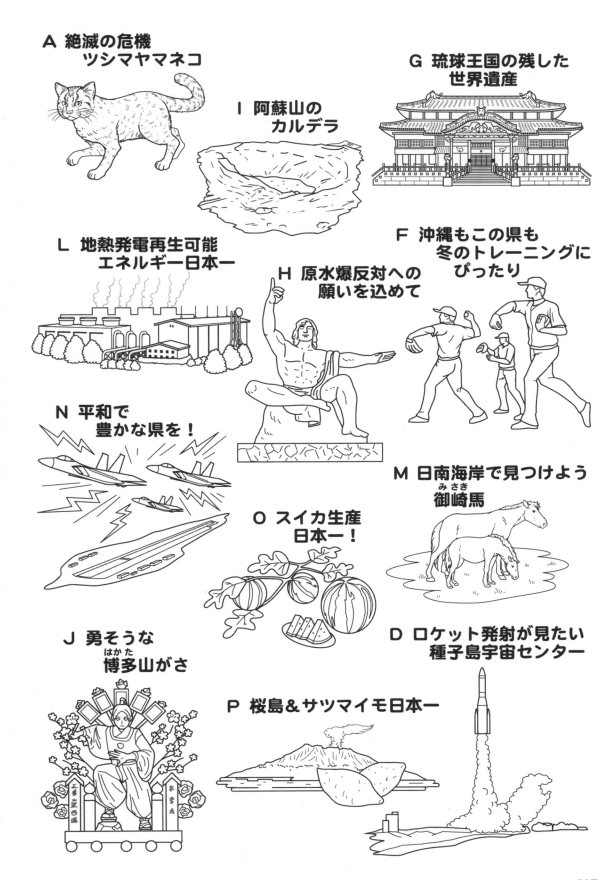

A 絶滅の危機
　ツシマヤマネコ

I 阿蘇山の
　カルデラ

G 琉球王国の残した
　世界遺産

L 地熱発電再生可能
　エネルギー日本一

H 原水爆反対への
　願いを込めて

F 沖縄もこの県も
　冬のトレーニングに
　ぴったり

N 平和で
　豊かな県を！

M 日南海岸で見つけよう
　御崎馬（みさき）

O スイカ生産
　日本一！

J 勇そうな
　博多山がさ（はかた）

P 桜島＆サツマイモ日本一

D ロケット発射が見たい
　種子島宇宙センター

197

チャレンジ! 日本の都道府県! ①

名前 _____

1		17		33		47		49	
2		18		34		48		50	
3		19		35					
4		20		36					
5		21		37					
6		22		38					
7		23		39					
8		24		40					
9		25		41					
10		26		42					
11		27		43					
12		28		44					
13		29		45					
14		30		46					
15		31							
16		32							

50
（最も大きな島）

49
（この小さな島）

48
（この7県がある島）

47

198

チャレンジ! 日本の都道府県! ②

名前 _____

21		27		37		20		11	
4		46		8		3		23	
31		12		26					
43		39		41					
13		9		15					
30		33		32					
35		17		45					
47		24		6					
10		44		50					
49		2		16					
19		34		22					
25		14		28					
36		7		48					
40		29		1					
5		38							
42		18							

50
(最も大きな島)

49
(この小さな島)

48
(この7県がある島)

47

チャレンジ! 日本の都道府県! ③

名前 ＿＿＿＿＿＿＿＿＿＿＿＿＿＿

14		10		26		16		8	
6		34		2		5		22	
39		15		13			
27		38		25			
9		43		33			
31		1		18			
44		46		7			
17		30		36			
48		23		12			
3		32		42			
37		24		4			
41		49		28			
50		19		45			
21		40		20			
35		11					
47		29					

50
（最も大きな島）

49
（この小さな島）

48
（この7県がある島）

47

※これらの解答は各シートに転記して採点の際に活用する。だが、時にはそうした仕事を社会科係に頼んでもよい。低い点数でもばかにしない等のルールを確認し、別室で採点させる等の配慮も必要に応じて行いたい。

●チャレンジ！ 地図ぬり絵①北海道・東北地方 （P186）

①北海道—（A）（I）、②石狩、③津軽、④青森—（D）（J）、⑤岩手—（B）（K）、⑥秋田—（G）（M）、⑦宮城—（C）（L）、⑧山形—（F）（N）、⑨福島—（E）（H）、⑩北海道、⑪東北

●チャレンジ！ 地図ぬり絵②関東地方 （P188）

①群馬—（B）（I）、②栃木—（F）（H）、③埼玉—（A）（J）、④茨城—（D）（K）、⑤東京—（E）（N）、⑥神奈川—（C）（M）、⑦千葉—（G）（L）、⑧利根、⑨房総、⑩関東

●チャレンジ！ 地図ぬり絵③中部地方 （P190）

①静岡—（B）（J）、②石川—（D）（K）、③新潟—（C）（L）、④福井—（G）（P）、⑤富山—（I）（R）、⑥岐阜—（H）（N）、⑦長野—（A）（Q）、⑧山梨—（E）（F）、⑨愛知—（M）（O）、⑩中部

●チャレンジ！ 地図ぬり絵④近畿地方 （P192）

①京都—（B）（H）、②滋賀—（C）（J）、③兵庫—（E）（N）、④琵琶、⑤大阪—（G）（M）、⑥奈良—（F）（I）、⑦和歌山—（A）（K）、⑧三重—（D）（L）、⑨紀伊、⑩近畿

●チャレンジ！ 地図ぬり絵⑤中国・四国地方 （P194）

①鳥取—（D）（H）、②島根—（C）（O）、③山口—（B）（I）、④広島—（K）（R）、⑤岡山—（L）（Q）、⑥香川—（G）（N）、⑦愛媛—（A）（E）、⑧高知—（F）（M）、⑨徳島—（J）（P）、⑩中国、⑪四国

●チャレンジ！ 地図ぬり絵⑥九州・沖縄地方 （P196）

①対馬、②佐賀—（C）（K）、③福岡—（E）（J）、④長崎—（A）（H）、⑤熊本—（I）（O）、⑥大分—（B）（L）、⑦鹿児島—（D）（P）、⑧宮崎—（F）（M）、⑨沖縄—（G）（N）、⑩九州、⑪沖縄

●写真・図版の提供・協力（敬称略・順不同）：p38シーサー（＠yume）、p39パイナップル畑（dicedicedice）、p42標識・鹿（＠Reo）・熊（Satoshi KOHNO）、p44ジャガイモ畑（ken_aqua）、p46電柱、信号（kelly marken）、p47スノーダンプ（rachel）、消雪パイプ（ほたて）、消雪パイプ（hanatakao）、p49収穫（写らく）、p53野猿（安ちゃん）、p59庄内平野（Ami）、p61田植え（SIB）、農薬まき（kelly marken）、田おこし（ウラスマタロウ）、かりとり（レイコ）、代かき（コメット）、合鴨（かんちゃん）、p65はさがけ（ナン）、p66ご飯（Shila）、p76寿司パック（とと）、p93無人販売（タカチン）、p95ボンネット（jaraku）、p111排気ガス（ssuaphoto）、渋滞（ABC）、p112廃車（風子）、p113エコプレス（ｙａｍａｈｉｄｅ）、p121高炉（あきほ）、p126信号機（Ooitoline_E127）、p138切符（タニヤン）、p148杉（alps）、杉（sakurapower333）、p151わっぱ（sasasarururu）、弁当（友若）、p153林業（albydetweede）、p171海抜看板（糸賀ひろ子）／左記はすべてPIXTA(ピクスタ)、p30名護さくら祭り案内（公益財団法人名護市観光協会）、p49低温トラック（南牧村役場）、p51田舟で休憩する人々（河合孝）、p70交流会（農事組合法人庄内産直センター）、p71はえぬき（全農ライフサポート山形）p87「漁民の森」運動（NPO法人森は海の恋人）、p106－107日王丸（日産自動車株式会社）、p117まいど1号（宇宙開発協同組合SOHLA）、p146グリーンマーク（公益財団法人古紙再生促進センター）、Rマーク（3R活動推進フォーラム）、p150スギッチ（秋田県総務部広報広聴課）、p151木質バイオマス発電所（能代森林資源利用協同組合、能代市役所商工港湾課）、p161キャッフィー（滋賀県広報課）

加藤 好一（かとう よしかず）

1949年伊東生まれ。県立伊東高校を経て、中央大学法学部政治学科に進学。卒業後は私立明星学園高校に講師として1年間勤めた後、公立小中学校教諭となる。千葉県我孫子市で4年間小学校に勤務、その後は熱海に転じて第一小・多賀小・小嵐中・網代中・多賀中・泉中などで教鞭をとる。2006年度より再び多賀中に勤務して、2008年3月に定年退職。同年4月より琉球大学に勤務する。2014年3月に同大教育学部を退官。

〒414-0054　静岡県伊東市鎌田643-1
TEL.　0557-37-3475

◎**主な著作・論述は以下の通り。**
〈教育関係〉
『中学歴史5分間ミニテスト』『中学地理5分間ミニテスト』『中学公民5分間ミニテスト』『中学歴史の授業』『中学公民の授業』『中学地理の授業』『学級経営攻略法』（共著）以上民衆社、『歴史授業プリント』上下2巻『新・公民授業プリント』『新・世界地理授業プリント』『新・日本地理授業プリント』『学びあう社会科授業』上中下3巻『やってみました地図活用授業』（編著）『自己肯定観を育てる道徳の授業』（編著）『学校史で学ぶ日本近現代史』（共著）─韓国においても翻訳出版、以上地歴社、『昔と今はこんなに違う　社会科の教科書　─歴史・地理編─』（監修）水王舎『トライアングル─教師保護者生徒をつなぐ指導と支援』『若い教師の実践ハンドブック』琉球大学
〈地域史関係〉
『再発見丹那トンネル』『再発見熱海市民の近代史』『謎解き発見熱海の歴史』（以上自費出版）『ほっと　ふるさと』（ＪＡあいら伊豆）『伊東市史近現代史史料編Ⅰ』『同史料編Ⅱ』（共編伊東市教委）

◎**執筆協力**
　米須清貴、東江辰徳、大城英樹、儀間盛顕、照屋則和、西竜王、三橋絵理奈、山崎友輔、屋良真弓

STAFF
ディレクション：CREARE 小堀眞由美
編集：前迫明子
図版制作：図案計画 坂東雄一、寺田雅史
イラスト：CREARE 五十川栄一、堀内裕矢、施翱宇
表紙：CREARE 山本信也

社会科の授業　小学5年　改訂版

2021年3月20日　初版第1刷発行

著　者　加藤　好一
発行人　沢田健太郎
発行所　株式会社民衆社　〒113-0033　東京都文京区本郷4-5-9 ダイアパレス真砂901
　　　　　　　　電話03（3815）8141　FAX03（3815）8144
　　　　　　　　ホームページアドレス　http://www.minshusha.jp
印　刷　新星社西川印刷株式会社
製　本　株式会社光陽メディア

ISBN978-4-8383-1056-2